Grundkurs Feministische Theologie

Lucia Scherzberg

Grundkurs
Feministische Theologie

Matthias-Grünewald-Verlag · Mainz

Für
Maria-Christina, Florian und Elisabeth

Der Matthias-Grünewald-Verlag ist Mitglied
der Verlagsgruppe engagement

Die Deutsche Bibliothek – CIP-Einheitsaufnahme

Scherzberg, Lucia:
Grundkurs feministische Theologie / Lucia Scherzberg. –
Mainz : Matthias-Grünewald-Verl., 1995
ISBN 3–7867–1868–7

Umschlag: Heinz Kirsch und Kristine Buckel, Wiesbaden
DTP: Manfred Werkmeister, Mainz
Druck und Bindung: Paderborner Druck Centrum

ISBN 3–7867–1868–7

Inhalt

Einleitung

Feministische Theologie ist im westlichen Europa nunmehr seit etwa zwanzig Jahren bekannt. Die Entwicklung Feministischer Theologie in den USA hatte früher begonnen und übte zunächst einen großen Einfluß auf die Entstehung der Feministischen Theologie in Westeuropa aus. In den letzten Jahren ist die feministisch-theologische Literatur flutartig angewachsen. Es sind teils erfolgreiche, teils erfolglose Versuche unternommen worden, Feministische Theologie als wissenschaftliche Disziplin zu institutionalisieren; immer neue Debatten und Konflikte zwischen Feministischer und „traditioneller" Theologie und auch unter feministischen Theologinnen selbst sind aufgekommen, und es gibt bereits eine stattliche Bilanz feministisch-theologischer Forschungsergebnisse. Feministische Theologien sind nicht mehr auf Nordamerika und Westeuropa beschränkt, sondern heute findet sich ein breites Spektrum feministisch-theologischer Ansätze in Lateinamerika, Asien und Afrika sowie in den Ländern des einstigen Ostblocks. *Die* Feministische Theologie gibt es heute weniger denn je.

Umso größer ist der Bedarf nach einem „Grundkurs", der durch die verschiedenen Themen, Richtungen und Kontexte Feministischer Theologie führt und eine Orientierungshilfe an die Hand gibt. Nicht nur, wo die Feministische Theologie herkommt, was sie ist und was sie will, muß dargestellt werden, sondern auch, was bisher dabei „herausgekommen" ist, wenn feministisch-theologisch gearbeitet wird.

Natürlich ist die Perspektive der Autorin durch ihre Interessen und die Schwerpunktsetzungen ihrer eigenen Arbeit bestimmt und begrenzt.

Im vorliegenden Grundkurs richtet sich das Interesse auf Feministische Theologie als Teil der wissenschaftlich-theologischen Reflexion. Feministische Theologie wird sowohl als Dimension der einzelnen theologischen Fächer als auch als eigenständige Disziplin betrachtet.

Das Hauptaugenmerk richtet sich auf die feministisch-theologische Entwicklung im westlichen Europa, insbesondere in der alten und neuen Bundesrepublik Deutschland. Dabei wird weder die Bedeutung der US-amerikanischen Diskussion für die europäische Feministische Theologie noch die weltweite Ausbreitung feministisch-theologischer Gedanken übersehen.

In der Darstellung dominiert die systematisch-theologische Perspektive und ein systematisch-theologisches Interesse, wobei die Art der Argumentation und die Vorgehensweise stärker von der katholischen Dogmatik beeinflußt sind.

Das Buch gliedert sich in zwei Hauptteile. Der erste umfaßt wissenschaftstheoretische Grundfragen und -probleme einer Feministischen Theologie, fragt also nach Herkunft, theoretischen Grundannahmen, Methodologie und Hermeneutik sowie der ethischen Perspektive Feministischer Theologie. Der zweite gibt den Blick frei in die feministisch-theologische Werkstatt und führt Arbeitsmethoden und konkrete Ergebnisse feministisch-theologischer Forscherinnen vor. Feministisch-theologische Arbeit wird grundlegend als kritische Wissenschaft verstanden, und zwar in den drei Dimensionen: Sprach-Kritik, historische Kritik und theologische Kritik im engeren Sinne. Manche Themen erscheinen dann unter jeweils anderer Akzentsetzung in allen drei Dimensionen, z.B. die Frage nach Gott – im Rahmen der Sprachkritik als Kritik der Gottesbilder und der Schöpfung neuer Gottesvorstellungen, im Rahmen der historischen Kritik als religionsgeschichtliche und exegetische Frage nach der Göttin im altorientalischen und ersttestamentlichen Kontext und im Rahmen der theologischen Kritik als Diskussion um den Ein-Gott-Glauben, das Bilderverbot und die Möglichkeiten der metaphorischen Rede von Gott.

Wer mehr an „praktischen" Fragen und Erkenntnissen interessiert ist, kann mit dem zweiten Hauptteil beginnen und entweder im Anschluß oder auch während der Lektüre immer wieder mal einen Blick auf die theoretischen Grundlagen werfen.

Auf Anmerkungen wurde so weit wie möglich verzichtet, um das Buch besser lesbar zu machen. Da jedoch auf die intersubjektive Überprüfbarkeit der Thesen und Ergebnisse *nicht* verzichtet werden sollte, ist die verarbeitete und zitierte Literatur nach jedem Kapitel in einem eigenen Verzeichnis („Verwendete Literatur") aufgeführt. Ergänzt wird dieses Verzeichnis durch weitere Literatur, die nicht unmittelbar in den Text eingegangen ist, für die Leserinnen und Leser aber von Interesse sein kann. Daran angeschlossen sind Empfehlungen für die praktische Arbeit, z.B. die Angabe von Texten und Textausschnitten, Kopiervorlagen, Tafelbildern, Impulsfragen, Bildern u.ä. Da diese nicht nach der Eignung für Seminararbeit, Religionsunterricht oder Erwachsenenbildung differenziert sind, müssen sie u.U. nach Bedarf modifiziert werden.

Der vorliegende Grundkurs erhebt keinen Anspruch auf Vollständigkeit.

Möglicherweise werden Leserinnen oder Leser das eine oder andere Thema vermissen. Doch da es nicht möglich ist, in diesem Rahmen ein feministisch-theologisches Kompendium oder eine feministische „Systematische Theologie" vorzulegen, waren Beschränkungen erforderlich.

Es soll eine Zusammenfassung bisheriger feministisch-theologischer Arbeit vorgestellt und Bilanz gezogen werden im Interesse, die Forschung und die Diskussion voranzutreiben, Desiderate zu formulieren und weitere Studien anzuregen. In diesem Sinne wünsche ich mir eine gute und fruchtbare Auseinandersetzung um dieses Buch und die Zukunft Feministischer Theologie.

Vielen bin ich zu Dank verpflichtet – Freundinnen und Freunden, Kolleginnen und Kollegen, Studentinnen und Studenten sowie dem Lektor des Matthias-Grünewald-Verlags, Dr. Bruno Kern, für viele Ideen, Gespräche, Anregungen und Kritik –, am meisten aber meinem Mann, der mit mir für dieses Buch unser knappstes Gut, nämlich die Arbeitszeit, geteilt und mich mit Rat und Tat unterstützt hat. Unseren drei Kindern, Maria-Christina, Florian und Elisabeth, widme ich dieses Buch.

Münster, im März 1995   *Lucia Scherzberg*

GRUNDLAGEN

1. Kapitel
Woher kommt die Feministische Theologie?

Die Feministische Theologie gibt es nicht! Dies zeigt schon die Vielfalt der Themen, die Unterschiedlichkeit der Autorinnen und die ständige Auseinandersetzung unter den Feministischen Theologinnen selbst. Auch die Herkunft und die Entstehung Feministischer Theologien ist nicht eindeutig. Für alle gilt zwar, daß sie nicht im luftleeren Raum entstanden, sondern die theologische Reaktion auf eine bestimmte kirchliche Situation und auf eine gesellschaftliche Herausforderung sind. Doch zu welcher Zeit, an welchem Ort und in welchem Kontext sich Feministische Theologien entwickelt haben oder die Grundlagen für sie gelegt wurden, ist sehr unterschiedlich.

Wir können mindestens drei Entstehungskontexte Feministischer Theologie unterscheiden und beschreiben. Der erste ist die ökumenische Bewegung, der zweite die Frauenordinationsbewegung, der dritte die sog. Neue Frauenbewegung.

Seit der Gründung des Ökumenischen Rates der Kirchen (ÖRK) hat die Frauenfrage immer auf der ökumenischen Tagesordnung gestanden. Die erste Vollversammlung des ÖRK 1948 in Amsterdam stand vor der Aufgabe, in der veränderten Situation nach dem Zweiten Weltkrieg auch über das Verhältnis von Frauen und Männern in der Kirche neu nachzudenken und eine neue Praxis anzuregen. Dies sollte nicht nur als Reaktion auf die gesellschaftlichen Entwicklungen, also etwa das veränderte Rollenverständnis, erfolgen, sondern auch von der christlichen Anthropologie und dem Kirchenverständnis her reflektiert werden. Die Amsterdamer Vollversammlung richtete eine Kommission für Leben und Arbeit der Frau in der Kirche ein, die auf der 2. Vollversammlung 1954 in Evanston um das Thema der Rolle der Frau in der Gesellschaft erweitert wurde. Alle weiteren Vollversammlungen beschäftigten sich mit dieser Frage, 1974 fand eine vielbeachtete Konferenz in Berlin zum Thema „Sexismus in den 70er Jahren" statt. Die 5. Vollversammlung in Nairobi 1975 machte sich den Begriff „Sexismus" zu eigen und initiierte eine Studie über die „Gemeinschaft von Frauen und Männern in der Kirche", die

1981 als der sog. Sheffield-Report veröffentlicht und 1982 von der Konferenz für Glauben und Kirchenverfassung verabschiedet wurde. 1988 wurde die Ökumenische Dekade: Solidarität der Kirchen mit den Frauen 1988-1998 ausgerufen.

Ziel der geschilderten Arbeit war und ist es, innerhalb der Kirche Menschenrechte für Frauen zu verwirklichen, den Frauen also die Möglichkeit zu eröffnen, an allen Bereichen des kirchlichen Lebens gleichberechtigt zu partizipieren. Früh erkannte man jedoch, daß die Partizipation allein, also eine rein quantitative Lösung des Problems, noch nicht zum Erfolg führte. Als notwendig erwies sich darüber hinaus eine qualitative Veränderung. Um in der Kirche Menschenrechte für die Frau wirklich durchzusetzen, mußte ein alternatives *Theologie*-Konzept entwickelt werden.

Die *Frauenordinationsbewegung* ist weitgehend eine US-amerikanische Erscheinung. Beeinflußt durch das Reformklima, das das Zweite Vatikanische Konzil geschaffen hatte, bildeten sich in den USA verschiedene Gruppen, die für die Frauenordination in der römisch-katholischen Kirche eintraten, so z.B. die Women's Ordination Conference (WOC), die St. Joan's Alliance oder die National Assembly of Religious Women – eine Vereinigung weiblicher Ordensmitglieder. In Europa existierte keine vergleichbare Bewegung; dort entstanden im Umfeld des Zweiten Vatikanischen Konzils nur einige Einzelinitiativen.

In der Frauenordinationsbewegung fand eine ähnliche Entwicklung statt wie in der ökumenischen Bewegung. Zum Ziel wurde nicht nur die rein quantitative Gleichberechtigung, die Frauen den Zugang zu allen kirchlichen Ämtern ermöglichen würde. Mit dem Einsatz für die Frauenordination verbanden sich vielmehr noch weitergehende Ziele in der Reform von Kirche und Theologie. So konnte eine zur Priesterin geweihte Frau als Zeichen einer besseren Zukunft verstanden werden, in der die Strukturen der Kirche verändert und das Gottesbild von seiner männlichen Überformung befreit sein würden. Für eine solche Reform erwies es sich als notwendig, diejenigen Theologien zu revidieren, die das Selbstverständnis der Kirche mit einem sexistischen Weltbild verquicken. Dies gilt z.B. für diejenigen ekklesiologischen und sakramententheologischen Ansätze, die Gott männlich und die Kirche bzw. die Menschen weiblich symbolisieren oder das Amt symbolisch als männliche Tätigkeit verstehen.

Konsequenterweise blieb die Frauenordinationsbewegung nicht bei der Frage der Ordination stehen, sondern entwickelte sich zur Frauenkirche-Bewegung, griff also ekklesiologische Fragen auf.

Die Neue Frauenbewegung („neu" im Unterschied zur „Alten" Frauenbewegung Ende des 19./Anfang des 20. Jh.), die in Europa Ende der
60er Jahre entstand und in fast allen westeuropäischen Ländern in den
70er Jahren am stärksten war, erwuchs aus der Erfahrung des alltäglichen
Sexismus und der alltäglichen Gewalt gegen Frauen. Die Frauenbewegung war die erste, die die Gewalt gegen Frauen öffentlich beim Namen
nannte und anprangerte. Frauengruppen und Frauenselbsthilfegruppen,
später dann autonome Frauenzentren, Frauenhäuser etc. waren zum einen Anlaufstellen und Zufluchtstätten für Frauen, zum anderen die Ausgangspunkte dafür, das erfahrene Unrecht nicht im privaten Raum zu be-
lassen, sondern öffentlich zu machen. In den Frauengruppen wurden
persönliche Erfahrungen aufgearbeitet und in die Analyse von gesellschaftlichen Machtstrukturen eingebracht. Diese Vorgehensweise prägte
die feministische Theoriebildung in entscheidender Weise. Ausgangspunkt für die Reflexion bildete die persönliche Erfahrung und subjektive
Betroffenheit von Frauen.

Für theologische Fragen und feministisch-theologische Reflexion war in
der Frauenbewegung anfangs kein Platz, da die Kirchen ja gerade als Ba-
stionen der Frauenfeindlichkeit und des Patriarchats angesehen wurden.
Erst die Existenz der Politischen Theologie und der Befreiungstheologie
machte es für Theologinnen leichter, die Bereiche „Feminismus" und
„Theologie" miteinander zu verbinden und innerhalb des feministischen
Spektrums gehört zu werden. Denn die Befreiungstheologie hat ein ähn-
liches Theorie-Praxis-Verständnis: Erfahrung von Unterdrückung und
subjektive Betroffenheit sind auch für sie der Ausgangspunkt theologischer Reflexion, und die befreiende Praxis ist der Maßstab, an dem diese
gemessen wird.

Vergleichen wir diese drei unterschiedlichen Entstehungskontexte Feministischer Theologien miteinander, so fällt mehreres auf:
– Die verschiedenen Entstehungskontexte entsprechen, historisch betrachtet, unterschiedlichen gesellschaftlichen bzw. kirchlichen Situa-
  tionen. Für die ökumenische Bewegung war es der Zweite Weltkrieg
  mit seinen politischen, wirtschaftlichen und kulturellen Konsequen-
  zen, für die Frauenordinationsbewegung das Zweite Vatikanische
  Konzil und der gesellschaftliche Wandel in den 60er Jahren, für die
  Neue Frauenbewegung ebenfalls der Aufbruch in den 60er Jahren, die
  Studentenbewegung und – in vielen westeuropäischen Ländern – die
  Durchsetzung einer sozialdemokratischen Politik.
– Sie unterscheiden sich in ihrer vorherrschenden konfessionellen Prä-

gung. In der ökumenischen Bewegung überwiegt das protestantische Element, in der Frauenordinationsbewegung bzw. Frauenkirche-Bewegung das katholische Element. Die Frauenbewegung ist säkular und antikirchlich, die Feministischen Theologien, die sich in diesem Kontext entwickelt haben, sind konfessionell indifferent – manchmal wird diese Indifferenz positiv als praktische oder implizite Ökumene gedeutet.

– Es herrschen jeweils unterschiedliche Organisationsformen vor. Innerhalb der ökumenischen Bewegung spielen die Organe und Instrumente der institutionalisierten Ökumene, also Räte, Gremien, Kommissionen, Konferenzen und Konsultationen, eine große Rolle. Allerdings beruht die feministische Arbeit häufig auch auf dem Engagement einer Vielzahl von einzelnen Frauengruppen, die im Zwischenbereich zwischen Institution und rein privater Initiative angesiedelt sind. Die Frauenordinationsbewegung hatte wenigstens zeitweise den Charakter einer Massenbewegung – hier finden wir Organisationsformen wie Großveranstaltungen, Demonstrationen, Kongresse, aber auch die Arbeit in kleinen Gruppen und Einzelinitiativen. Wichtigste Organisationsform der Neuen Frauenbewegung waren die Frauengruppen bzw. Frauenselbsthilfegruppen und in der Folge die autonom organisierten Einrichtungen wie Frauenzentren, Frauenhäuser etc.

Sehen wir uns diese Beschreibung der Entstehungskontexte Feministischer Theologien noch einmal genauer an, so müssen wir einen erheblichen Mangel feststellen. In den Blick kommen fast ausschließlich die westlichen Industrieländer, also Nordamerika (USA, Kanada) und der westlich orientierte Teil Europas. Die Entwicklung Feministischer Theologien in den Ländern des einstigen Ostblocks und in den Ländern der Dritten Welt läßt sich in dieses Modell nicht einordnen. Und auch in den westlichen Industriestaaten selbst fühlen sich Frauen, die schwarz sind, die lesbisch sind, die Ausländerinnen sind, die behindert sind, in denjenigen Feministischen Theologien nicht beheimatet, die vorwiegend von weißen, heterosexuellen, wirtschaftlich abgesicherten, nicht-behinderten Frauen betrieben werden. Die ökumenische Bewegung bildet, zumindest für die jüngere Zeit, eine gewisse Ausnahme, da in ihr stärker die Anliegen von schwarzen Theologinnen und Theologinnen der Dritten Welt zur Sprache kommen.

Dasselbe Problem begegnet uns, wenn wir die verschiedenen Versuche betrachten, Feministische Theologien in bestimmte Richtungen einzuteilen. Es gibt eine ganze Reihe solcher Klassifizierungen, die ich hier nicht noch einmal darlegen möchte. Historisch sind sie von Wert, weil sie die Entwicklung in der westlichen Welt und innerhalb der ersten Generation(en) feministischer Theologinnen wiedergeben. Mit den allermeisten von ihnen können aber weder feministisch-theologische Arbeit weltweit noch die jüngeren und jüngsten Beiträge angemessen erfaßt werden. Die feministische Sicht der Welt und der Kirche ist sehr komplex und sehr divergent geworden, so daß es zur Zeit fast leichter fällt, die Unterschiede zwischen Feministischen Theologien zu benennen, als ihre Gemeinsamkeiten.

Doch sei zunächst ein Wort über die Entfaltung Feministischer Theologien in den Ländern des einstigen Ostblocks und in der Dritten Welt gesagt:

Die Situation in den Ländern des einstigen Ostblocks – unser besonderes Augenmerk gilt hier der DDR – war gekennzeichnet von einer großen Skepsis und Fremdheit, gerade auch unter den Frauen, gegenüber dem Feminismus der westlichen Länder. Die formale Gleichberechtigung der Frauen, die Normalität der Berufstätigkeit und, damit verbunden, die ökonomische Unabhängigkeit ließen den westlichen Feminismus allenfalls als Reaktion auf den Rückstand des kapitalistischen Gesellschaftssystems gelten. Die formale Gleichstellung der Frauen führte in der Praxis jedoch nicht zu einer Gleichverteilung der Arbeit zwischen den Geschlechtern, sondern zur Mehrfachbelastung der Frauen. Denn die patriarchale Organisation der Familie und die geschlechtsspezifische Arbeitsteilung in bezug auf die Hausarbeit und die Zuständigkeit für die Kinder hatte sich *nicht* verändert. In der DDR wurden diese Fragen durch die trotz allem entstehende Frauenbewegung aufgegriffen – diese rezipierte teilweise den westlichen Feminismus, war aber besonders auch durch das Engagement von Schriftstellerinnen wie Christa Wolf, Irmtraut Morgner, Maxie Wander und Rosemarie Zeplin inspiriert. Theologinnen in der DDR und in Osteuropa kamen durch die Lektüre westlicher feministisch-theologischer Literatur und durch ökumenische Kontakte mit Feministischer Theologie in Berührung. Hier spielten Organisationen und Einrichtungen wie der Ökumenische Rat der Kirchen, der Weltgebetstag der Frauen, das Ökumenische Forum christlicher Frauen in Europa und die Europäische Gesellschaft für theologische Forschung von Frauen eine wichtige Rolle.

In der DDR bildeten sich innerhalb der evangelischen Kirche Mitte der 80er Jahre die ersten feministisch-theologischen Gruppen. Die Initiative ging vor allem von Frauen an der kirchlichen Basis und von Pastorinnen aus. Interessant an der Entwicklung in der DDR erscheint mir folgendes: Die rechtliche Gleichstellung und die gesellschaftliche Position der Frauen fanden im kirchlichen Leben keinen Widerhall: Innerhalb der Kirche wurden am ehesten patriarchale Lebens- und Familienverhältnisse reproduziert. Die Ordination von Frauen (erst seit 1970 auch von verheirateten Frauen) war zwar selbstverständlich, aber mehr aufgrund pragmatischer Überlegungen. Denn viele vakante Pfarrstellen mußten besetzt werden. Selbst in der expliziten Auseinandersetzung der Kirche mit dem kommunistischen Staat, die zum Programm der „Kirche im Sozialismus" führte, blieb die Frauenfrage ausgeblendet, war die Entwicklung der Frauenfrage im kommunistischen Staat und in ihrer Bedeutung für die Kirche kein Thema.

Feministische Theologinnen hatten (und haben) es an den Universitäten und Kirchlichen Hochschulen sehr schwer. In der Weltanschauung des dogmatischen Marxismus-Leninismus, dem die Universitäten verpflichtet waren, hatte der Feminismus wenig Platz, und an den Kirchlichen Hochschulen wurde die feministische Wissenschaftskritik mit äußerstem Argwohn betrachtet. Da die Abschlüsse der Kirchlichen Hochschulen in der DDR staatlich nicht anerkannt waren, legten diese Hochschulen besonderen Wert auf eine theologische Ausbildung auf höchstem Niveau, und so wurde häufig Wissenschaftskritik mit Unwissenschaftlichkeit gleichgesetzt.

Bis 1989 hatte sich noch kein eigenständiger, profilierter Ansatz einer Feministischen Theologie in der DDR entfalten können. Aber auch unter den veränderten Bedingungen der deutschen Einheit halten es ostdeutsche Theologinnen für wichtig, auf einen eigenen feministisch-theologischen Ansatz im ostdeutschen Kontext hinzuarbeiten, und zwar aus zwei Gründen:

– Es gibt bisher keine theologische Reflexion dessen, was die Frauen der ehemaligen DDR von den Frauen der alten Bundesrepublik unterschied. Dies betrifft die Bereiche der Arbeit, der Familienorganisation, die rechtliche Situation und die Praxis in bezug auf den Schwangerschaftsabbruch, die Trennung von Kirche und Staat u.v.a.m.

– Die Feministische Theologie aus der ehemaligen DDR könnte eine Brückenfunktion zwischen der theologischen Reflexion und dem Selbstverständnis von Frauen aus Ost- und Westeuropa ausüben. Die typischen Erfahrungen von Frauen im „real existierenden Sozialismus" einerseits und die spezifische Nähe der DDR zur alten Bundesrepublik und dem westlichen Kontext könnte dies möglich machen. Darin könnte eine große Chance für die Feministische Theologie in Europa liegen.

Schauen wir auf die sog. Dritte Welt, so müssen wir folgendes feststellen. Kennzeichnend für die Lage vieler Frauen in der Dritten Welt ist eine mehrdimensionale Unterdrückung, d.h. durch Sexismus, Rassismus und Armut. Zwar werden Frauen „noch mehr" als Männer und auch von selbst unterdrückten Männern diskriminiert und benachteiligt, doch besteht ein starkes gemeinsames Interesse zwischen Frauen und Männern, Armut, ökonomische Benachteiligung und rassistische Verfolgung zu überwinden. Die unmittelbaren Überlebensprobleme bestimmen das Leben vieler Frauen so stark, daß sie sich eher mit den ebenfalls betroffenen Männern solidarisch fühlen als mit ihren weißen, westlichen feministischen Schwestern. Deren Feminismus mag mancher Frau in der Dritten Welt angesichts der sie bedrückenden Probleme als bürgerlicher Luxus erscheinen.

Innerhalb der ökumenischen Bewegung (allerdings nicht nur dort), insbesondere im Verlauf der Studie „Die Gemeinschaft von Frauen und Männern in der Kirche" wurde ein engagierter Dialog über diese Probleme der Verständigung unter Frauen geführt. In diesem Dialog mußten die westlichen Feministinnen lernen, daß sie nicht die Definitionsmacht über das, was Frau-Sein heißt, besitzen, und daß die unreflektierte Anwendung vermeintlich universaler, d.h. für alle Frauen geltender Definitionen und Analysen nur eine weitere subtile Form von Unterdrückung bedeutet. Frauen der Dritten Welt haben dies symbolisch in der Geschichte von Sara und Hagar, von Herrin und Sklavin (vgl. Gen 21,9–21), ausgedrückt, die geradezu zu einem Paradigma für die Beziehung zwischen Frauen der sog. Ersten und Dritten Welt geworden ist.

Auf der anderen Seite ist das Bewußtsein dafür gewachsen, daß Armut und Rechtlosigkeit in der Dritten Welt nicht geschlechtsneutral sind. In jedem Land und jeder Gesellschaft müssen eigenständige Analysen über die Situation der Frauen erarbeitet werden. Theologinnen aus Ländern der Dritten Welt, insbesondere aus Lateinamerika, haben darüber hinaus vehement kritisiert, daß die befreiungstheologischen Ansätze von Männern, ganz wie die traditionelle Theologie, den Mann mit dem Menschen gleichsetzen und die Situation der Frauen nicht wahrnehmen. Im Rahmen der ökumenischen Bewegung und der Vereinigung der Dritte-Welt-Theolog/inn/en (EATWOT) sind zahlreiche regionale und globale Konferenzen zu diesen Fragen durchgeführt worden, deren Ergebnisse zum Teil publiziert und für eine Auseinandersetzung zugänglich sind.

Aber wie schon angedeutet, sind auch in den westlichen Industriestaaten Frauen, die ökonomisch benachteiligt sind oder rassistisch verfolgt werden oder einer diskriminierten Minderheit angehören, unzufrieden mit den herrschenden feministischen Paradigmen. Bedeutendstes und m.W. bisher profiliertestes Beispiel ist die Womanist Theology schwarzer Frauen in den USA, die „womanist" bewußt in Abgrenzung zu „feminist" und in Anlehnung an eigene Sprachtraditionen verwenden. Wie Alice Walker pointiert sagt, verhält sich „womanist" zu „feminist" „wie lila zu lavendel".

Womanist Theology reflektiert die Situation schwarzer Feministinnen, die nicht nur Sexismus und Rassismus ausgesetzt sind, sondern darüber hinaus auch noch mit dem Rassismus der weißen feministischen Bewegung und dem Sexismus und Männlichkeitskult der schwarzen Bewegung konfrontiert sind (alle Feministinnen scheinen weiß und alle schwarzen Menschen Männer zu sein). Womanistisches Denken ist notwendig, um die schwarzen feministischen Frauen selbst wieder ins Zentrum zu stellen und zu Subjekten zu machen, da sie in beiden Bewegungen und den daraus inspirierten Theologien wiederum unsichtbar gemacht worden sind, obwohl diese doch so ausdrücklich nach Befreiung streben. Die Erinnerung und die Würdigung der Geschichte, der Religion und der Kultur schwarzer Frauen gehört zu den Aufgaben womanistischer Theologie ebenso wie die ständige Kritik und Korrektur Feministischer und Schwarzer Theologien.

Noch einmal: Es gibt nicht *die* Feministische Theologie, sondern eine Vielfalt unterschiedlichster Ansätze und Ausprägungen. Allen gemeinsam ist das Interesse, Unterdrückung und Diskriminierung von Frauen aufzuheben und es Frauen zu ermöglichen, eine eigene Identität auszubilden. So unterschiedlich wie die Kontexte sind auch die Lösungswege. Zwei Grundperspektiven sollen im zweiten Kapitel deutlich gemacht werden.

Verwendete Literatur:

BURRICHTER Rita/LUEG Claudia, Aufbrüche und Umbrüche. Zur Entwicklung Feministischer Theologie in unserem Kontext, in: Handbuch Feministische Theologie, hg. v. Christine Schaumberger u. Monika Maaßen, Münster 1986, 14–35
Die Gemeinschaft von Frauen und Männern in der Kirche. Der Sheffield-Report, hg. v. Constance F. Parvey, Neukirchen–Vluyn 1985
GREY Mary/OPOCENSKA Jana, Upheavals and Change in Eastern Europe and its Reflection in Feminist Theology. A Dialogue, in: Feministische Theologie im europäi-

schen Kontext, hg. v. Annette Esser u. Luise Schottroff, Kampen–Mainz 1993, 68–83 (Jahrbuch der Europäischen Gesellschaft für theologische Forschung von Frauen, Bd. 1)

HALKES Catharina J.M./MEYER-WILMES Hedwig/SCHÖNHERR Annemarie/WAR-TENBERG-POTTER Bärbel v., Art. Feministische Theologie/Feminismus/Frauenbe-wegung, in: Wörterbuch der Feministischen Theologie, hg. v. Elisabeth Gössmann u.a., Gütersloh 1991, 102–111

HEINZELMANN Gertrud, Die geheiligte Diskriminierung. Beiträge zum kirchlichen Feminismus, Bonstetten 1986

MARKERT-WIZISLA Christiane, Feministische Theologie aus der ehemaligen DDR – Tradition und Perspektive, in: Feministische Theologie im europäischen Kontext, a.a.O., 140–152

MEYER-WILMES Hedwig, Rebellion auf der Grenze. Ortsbestimmung Feministischer Theologie, Freiburg 1990

Roundtable Discussion: Women with Disabilities: A Challenge to Feminist Theology, in: Journal of Feminist Studies in Religion 10 (1994) H. 2, 99–134

SCHARFFENORTH Gerta/THRAEDE Klaus, Freunde in Christus werden. Die Bezie-hung von Mann und Frau als Frage an Theologie und Kirche, Gelnhausen–Berlin 1977

SCHAUMBERGER Christine, Art. Womanistin/womanistisch, in: Wörterbuch der Fe-ministischen Theologie, a.a.O., 438–440

TAMEZ Elsa, Hagar erschwert die Heilsgeschichte, in: POBEE John S./WARTEN-BERG-POTTER Bärbel v. (Hg.), Komm, lies mit meinen Augen! Biblische und theo-logische Entdeckungen von Frauen in der Dritten Welt, Offenbach 1987, 10–24

Weitere Literatur:

AHL Ruth, Eure Töchter werden Prophetinnen sein... Kleine Einführung in die Femini-stische Theologie, Freiburg 1990

HALKES Catharina J.M., Aufbrechen und weitergehen. Auf dem langen Weg der christ-lichen Frauenbefreiung, hg. v. Johanna Jäger-Sommer, Oberursel 1994

KING Ursula (Hg.), Feminist Theology from the Third World. A Reader, London–New York 1994

JOST Renate/KUBERA Ursula (Hg.), Befreiung hat viele Farben. Feministische Theolo-gie als kontextuelle Befreiungstheologie, Gütersloh 1991 (Beiträge zu Feministischer Theologie in der ehemaligen DDR, in Lateinamerika, jüdisch-feministischer Theolo-gie und feministisch-theologischen Ansätzen im Islam)

Roundtable Discussion: Christian Ethics and Theology in Womanist Perspective, in: Journal of Feminist Studies in Religion 5 (1989) H. 2, 83–112

Schlangenbrut o.J. (1990) H. 29: Schwerpunkt: Frauen in der DDR (darin bes. das Inter-view mit Brigitte Kahl u. d. Beitrag v. Helga Bohnet)

Schlangenbrut 11 (1993) H. 43: Schwerpunkt: Rassismus – Aufschrei und Analyse

VOSS-GOLDSTEIN Christel/GOLDSTEIN Horst (Hg.), Schwestern über Kontinente. Aufbruch der Frauen: Theologie der Befreiung in Lateinamerika und Feministische Theologie hierzulande, Düsseldorf 1991 (darin bes. den Beitrag v. Gisela Büttner Ler-men)

Vorschlag für Seminare und Arbeitsgruppen:

Tafelbild „Entstehungskontexte Feministischer Theologie"

	Ökumenische Bewegung	Frauenordinations-bewegung	Neue Frauenbewegung Befreiungstheologie
Erfahrungs-hintergrund	gesellschaftliche Situation nach dem II. Weltkrieg	fehlende Gleichberechtigung in den Kirchen	alltäglicher Sexismus, Gewalt gegen Frauen
Organisationsformen	institutionalisierte Ökumene (Räte, Konferenzen u.ä.)	Bewegung, Organisation, Einzelinitiative	Frauengruppen, Selbsthilfe
Zentrale Anliegen	neue christliche Anthropologie, neue Sicht der Tradition, Gemeinschaft von Frauen und Männern in der Kirche	veränderte Theologie, veränderte symbolische Strukturen der Kirche, Frauenkirche	Ausgang von subjektiver Betroffenheit (Erfahrung), Befreiung von Unterdrückung
Konfessioneller Hintergrund	überwiegend Kirchen der Reformation	überwiegend röm.-katholisch	konfessionell indifferent
Zeit	Ende 40er / 50er Jahre	Ende 60er / 70er Jahre	70er Jahre

2. Kapitel
Sind die Geschlechter im Grundsatz gleich oder verschieden?

Im vorherigen Kapitel haben wir uns nicht auf eine bestimmte Einteilung Feministischer Theologien in verschiedene Richtungen festgelegt. Innerhalb feministischer Theorie und Praxis lassen sich jedoch zwei Grundströmungen erkennen und analysieren. Diese sind nicht identisch mit den Ansätzen einzelner Frauen, sondern in diesen werden häufig Elemente beider Richtungen verarbeitet. Es handelt sich also um eine analytische Trennung, die hilft, feministische Theorien besser zu verstehen.

Die beiden Grundströmungen können als Gleichheitsdenken oder Gleichheitsfeminismus bzw. als Differenzdenken oder gynozentrischer Feminismus bezeichnet werden. Sie unterscheiden sich wesentlich darin, wie sie „Weiblichkeit" wahrnehmen und begrifflich fassen. Ist für den Gleichheitsfeminismus „Weiblichkeit" ein ideologisches Konstrukt, dessen Sinn darin besteht, die Herrschaft von Männern zu begründen und zu stabilisieren, so ist „Weiblichkeit" für den gynozentrischen Feminismus ein eigener Wert, etwas, das in den Beziehungen von Frauen untereinander erst gewonnen wird.

Für den Gleichheitsfeminismus steht also im Vordergrund, daß „Weiblichkeit" historisch und kulturell produziert wird. Jegliche Definition, die Weiblichkeit als wie auch immer Gegebenes voraussetzt, unterliegt als erstes dem Ideologieverdacht und der Ideologiekritik. Durch Gleichberechtigung und Gleichstellung sollen Frauen befreit werden.

Es hat schon viele Diskussionen ausgelöst – die ich hier nicht vorwegnehmen möchte –, ob im feministischen Differenzdenken „Weiblichkeit" biologistisch oder als etwas Seinsmäßiges (ontologisch) oder als etwas Wesensmäßiges (essentialistisch) begriffen wird. „Weiblichkeit" wird jedenfalls nicht primär als ein ideologisches Konstrukt verstanden, vielmehr als (utopisches) Ziel: Weibliche Identität und weibliche Freiheit konstituieren sich. Die Geschlechterdifferenz verhindere also nicht weibliches Subjektsein, sondern ermögliche es.

Bezogen auf die Frauenbewegung in Deutschland stand der sozialistische Flügel immer dem Gleichheitsdenken nahe, der bürgerliche dem Differenzdenken. Dies gilt besonders für die Alte Frauenbewegung. Sozialistische Frauen kämpften für die Rechte der Frau, insbesondere auch für das

Wahlrecht. Die Zeitschrift der sozialistischen Frauenbewegung hieß programmatisch „Gleichheit". Die bürgerliche, sog. gemäßigte Frauenbewegung vertrat dagegen deutlich den Standpunkt der Differenz, z.B. in ihrem Konzept der „geistigen Mütterlichkeit", das für (nicht verheiratete) Frauen zwar einen öffentlichen Wirkungsraum vorsah, sie aber auf ganz bestimmte Tätigkeiten festlegte, die angeblich dem Wesen der Frau entsprächen.

Frigga Haug stellt die These auf, daß in den Anfängen der Neuen Frauenbewegung die Frage nach Gleichheit oder Differenz keine so große Rolle gespielt habe. Denn das revolutionäre Potential der Frauenbewegung habe ja gerade darin bestanden, daß sie die scheinbar großen Fragen der Gesellschaftsstruktur und -organisation mit den alltäglichen Erscheinungsformen von Frauenunterdrückung verbunden habe. Fragen der Arbeitsteilung und des Arbeitsmarktes wurden mit „privaten" und körperbezogenen Fragen in Zusammenhang gestellt: Die Politik war also nicht losgelöst von Problemen wie der alltäglichen Gewalt gegen Frauen, der Ausbeutung ihrer Sexualität u.ä. Für diese neue Sicht von öffentlichem Leben und Politik wurde der Begriff „Körperpolitik" (body politics) geprägt. „Körperpolitik" beschränkte also die Gleichstellung nicht auf eine formale Gleichberechtigung, sondern entwarf darüber hinaus die Konturen einer anderen Gesellschaft. Jede einzelne Maßnahme, die Gleichberechtigung verwirklichen half, wurde so als Schritt in die neue Gesellschaft verstanden.

In der weiteren Entwicklung traten die beiden Komponenten der Körperpolitik wieder auseinander. Dies erzeugte eine verhängnisvolle Wechselwirkung, die schließlich das Konzept der Gleichheit in Verruf brachte. Je mehr die Frauen aus den sozialistischen Organisationen auf den „alten" Gleichstellungsforderungen beharrten, desto stärker konzentrierte sich die autonome Bewegung auf die „Körperfragen" und zerteilte sich in immer kleinere Splittergruppen, die immer kleinere Aspekte des Gesamtproblems bearbeiteten. Jetzt erst, nachdem die Frauenbewegung keine Massenbewegung mehr war, entstand der Streit um „Gleichheit" oder „Differenz". Jetzt erst erhielt das Streben nach „Gleichheit" den Anschein, daß es „nur" wirkungslose Reformen und eine Anpassung an die Rolle der Männer erreichte. Und so wollte es, wie Frigga Haug schreibt, die Ironie der Geschichte, „daß den sozialistischen Frauen Gleichstellungspolitik und also biedere Reform vorgeworfen werden konnte, während eine ganze Reihe von Gruppen aus der neuen Bewegung, die das gesellschaftliche Gesamt aus ihren Veränderungsstrategien gestrichen hatten, im Namen des ganz Anderen unterdrückter Weiblichkeit revolutionäre Befreiungspolitik zu verkörpern schien" (Haug, in: Differenz und Gleichheit, 89).

Eine Politik der Gleichheit erfordert, so Haug, daß die Zusammenhänge von kapitalistischer Gesellschaftsorganisation und Geschlechterverhältnis genau analysiert werden. Alle Theorien des „Nebenwiderspruchs" seien schon deshalb defizitär, weil die Unterdrückung von Frauen älter sei als der Kapitalismus und alle historischen Zeiten und Gesellschaften zu durchziehen scheine. Andererseits förderten kapitalistische Produktionsverhältnisse in besonderer Weise, daß die Produktion von Waren und die Produktion von Leben (was traditionell als Re-produktion bezeichnet wird) auseinanderträten und zu unterschiedlichen Arbeitsbereichen der Geschlechter erklärt würden. Für eine Politik der Gleichstellung wäre also folgendes notwendig:

– den Begriff der produktiven Arbeit um alle Tätigkeiten einer Hausfrau und Mutter zu erweitern,
– die gesamtgesellschaftliche Arbeitsteilung anders zu organisieren: Arbeitszeitverkürzung wäre ein Ausgangspunkt, um Arbeit, einschließlich der Hausarbeit, neu zu verteilen,
– alle Arbeitsplätze, sozialen und politischen Handlungsfelder zu quotieren.

All dies, und insbesondere die so reformistisch klingende Forderung nach Quotierung, sei geeignet, alle herrschenden Selbstverständlichkeiten über die Arbeitsteilung der Geschlechter und die verschiedenen Geschlechterrollen außer Kraft zu setzen. Insofern müßten sie als politische Schritte auf dem Weg zu einer neuen Gesellschaft angesehen werden, denn eine Gesellschaft, in der die Geschlechter gleich behandelt werden, wäre eine veränderte Gesellschaft.

Die Perspektive der Geschlechterdifferenz, wie sie vor allem von italienischen Feministinnen entwickelt worden ist, beruht auf der Überzeugung, daß der Versuch der Emanzipation durch Gleichstellung gescheitert ist. Die erreichte rechtliche Gleichstellung der Frauen habe weder dazu geführt, daß es tatsächlich mehr Gleichheit gebe, noch dazu, daß der Mann aufgehört habe, sich als repräsentativ für das gesamte Menschengeschlecht zu fühlen. Der Mann sei und bleibe der Maßstab für *den* Menschen, und wenn Frauen als ihm gleich gälten, dann seien sie in diesem Maßstab mitberücksichtigt, eben insofern sie ihm gleich seien und nicht aufgrund ihres eigenen Wertes.

Angesichts dieser Situation bedeutet der Weg der Geschlechterdifferenz nicht primär, Frau-Sein oder Weiblichkeit als eine biologische, ontologische oder historische Tatsache zu verstehen, obwohl sie dies alles auch ist. Vielmehr ist er der Versuch der Frauen, sich zu einem weiblichen Maß der Welt zu machen, zu einem weiblichen Subjekt zu werden. Im Zentrum steht nicht die Erfahrung von Unterdrückung und Unterlegenheit, sondern ein Modell weiblicher Identität – in der Konsequenz ist nicht „Befreiung" das primär erstrebte, sondern weibliche „Freiheit". Aus der Perspektive der Geschlechterdifferenz sehen Frauen Weiblichkeit nicht so sehr als Ausdruck ihrer unterlegenen Situation, sondern als einen positiven Wert, der so etwas wie eine Verheißung von Freiheit enthält. Gleichheit und Gleichstellung werden ebenso wie Befreiung dadurch nicht überflüssig. Sie sind aber nicht mehr Ziel, sondern Weg oder Instrument für die Entstehung weiblicher Subjektivität.

Die „Methode", mit der sich Frauen ihrer weiblichen Identität und Freiheit annähern, ist ihre gegenseitige Aufwertung. Frauen gehen Beziehungen miteinander ein, in denen sie nicht wieder das Männliche aufwerten und höher schätzen und sich gegenseitig abwerten. Frauen erkennen andere Frauen als Quelle ihres eigenen Wissens und Könnens an und messen damit diesen Frauen und sich selbst Wert zu. Dabei sind Neid und Konkurrenz die größten Hindernisse, die überwunden werden müssen. In dieser Praxis der gegenseitigen Aufwertung schaffen Frauen eine symbolische Ordnung, die sie repräsentiert, und suchen nach einer politischen Ordnung, in der sie Subjekte sind.

Die französische Philosophin Luce Irigaray hat eine Theorie der sexuellen Differenz entfaltet, die wegen ihrer Eigenwilligkeit hier noch eigens, wenn auch in aller Kürze, erwähnt werden soll. Ihre Überlegungen sind philosophischer Natur und keine soziologischen, historischen oder auf empirischem Material fußenden Analysen.

Irigaray geht davon aus, daß es die sexuelle Differenz noch nicht gibt, denn es gibt nur den Mann als das eine selbe Geschlecht, der das Subjekt aller Diskurse ist. Die Frau ist kein Subjekt für sich, sondern der Spiegel des Mannes. Sie hat ihren Ort also außerhalb des herrschenden Diskurses und ist dort sowohl der Ort für männliche Projektionen aller Art als auch für die biologische und imaginäre Reproduktion des Mannes. Mit Hilfe dieses Spiegels können Männer ihre Subjektivität erhalten und stabilisieren. Das Verhältnis zwischen Subjekt und Nicht-Subjekt herrscht nicht nur zwischen einzelnen Männern und Frauen, sondern es bestimmt überhaupt alle Beziehungen, auch die zwischen Gott und Mensch sowie Mensch und Natur. Irigaray geht so weit zu sagen, daß das heute herrschende Verhältnis zur Natur, das sich zur globalen Krise zuspitzt, ebenfalls auf die nicht vorhandene sexuelle Differenz zurückzuführen sei.

Sexuelle Differenz zu entwickeln bedeutet vor allem, den herrschenden Diskurs wie folgt zu überwinden: Der männlich bestimmte Diskurs ist dadurch charakterisiert, daß er vor allem dualistische, polare und Gegensatz-Konstruktionen verwendet; unbemerkt und unerkannt bleiben dabei die „Zwischen-Räume" und die „Zwischen-Zeiten", das also, was sich in der dualen Konstruktion nicht einfangen läßt. Irigaray konzentriert sich nun auf genau dieses „Zwischen", das Intervall oder die Schwelle, und, wie meist, drückt sie das , was sie meint, mit Hilfe einer heterosexuellen Metaphorik aus. Der Koitus erscheint im männlichen Diskurs als das Eindringen oder Vordringen eines Äußeren in ein Inneres oder als eine Vereinigung, die Eins-Sein intendiert, wie ambivalent dies auch erlebt werden mag. Aus der Perspektive der sexuellen Differenz steht die Begegnung im Vordergrund, nicht die Vereinigung, nicht die Polarität von Innen und Außen der Geschlechtsorgane, sondern ihre Begegnung an der „Schwelle" der Schamlippen.

Die Konzentration auf das Intervall und die Begegnung lassen überhaupt erst verschiedene Identitäten und Subjektivitäten zu. Dann gibt es eine Kommunikation, die weder Grenzen verletzt noch Identitäten aufsaugt oder zerstört. Heterosexualität wäre dann nicht restlose Vereinigung, sondern die Begegnung zweier unabhängiger Subjekte. Die sexuelle Differenz bedeutet, daß das Intervall niemals restlos überquert wird. Die sexuelle Differenz ist in diesem Verständnis nicht etwas bereits ontologisch Gegebenes, sondern immer erst etwas Zukünftiges, ein Ziel, das noch nicht realisiert worden ist.

An beiden Grundpositionen des Gleichheits- und des Differenzfeminismus ist ausgiebig und heftig Kritik geübt worden. Das Gleichheitskonzept steht unter dem Verdacht, über biedere Reformen und eine innere und äußere Anpassung an männliche Lebenswirklichkeiten und Normen nicht hinauszukommen. Das politische und das utopische Potential von Weiblichkeit bleibe ungenutzt. Auch psychologisch betrachtet, ist eine Perspektive, aus der Weiblichkeit hochgeschätzt wird und an einer Vision weiblicher Freiheit und Identität festgehalten wird, natürlich wesentlich ansprechender und macht auch handlungsfähiger und selbstbewußter als eine Perspektive, aus der hauptsächlich Unterdrückung, Unterlegenheit und Opfer-Sein gesehen wird. In dieser psychologischen Wirkung liegt m.E. die Haupt-Attraktivität des Differenzdenkens.

Gegen das Differenz-Konzept wurde und wird immer wieder vorgebracht, daß es ein Denken in biologistischen oder essentialistischen Kategorien fördere. Dann wäre wiederum das Schicksal der Frau von ihrer Anatomie oder von ihrem wie auch immer gearteten „Wesen" bestimmt. Diese Falle droht natürlich tendenziell jeder Theorie der Geschlechterdifferenz, doch übersehen die Kritikerinnen und Kritiker m.E. zu oft, daß „Weiblichkeit" für die Differenz-Theoretikerinnen nicht etwas ist, das schon feststeht, sondern etwas, das sich im Miteinander der Frauen erst bildet und dort erkannt wird. Darin liegt einerseits die Stärke des Differenzdenkens, aber auch die spezifische Langweiligkeit dieses Ansatzes. Denn ist frau erst mal auf die Fährte gelockt, wird sie sehr schnell feststellen, daß keine weiß, was Weiblichkeit eigentlich ist oder sein könnte. Und leider wird sie auch den Verdacht nicht mehr los, daß am Ende des Prozesses der Begriff der Weiblichkeit noch genauso leer ist wie am Anfang.

Ist es denn tatsächlich notwendig, sich auf eines der beiden Denk-Konzepte festzulegen? Unterwirft man sich damit nicht den dualistischen Prinzipien des „männlichen" Diskurses? In Wirklichkeit tut dies ohnehin keine feministische Autorin, denn die meisten, und gerade die Theologinnen unter ihnen, verwenden Elemente beider theoretischer Ansätze. Natürlich ist Kritik notwendig: Die Euphorie angesichts der eigenen Weiblichkeit ist wohl ebensowenig angebracht wie eine blinde Anpassung an die Männer-Welt. Aber warum soll nicht beides möglich sein: z.B. zu quotieren, Quotierung zu fordern und sich auch nicht zu fein zu sein, als „Quotenfrau" zu gelten, *und* in Beziehungen zu leben und nach Beziehungen zu suchen, in denen Frauen sich gegenseitig als wertvoll anerkennen und schätzen?

Verwendete Literatur:

Differenz und Gleichheit. Menschenrechte haben (k)ein Geschlecht, hg. v. Ute Gerhard u.a., Frankfurt/M 1990 (darin bes. die Beiträge v. HAUG Frigga, Tagträume eines sozialistischen Feminismus 82–94, und CAVARERO Adriana, Die Perspektive der Geschlechterdifferenz 95–111)

GROSSMASS Ruth/SCHMERL Christiane (Hg.), Feministischer Kompaß, patriarchales Gepäck. Kritik konservativer Anteile in neueren feministischen Theorien, Frankfurt/ M.–New York 1989, (darin bes. BUSCH Alexandra, Der metaphorische Schleier des ewig Weiblichen – Zu Luce Irigaray's Ethik der sexuellen Differenz, 117–171

LIST Elisabeth, Art. Weiblichkeit, in: Wörterbuch der Feministischen Theologie, hg. v. Elisabeth Gössmann u.a., Gütersloh 1991, 429–431

SCHIELE Beatrix, Differenz und Solidarität von Frauen im europäischen Kontext, in: Feministische Theologie im europäischen Kontext, hg. v. Annette Esser u. Luise Schott-

roff, Kampen–Mainz 1993, 38–55 (= Jahrbuch der Europäischen Gesellschaft für theologische Forschung von Frauen, Bd. 1)
Weiblichkeit in der Moderne. Ansätze feministischer Vernunftkritik, hg. v. Judith Conrad u. Ursula Konnertz, Tübingen 1986 (darin bes. den Beitrag v. DEUBER-MANKOWSKY Astrid, Von neuen Welten und weiblichen Göttern. Zu Luce Irigarays „Ethique de la difference sexuelle", 62–74)

Weitere Literatur:

BEAUVOIR Simone de, Das andere Geschlecht. Sitte und Sexus der Frau, (Paris 1949), Reinbek 1968
DALY Mary, Auswärts Reisen. Die strahlkräftige Fahrt, München 1994
DIOTIMA, Der Mensch ist zwei. Das Denken der Geschlechterdifferenz, Wien 1989
IRIGARAY Luce, Das Geschlecht, das nicht eins ist, Berlin 1979
IRIGARAY Luce, Speculum. Spiegel des anderen Geschlechts, Frankfurt/M. 1980
Libreria delle donne di Milano, Wie weibliche Freiheit entsteht. Eine neue politische Praxis, 2. Aufl. Berlin 1989
LIST Elisabeth/STUDER Herlinde (Hg.), Denkverhältnisse. Feminismus und Kritik, Frankfurt/M 1989
PINL Claudia, Vom kleinen zum großen Unterschied. „Geschlechterdifferenz" und konservative Wende im Feminismus, Hamburg 1993

Vorschlag für Seminare und Arbeitsgruppen:

Gegenüberstellung der Beiträge von Frigga Haug und Adriana Cavarero aus: Gleichheit und Differenz (s. o.a. Literatur)

Zu beachten: Die Texte sind nicht ganz leicht zu lesen. Erklärungen durch die Leitung oder Referentinnen sind nötig!

3. Kapitel
Was macht die Feministische Theologie feministisch?

Wenn wir fragen, was an der Feministischen Theologie eigentlich feministisch ist, bedeutet das, daß wir nach dem Selbstverständnis Feministischer Theologie, nach ihrer Arbeitsweise und nach ihren methodologischen Entscheidungen fragen. An der Antwort wird sich zeigen, ob die Feministische Theologie bzw. andere feministische Wissenschaftszweige tatsächlich ein neues Wissenschaftsparadigma verkörpern.

Für die Feministische Theologie ist in dieser Frage die wissenschaftstheoretische Diskussion innerhalb der feministischen Bewegung und der Frauenforschung von großer Bedeutung. Deshalb beschäftigt sich dieses Kapitel hauptsächlich mit dieser Diskussion, die in der Theologie, von wenigen Ausnahmen abgesehen, nicht in diesem Umfang stattgefunden hat.

Die wichtigsten Stichworte in dieser Auseinandersetzung sind die „Gemeinsamkeit der Frauenerfahrung", die „Gender-Kategorie" und, alles umspannend, der Begriff der „Parteilichkeit", mit dem die feministische Forschung das Objektivitätsverständnis traditioneller „männlicher" Forschung ablösen will.

Die von Maria Mies 1978 veröffentlichten „Methodischen Postulate" zur Frauenforschung, in denen sie ihren wissenschaftstheoretischen Standort umreißt, haben in den darauffolgenden Jahren eine so heftige Diskussion ausgelöst, daß wir annehmen können, daß hier tatsächlich um ein wissenschaftliches und politisches Selbstverständnis gerungen wurde. Und auch heute noch bestimmen die zentralen Inhalte der Postulate – wenn auch oft unterschwellig oder simplifiziert – die Auseinandersetzung unter Feministinnen.

Mies' Kritik richtet sich gegen das positivistische Ideal einer voraussetzungslosen, wertfreien, „objektiven" Wissenschaft. Diesem Ideal folge im methodischen Vorgehen die Trennung von Forschersubjekt und Forschungsobjekt. Zwischen beiden bestehe eine nicht auf Gleichheit und Gegenseitigkeit beruhende Beziehung, sondern eine Herrschaftsbeziehung.

Dieses Wissenschaftsideal und die ihm inhärente Methodologie ersetzt Mies durch das Postulat der Parteilichkeit. Parteilich betrachtet, sind die

Forschungsobjekte nicht bloße „Objekte", z.B. als Datenlieferanten, sondern Subjekte, die in den Forschungsprozeß einbezogen werden. Dies geschieht zum einen dadurch, daß die Forscherin sich bewußt mit den Untersuchten identifiziert (allerdings nur teilweise, nicht total), zum andern dadurch, daß im Verlauf des Forschungsprozesses den Untersuchten die Forschungsinstrumente und die Ergebnisse selbst in die Hand gegeben werden. Daß die Forscherin in der Lage ist, sich zu identifizieren, liegt im Falle von Frauenforschung an der gemeinsamen Betroffenheit von Forscherin und Untersuchter durch das Thema der Untersuchung. Als Frauen sind sie gemeinsam von der Unterdrückung und Diskriminierung betroffen, die im Forschungsprozeß analysiert werden soll. Solche Forschung darf dann auch keine „Zuschauerforschung" sein, sondern verlangt von der Forscherin, daß sie ihre Betroffenheit in Aktionen umsetzt. Sie soll sich selbst an emanzipatorischen Aktionen beteiligen, ihre Ergebnisse in die Praxis umsetzen und Erfahrungen aus der emanzipatorischen Praxis in die Forschung integrieren. Daraus ergibt sich, daß die Wahl des Forschungsgegenstandes nicht beliebig ist, also nur von den subjektiven Interessen der Forscherin bestimmt werden kann, sondern abhängig ist „von den allgemeinen Zielen und den strategischen und taktischen Erfordernissen der sozialen Bewegung zur Aufhebung von Ausbeutung und Unterdrückung von Frauen" (Mies 14). Mies sieht die praktischen Probleme, dieses Postulat zu erfüllen, recht deutlich. Sie versteht das Postulat *nicht* als Fremdbestimmung der Forscherin durch eine Bewegung, sondern als die Entscheidung eines Forschungssubjektes, das ein gesellschaftliches Problem kreativ aufnimmt und zu seiner Lösung beiträgt. Eine feministische Gesellschaftstheorie kann daher nicht in Forschungsinstituten entwickelt werden, sondern entsteht in der Teilnahme an den Kämpfen der Bewegung und in der theoretischen Diskussion der Ziele und Strategien dieser Bewegung.

Soweit Maria Mies' Postulate. Wissenschaftstheoretisch vorbelastete Leserinnen und Leser werden bereits gemerkt haben, daß diese Postulate keineswegs originär feministisch sind, sondern sowohl auf das Verständnis von Praxis bei Mao Tse-tung als auch auf Ansätze der Aktionsforschung zurückgehen. Das gesamte Spektrum von Zustimmung und die Ablehnung, die diese Postulate in der feministischen Diskussion gefunden haben, kann hier leider nicht entfaltet werden – dafür sei auf die einschlägige Literatur verwiesen. Wir müssen uns im folgenden auf die eingangs genannten Begriffe konzentrieren, die alle mit der geforderten Parteilichkeit feministischer Forschung zusammenhängen.

a) Die Gemeinsamkeit der Frauenerfahrung

Frauenforscherinnen können und sollen nach Mies die Kluft zwischen Forscherinnen und Untersuchten überbrücken oder gar schließen, indem sie sich – teilweise – mit den Untersuchten identifizieren. Dies soll deshalb möglich sein, weil alle Frauen von der Unterdrückung und Ausbeutung von Frauen betroffen seien – es soll also eine gemeinsame Erfahrung geben, die hier bemüht werden könne. Eine der schärfsten Kritikerinnen dieses Postulats ist Christina Thürmer-Rohr. Denn werde im Forschungsprozeß versucht, dieses Postulat zu verwirklichen, stoße die Forscherin auf verschiedene Hindernisse. Die einfachsten, aber sehr wirkungsvollen, bestünden bereits darin, daß die untersuchte Frau durch die „Betroffenheit" der Forscherin in ihrer Teilnahme an der Untersuchung nicht gefördert, sondern behindert werden könne, oder daß die Untersuchten sich für die Forschungsinstrumente keineswegs so interessierten, wie sie das der Theorie nach sollten. Weit gravierender jedoch als diese praktischen Probleme ist die grundsätzliche Kritik, die Christina Thürmer-Rohr formuliert. Ihr zufolge besteht die Gemeinsamkeit aller Frauen in einer Zuschreibung von außen, die zwar alle Frauen meint, aber nichts ist, das Frauen suchen oder gar kultivieren sollten. Das heißt: Gemeinsam ist allen Frauen die Betrachtung als Geschlechtswesen, als Objekte männlicher Wünsche, Phantasien und Projektionen, männlichen Besitzdenkens und männlicher Gewalttätigkeit. Frauen *werden* als Objekte angesehen, sie *sind* es aber nicht. In einer konkreten Gewaltsituation habe die Frau zwar keine Entscheidungsmöglichkeit – in allen anderen Situationen aber hätten Frauen durchaus die Wahl, ob sie den sexistischen, patriarchalen Verhaltenszumutungen folgen wollten oder nicht. „Frauen können die *Entscheidung* treffen, ob sie den Zuschreibungen entsprechen wollen, ob sie das ihnen als Objekt entgegengebrachte Interesse angenehm, aufwertend, lästig oder erniedrigend finden. In solchen unterschiedlichen Antworten auf die Besichtigungen und Ansprüche von Männern läßt sich bereits die *konkrete* Gemeinsamkeit von Frauen nicht mehr wiederfinden." (Thürmer-Rohr 82)
Thürmer-Rohrs Kritik an der Gemeinsamkeit der Frauenerfahrung wurzelt in dem von ihr formulierten Konzept der Mittäterschaft von Frauen. Selbstverständlich will sie damit nicht den Frauen die Schuld an ihrer Unterdrückung zuschreiben, sondern sie versteht Mit-täter-schaft als ein Handeln mit dem Täter. Es bedeutet, daß Frauen in Situationen, in denen sie die Wahl hätten, sich gegenüber den patriarchalen Verhaltenser-

wartungen konform verhalten. So trügen sie zur gesellschaftlich ohnehin selbstverständlichen Aufwertung von Männlichkeit und zur Abwertung von Weiblichkeit bei und damit zu ihrer eigenen Unterdrückung und Minderbewertung.

Werde die Gemeinsamkeit der Frauen nun positiv in ihrer Definition und Identifikation als Opfer = gemeinsame Betroffenheit gesucht, dann verschleiere dies nicht nur die Unterschiedlichkeit der Frauen, sondern lähme die feministische Kritik, die gerade auch diese Opferidentifikation treffen müßte. Denn in der Normalität des Frauenalltags sei die Beteiligung der Frauen an ihrer eigenen Unterdrückung, die Mittäterschaft, zu suchen. In diesem Zusammenhang hält Thürmer-Rohr es für eine Befreiung für die Frauenforschung, wenn sie nicht mehr darauf aus sei, die gemeinsame Trauergeschichte und das gemeinsame lähmende Frauendasein herauszufinden.

Das Konzept der Mittäterschaft zwingt also dazu, die Behauptung einer gemeinsamen Frauenerfahrung oder einer gemeinsamen Betroffenheit zu überprüfen und ggf. zu modifizieren. Dies kann dann nicht ohne Konsequenzen für den Begriff der Parteilichkeit bleiben. Gerade in der jüngeren Generation (deutscher) feministischer Theologinnen genießt das Konzept der Mittäterschaft eine gewisse Hochschätzung und Akzeptanz, so daß auch hier eine Reflexion des eigenen Verständnisses von der Parteilichkeit feministischer Forschung notwendig wird.

b) Objektivität und Parteilichkeit

In den Miesschen Postulaten bzw. ihren Voraussetzungen war von „Objektivität" nur im Zusammenhang positivistischer bzw. neopositivistischer Wissenschaftstheorie die Rede, von der Mies sich deutlich abgrenzt. Die Objektivität, die dort angestrebt wird, unterzieht sie der Kritik mit dem Ergebnis, daß es eine auf Wertfreiheit und Voraussetzungslosigkeit beruhende Objektivität wissenschaftlicher Forschungsergebnisse nicht gebe. Andererseits dürften der Forschungsprozeß und die Ergebnisse nicht der subjektiven Beliebigkeit preisgegeben werden. Eine „Objektivität" in diesem Sinne wird bei Mies dadurch garantiert, daß die Forscherin an den Kämpfen der Frauenbewegung teilnimmt und die Forschungsthemen von den Zielen und den strategischen Erfordernissen der Bewegung bestimmt werden.

In der feministisch-theologischen Diskussion ist die Kritik an einer positivistischen Wissenschaft und deren Vorstellung von Wertfreiheit und Objektivität auf breiter Ebene rezipiert worden. Feministische Theologie wird als parteilich begriffen, d.h. sie geht wesentlich von den Erfahrungen von Frauen aus und macht diese zum Maßstab feministisch-theologischer Arbeit. Dies wird häufig von Gegnern und Gegnerinnen Feministischer Theologie als blinder Subjektivismus kritisiert. Wenn feministische Theologinnen auf eine solche Kritik reagieren, weisen sie zumeist darauf hin, daß im herrschenden theologischen Diskurs ebenfalls keine Objektivität vorhanden sei, da es eine voraussetzungslose Wissenschaft nicht gebe. Daher sei es nicht nur ehrlicher, sondern auch wissenschaftlicher, das unvermeidbare Vorverständnis und das Erkenntnisinteresse offen zu benennen, so wie dies Feministische Theologie tue.

Leider bleibt die Diskussion oft an diesem Punkt stehen. Daß sich Vorverständnis und Erkenntnisinteresse nicht eliminieren lassen, sagen uns bereits die philosophische Hermeneutik und die Kritische Theorie. Leider fehlt in der feministisch-theologischen Diskussion oft das Weiterdenken darüber, was nun eigentlich zu tun ist, wenn das Vorverständnis erst einmal erkannt ist. Das Ideal wissenschaftlicher „Objektivität" wird auf den patriarchalen Müllhaufen geworfen, ohne daß überlegt wurde, wie es sich in einer nicht-positivistischen Wissenschaft zum Erkenntnisinteresse und zur Parteilichkeit verhalten könnte.

In der feministischen Diskussion außerhalb der Theologie haben Frauen sich dieser Aufgabe gestellt. Feministische Forscherinnen, die an marxistischer und Kritischer Theorie orientiert sind, wie Ursula Beer, haben keineswegs Objektivität und Parteilichkeit als einen Widerspruch bezeichnet. Denn Objektivität werde in parteilicher feministischer Forschung dadurch erreicht, daß die einzelnen Forschungsergebnisse in den Rahmen einer umfassenden Gesellschaftstheorie eingeordnet würden. Diese Gesellschaftstheorie müsse in der Lage sein, die gesellschaftlichen Widersprüche und Unterdrückungsverhältnisse, hier also zwischen Männern und Frauen, adäquat zu analysieren.

„Gesellschaft" ist in diesem Zusammenhang ein Begriff, der tendenziell auf Totalität zielt – eine kritische Theorie der Gesellschaft wäre der umfassendste Rahmen, in dem Einzelforschung erfolgt und sich einordnen kann. Hier ist also keineswegs die Vorstellung aufgegeben, daß wissenschaftliche Ergebnisse mit der „Wirklichkeit" übereinstimmen, daß sie Auskunft darüber geben, wie etwas „wirklich" ist oder war. Nur kann dies nicht unmittelbar aus Daten jedweder Art erschlossen werden, sondern diese Daten, ihre Herkunft etc. müssen im Lichte der umfassenden Gesellschaftstheorie reflektiert werden.

Zwei Probleme ergeben sich daraus für feministische Forschung, eines allgemein, das andere konkret. Das allgemeine Problem besteht darin, daß eine solche wissenschaftstheoretische Position „Gesellschaft" mit „Wirklichkeit" gleichsetzt. Die ganze Tragweite einer solchen Identifizierung können wir an dieser Stelle allerdings nicht umreißen und diskutieren. Das zweite, konkrete Problem ergibt sich für die feministische Wissenschaft daraus, daß es bisher keine umfassende feministische Gesellschaftstheorie gibt. Allenfalls Ansätze dazu können wir finden. *Ein* solcher Ansatzpunkt, der für unsere Frage nach Objektivität und Parteilichkeit besonders wichtig ist, besteht in der Einführung der „Gender"-Kategorie in die Forschung.

Das englische Wort „gender" meint im Unterschied zu „sex", das das biologische Geschlecht bezeichnet, die Summe aller kulturellen Definitionen, Rollenzuschreibungen und Merkmale, die das Geschlecht betreffen. Ins Deutsche kann man es mehr schlecht als recht mit dem Begriff „Soziales Geschlecht" übersetzen. Die Entwicklung der „gender"-Kategorie geht darauf zurück, daß in der feministischen Forschung das Geschlechterverhältnis in den Mittelpunkt der Betrachtungen gerückt ist. Frauen erkannten, daß die Geschlechtszugehörigkeit verantwortlich ist für die Verteilung von Bildungs- und Arbeitsmarktchancen, sozialem Prestige etc. und daß die gesamte soziale Interaktion, insbesondere die Herrschaftsbeziehungen, vom Geschlecht im Sinne von „gender" geprägt sind. Aus diesem Grunde ist eine Forschung, die in ihren Untersuchungen die Geschlechtszugehörigkeit außer acht läßt, nicht in der Lage, geschichtliche Situationen, soziale Interaktionen und Herrschaftsformen adäquat zu erfassen. Beispiel:

Das Reichstagswahlrecht im deutschen Kaiserreich wird bis heute als allgemeines, freies, gleiches und geheimes Wahlrecht bezeichnet und gilt als vorbildlich demokratisch. Wenn wir nun bedenken, daß Frauen von diesem „allgemeinen" Wahlrecht ausgeschlossen waren, kann ein solcher Sprachgebrauch nur als ideologisch gekennzeichnet werden, ebenso alle Erkenntnisse, die aus einer solchen Annahme über die demokratische Entwicklung folgen.

Die Arbeit mit der Gender-Kategorie deckt also gerade die *mangelnde* Objektivität einer männerzentrierten Wissenschaft auf. Sie ist nichts anderes als Ideologiekritik mit dem Ziel, die bisherigen Diskursgrenzen zu erweitern und die Wirklichkeit adäquater zu erfassen.

Wird die Gender-Kategorie konsequent angewendet, haben die Ergebnisse dieser Forschung eine so hohe Plausibilität, daß viele Disziplinen beginnen, sich dieser Art von Forschung zu öffnen. In einer etwas optimistischen Prognose könnte man sagen, daß in absehbarer Zeit die „Gender"-Kategorie zum allgemein akzeptierten methodologischen Standard gehören wird. Viele Feministinnen betrachten diese Entwicklung allerdings mit einer gewissen Skepsis und Besorgnis. Denn, um mit der Gender-Kategorie zu arbeiten, ist die Rückbindung an eine soziale Bewegung nicht nötig, und hin und wieder wenden auch Frauen und Männer sie an, die sich nicht unbedingt feministischen Zielen verpflichtet fühlen. Wir erhalten dann zwar bessere wissenschaftliche Ergebnisse, aber die Frage der Parteilichkeit und der Verbindung von Theorie und Praxis ist damit noch nicht gelöst.

c) Nochmals: Parteilichkeit

Was tun mit der Parteilichkeit? Eine alle Probleme erledigende Lösung scheint nicht in Sicht zu sein, wohl aber einige Möglichkeiten, die Diskussion fruchtbar weiterzuführen. Wichtig bleibt, die Quellen des feministischen Engagements zu benennen und das Verhältnis von Theorie und Praxis zu klären. Möglich wäre ein pluralistisches Modell. Ein solches macht es aber wiederum erforderlich, ein Kriterium zu entwickeln, das an die einzelnen Varianten innerhalb des Modells angelegt werden kann.

Daß feministische Forschung aus bestimmten Erfahrungshintergründen und aus einer grundlegenden Option für Frauen heraus betrieben wird und daß feministische Theorie an die Praxis der Frauenbefreiung rückgebunden werden muß bzw. beide in Wechselwirkung miteinander stehen sollten, sind wichtige Kriterien feministischer Forschung. Doch erscheint die fast ausschließliche Bindung an die Frauenbewegung höchst problematisch. Die Frauenbewegung in Westeuropa war eine soziale Bewegung, die sich in den 70er Jahren auf dem Höhepunkt ihrer Aktivität befand und die wesentliche Impulse für die Entwicklung von Frauenforschung und Feministischer Theologie gegeben hat. Doch jede weitere feministische Forschung an die Kämpfe, Strategien und Ziele dieser Bewegung zu koppeln, wäre anachronistisch und würde über kurz oder lang zum Aussterben feministischer Forscherinnen führen. Bezeichnet man heute alle

möglichen Frauengruppen, -projekte etc. als „die Frauenbewegung",
dann wird es noch schwieriger, ein Profil dieser „Bewegung" zu erkennen. Ist es nicht tunlich, außer der historischen Frauenbewegung auch
andere Quellen und Motivationen für feministisches Engagement wahrzunehmen – z.B. die jüdische und die christliche Tradition, befreiende
Traditionen anderer Religionen, humanistische, sozialistische, pazifisti-
sche Traditionen etc.?

Gleiches gilt für die Verbindung von Theorie und Praxis. Es müssen
nicht nur die „Kämpfe der Frauenbewegung" sein, in die sich eine Forscherin einmischen soll. Auch die Arbeit in einer kirchlichen Frauenor-
ganisation oder einer politischen Partei kann zu dieser Form von Praxis
gehören. Wenn bestimmte Organisationen oder Praxisfelder und -formen
hier von vornherein ohne eine genauere Prüfung ausgeschlossen werden,
dann ist das Mittel der Ideologiekritik zunächst einmal gegen die anzu-
wenden, die diesen voreiligen Ausschluß vornehmen.

Allerdings darf das übergreifende Kriterium nicht vergessen werden. Alles, was innerhalb eines solchen pluralistischen Modells geschieht, muß
sich die Anfrage gefallen lassen, ob es tatsächlich dazu dient, Unterdrükkung und Ausbeutung von Frauen aufzuheben, und wenn es nur ein klei-
ner Schritt in diese Richtung ist. Die Antwort auf diese Frage kann
jedoch nicht in einem Inquisitionsverfahren, von wem auch immer ausgehend, auch nicht in einer Überprüfung des feministischen „Stallge-
ruchs" gefunden werden, sondern nur im Diskurs mit Hilfe der besseren
Argumente.

Nicht zuletzt darf die feministische Forscherin, die in dieser Weise versucht, Theorie und Praxis miteinander zu verknüpfen, nicht vergessen,
die Ideologiekritik auch gegen ihre eigene Tätigkeit zu richten. Denn
wenn die „Praxis" unreflektiert in die theoretische Arbeit hereingeholt
bzw. bestimmte Forschungsergebnisse unreflektiert auf die sog. Praxis
übertragen werden, ist die Ideologie wieder einmal nicht weit. Die hermeneutische Diskussion innerhalb feministischen Denkens zeigt uns
also, daß eine wichtige, wenn nicht die wichtigste „Waffe" in feministischen Händen die Ideologiekritik ist.

Verwendete Literatur:

BEER Ursula, Objektivität und Parteilichkeit – ein Widerspruch in feministischer For-
    schung? Zur Erkenntnisproblematik von Gesellschaftsstruktur, in: dies. (Hg.), Klasse
    Geschlecht. Feministische Gesellschaftsanalyse und Wissenschaftskritik, Bielefeld

1987, 142–186

FREVERT Ute/SCHULER Thomas, Frauen in der Geschichte und in der Geschichtswissenschaft – Neues aus Bielefeld, in: BORRIES Bodo v./KUHN Annette/RÜSEN
Jörn (Hg.), Sammelband Geschichtsdidaktik: Frau in der Geschichte I/II/III, Düsseldorf 1984 (Geschichtsdidaktik: Studien, Materialien; Bd. 25), 285–291

MEYER-WILMES Hedwig, Rebellion auf der Grenze. Ortsbestimmung Feministischer
Theologie, Freiburg 1990, 145–187

MIES Maria, Methodische Postulate zur Frauenforschung, in: Beiträge zur feministischen
Theorie und Praxis 7 (1984) H. 11, 7–25 (erstmals ersch. in a.a.O. 1 (1978) 41–63)

SCHMIDT Uta C., Wohin mit „unserer gemeinsamen Betroffenheit" im Blick auf die
Geschichte? Eine kritische Auseinandersetzung mit methodischen Postulaten der feministischen Wissenschaftsperspektive, in: BECHER Ursula A./RÜSEN Jörn(Hg.),
Weiblichkeit in geschichtlicher Perspektive. Fallstudien und Reflexionen zu Grundproblemen der historischen Frauenforschung, Frankfurt/M. 1988, 502–516

THÜRMER-ROHR Christina, Der Chor der Opfer ist verstummt. Eine Kritik an den
Ansprüchen der Frauenforschung, in: dies., Vagabundinnen. Feministische Essays,
Berlin 1987, 122–140.

Wörterbuch der Feministischen Theologie, hg. v. Elisabeth Gössmann u.a., Gütersloh
1991 (darin die Art. „Erfahrung", „Feministische Forschung", „Parteilichkeit")

Weitere Literatur:

BLOME Andrea, Frau und Alter. Eine Kategorie feministischer Befreiungstheologie, Gütersloh 1994

HARDING Sandra, Feministische Wissenschaftstheorie. Zum Verhältnis von Wissenschaft und sozialem Geschlecht, Hamburg 1990

METZ-GÖCKEL Sigrid, Die zwei (un)geliebten Schwestern. Zum Verhältnis von Frauenbewegung und Frauenforschung im Diskurs der neuen sozialen Bewegungen, in:
Beer, Klasse Geschlecht, a.a.O., 25–57

RICHARDS Janet Radcliffe, Welche Ziele der Frauenbewegung sind feministisch?, in:
PUSCH Luise F. (Hg.), Feminismus. Inspektion der Herrenkultur. Ein Handbuch,
Frankfurt/M. 1983, 18–32

RÜSEN Jörn, „Schöne" Parteilichkeit. Feminismus und Objektivität in der Geschichtswissenschaft, in: BECHER Ursula A./RÜSEN Jörn(Hg.), Weiblichkeit in geschichtlicher Perspektive. Fallstudien und Reflexionen zu Grundproblemen der historischen
Frauenforschung, Frankfurt/M. 1988, 517–540

STUDIENSCHWERPUNKT „Frauenforschung" am Institut für Sozialpädagogik der
TU Berlin (Hg.), Mittäterschaft und Entdeckungslust, Berlin 1989

THÜRMER-ROHR Christina, „… Opfer auf dem Altar der Männeranbetung", in:
KOHN-WAECHTER Gudrun (Hg.), Schrift der Flammen. Opfermythen und Weib-
lichkeitsentwürfe im 20. Jahrhundert, Berlin 1991, 23–37

Vorschlag für Seminare und Arbeitsgruppen:

Textausschnitt aus: FREVERT Ute/SCHULER Thomas, Neues aus
Bielefeld, in: Frau in der Geschichte I/II/III, hg. v. Bodo v. Borries,
Annette Kuhn u. Jörn Rüsen, Düsseldorf 1984, 285-289, hier: 287f

4. Kapitel
Was ist Feministische Hermeneutik?

Die Frage nach dem, was die Feministische Theologie feministisch macht, haben wir bisher mit der „Gender-Kategorie" und mit dem Begriff der Parteilichkeit beantwortet. Denken wir in dieser Richtung weiter, gelangen wir zu dem Problem, mit welcher Hermeneutik eine solche Feministische Theologie arbeiten kann.

Hermeneutik, von griech. hermeneuein = erklären, auslegen, übersetzen, ist die Lehre von der Auslegung und Interpretation von Schriften und Texten. Zwischen den Schriften und Texten und ihren Interpretinnen und Interpreten besteht in der Regel eine räumliche und eine zeitliche Distanz, die die Auslegung und Interpretation zum Problem werden lassen können. Darüber hinaus ist das Verständnis von Texten von dem Vor-Verständnis, das die Auslegenden mitbringen, geprägt. Die philosophische Hermeneutik behauptet nun erstens, daß ein solches Vorverständnis notwendig, d.h. immer und unvermeidbar vorhanden sei, und zweitens, daß das Vor-Verständnis das Verständnis überhaupt erst ermögliche. Einen „unbefangenen" Zugang zu einem Text gebe es nicht. Auf theologischem Gebiet ist diese Erkenntnis in ihrer Bedeutung für die Auslegung der Heiligen Schrift vor allem durch den evangelischen Theologen Rudolf Bultmann und seine Schule bekannt und wirksam geworden.

Eine Feministische Hermeneutik macht sich diese Erkenntnis ebenfalls zu eigen. Sie verspürt dabei über die bisher genannte philosophische und theologische Verwandtschaft hinaus eine gewisse Affinität zur Kritischen Theorie der Frankfurter Schule und zu deren Auseinandersetzung um den Zusammenhang von Erkenntnis und Interesse. Feministische Hermeneutik erscheint so als Bewußtmachung der eigenen Perspektive und als Kritik des herrschenden Androzentrismus in der Wissenschaft. Androzentrismus meint eine Perspektive, aus der Menschsein und Allgemein-Menschliches aus männlicher Erfahrung und mit männlichen Begriffen beschrieben und gedeutet werden. Androzentrismus bedeutet, das Mann-Sein als den Normalfall des Mensch-Seins zu betrachten.

Gelingt es, diese androzentrische Perspektive zu überwinden, vollzieht sich in der Wissenschaft ein sog. Paradigmenwechsel hin zu einer feministischen Perspektive. So sehen dies feministische Theologinnen wie Elisabeth Schüssler Fiorenza, Hedwig Meyer-Wilmes und Nicole Zunhammer.[1]

H. Meyer-Wilmes hat in einer scharfsinnigen Analyse zwei Grundtypen einer feministischen Hermeneutik herausgearbeitet, als deren Protagonistinnen sie die beiden in den USA lehrenden feministischen Theologinnen Rosemary Radford Ruether und Elisabeth Schüssler Fiorenza vorstellt.

Kernpunkt der Unterscheidung ist der Maßstab, den die beiden Theologinnen an die biblische Tradition anlegen. Ruether verwende ein „inneres", Schüssler Fiorenza ein „äußeres" hermeneutisches Kriterium. Das bedeutet: Ruether versuche einen Kerngehalt der biblischen Botschaft, d.h. die „Mitte der Schrift" zu bestimmen, um daran alle biblischen Texte zu messen. Als diese Mitte der Schrift, die als solche nicht sexistisch oder patriarchal sei, bestimme sie die prophetisch-messianische Tradition, deren Kern die Forderung nach Gerechtigkeit sei. Diese prophetisch-messianische Tradition stehe für Ruether nicht in Spannung zu der feministischen Kritik an der Bibel, sondern konvergiere mit ihr. Der kritische Maßstab, mit dem die Bibel sich sozusagen selbst messe, und das kritisch-feministische Prinzip korrelierten also miteinander.

Diese Position hat Ruether u.a. die Kritik Schüssler Fiorenzas eingetragen. Es wird bemängelt, daß sie die prophetisch-messianische Tradition

---

[1] Die Rede vom Paradigmenwechsel stützt sich auf Thomas S. Kuhns These, daß sich der Fortschritt in der (Natur-)Wissenschaft in wissenschaftlichen Revolutionen vollziehe, in denen ein herrschendes Paradigma durch ein neues abgelöst werde. Das herrschende Paradigma bestehe aus einer oder mehreren wissenschaftlichen Leistungen, auf denen der weitere Wissenschaftsprozeß aufbaue. Wenn die Leistungsfähigkeit dieses Paradigmas nachlasse, d.h. wenn immer mehr widersprechende Daten auftauchten, wenn neue Phänomene nicht erklärt oder nicht vorausgesagt werden könnten, könnten neue Theorien an die Stelle des alten Paradigmas treten. Die Voraussetzung sei, daß sie nachweislich besser dazu in der Lage seien. Das herrschende Paradigma habe aber im herrschenden Wissenschaftsbetrieb eine große Beharrungskraft. Entgegenstehende Phänomene würden durch Hilfshypothesen erklärt, als Meßfehler gedeutet oder schlicht verdrängt. Der Prozeß der Ablösung eines Paradigmas erfordere eine krisenhafte Zuspitzung. Im Bewußtsein und im Weltbild von Forscherinnen und Forschern müßten entsprechende revolutionäre Veränderungen erfolgen. Revolutionär sei dieser Prozeß deshalb, weil in ihm alte Anschauungen, die schon zur Institution geworden seien, zerfielen oder zerstört werden müßten. An ihre Stelle trete eine völlig neue Weltsicht, in deren Rahmen sogar die Daten andere werden könnten.

Kuhn selbst hat seine These von den wissenschaftlichen Revolutionen und dem Paradigmenwechsel später revidiert. Großer Beliebtheit erfreut sie sich allerdings weiterhin innerhalb der New-Age-Bewegung.

als ein enthistorisiertes Interpretationsmuster anwende und dabei die in dieser Tradition enthaltenen androzentrischen Elemente übersehe (z.B. haben viele Propheten vehement weibliche Gottheiten bekämpft). Nicht zuletzt fragt Schüssler Fiorenza, was denn die prophetische Tradition feministischer mache als andere Traditionen.

Die Hermeneutik, die mit einem „inneren" biblischen Maßstab arbeitet, bezeichnet Meyer-Wilmes als eine „imploitative Hermeneutik". Ihr stellt sie eine „exploitative Hermeneutik" gegenüber, die vor allem von Schüssler Fiorenza vertreten werde. Schüssler Fiorenza suche nicht nach *der* Tradition unter den Traditionen, nach der alles andere beurteilt wird. Sie entwickele vielmehr ihr hermeneutisches Kriterium auf der Grundlage feministischer Analysen aus der Erfahrung und der befreienden Praxis einer Gemeinschaft, die sie als kirchliche bestimmt, nämlich der Frauen-Kirche (womenchurch oder ekklesia gynaikon).

Der Ausgangspunkt für eine solche Hermeneutik liegt in der eigenen Betroffenheit. Dadurch soll eine emanzipatorische, nicht-diskriminierende, frauenbefreiende Arbeit garantiert werden. Die wissenschaftliche Arbeit müsse in eine befreiende Praxis eingebunden sein (vgl. das Verhältnis von Theorie und Praxis im vorigen Kapitel). Wahrheit und Sinn von Aussagen würden dann nicht danach beurteilt, ob sie einem konsistenten und nachvollziehbaren theologischen Denkprozeß entstammten, sondern einer Praxis, die als legitime gelte. Hier münde die hermeneutische Frage in eine ethische, d.h. eine Feministische Hermeneutik dieser Prägung wurzele in einer Feministischen Ethik der Befreiung. Diese wiederum stütze sich nicht auf den theologischen Diskurs, sondern auf außertheologische Theorien, d.h. feministische Analysen. Die Bibel und die Theologie als ganze müßten also der feministischen Kritik ausgesetzt werden. Nicht die feministische Kritik habe sich vor der Theologie zu rechtfertigen, sondern die Theologie vor dem Feminismus.

Subjekt der hermeneutischen Arbeit sei die Frauen-Kirche. Sie umfasse Frauen und Männer, deren Anliegen die Befreiung von Frauen sei. Sie bilde den Überlieferungszusammenhang, in dem eine feministische Bibelauslegung stattfinden könne. Die Auslegung selbst erfolge nach einem Modell von vier Schritten:

Die *Hermeneutik des Verdachts* unterzieht biblische Traditionen einer kritischen Überprüfung und legt deren androzentrischen Charakter frei.

Die *Hermeneutik der Verkündigung* bestreitet Texten, in denen sich patriarchale und sexistische Unterdrückung äußert, die Autorität der göttlichen Offenbarung. Der unterdrückende Inhalt dieser Texte oder die sexistische Intention eines biblischen Autors darf nicht mit dem Wort Gottes gleichgesetzt werden.

Die *Hermeneutik der Erinnerung* sucht nach der Geschichte der Frauen *hinter* den androzentrischen Texten. Sie versteht dies als gefährliche Erinnerung an die Kämpfe, Leiden und Hoffnungen von Frauen. Sie rekonstruiert die Geschichte, indem sie Frauen in die Mitte der biblischen Gemeinde und Theologie hineinstellt. Schüssler Fiorenza entwirft die Vorstellung, daß die Jesusbewegung eine „discipleship of equals" (dt. nicht sehr schön: Nachfolgegemeinschaft von Gleichgestellten) gewesen sei. Der christlichen Gemeinschaft seien also von ihrem Ursprung und ihrem Wesen her Patriarchat und Sexismus fremd. Daß bei einer solchen Rekonstruktion die Grenzen zwischen historischen Fakten und ihrer Interpretation, zwischen dem zu erforschenden Gegenstandsbereich und dem erkennenden Subjekt verschwimmen, wird von Schüssler Fiorenza nicht als Mangel betrachtet, sondern als notwendiger Teil des Erkenntnisprozesses.

Die *Hermeneutik der kreativen Aktualisierung* zielt darauf, die biblischen Texte im Kontext der Frauen-Kirche neu zu erzählen, Visionen neu zu formulieren und Frauen rituelle Macht und Kompetenz zu geben.

Indem die Frauenkirche das Zentrum der hermeneutischen Arbeit bildet, verwirklicht sie sich, nach Schüssler Fiorenzas Verständnis, selbst als eine Gemeinschaft von Gleichen, die Jesus nachfolgen. Sie überbrückt sozusagen die Distanz zwischen ihrer Gegenwart und der Jesusbewegung bzw. den frühesten Gemeinden und hebt damit letztlich das hermeneutische Problem auf. So kommt Schüssler Fiorenza zu der ansonsten recht befremdlich klingenden Aussage, daß wir die Leiden, Kämpfe und Hoffnungen unserer Vorschwestern in biblischer Zeit teilen.

Meyer-Wilmes bezeichnet beide hermeneutischen Argumentationsweisen als legitim innerhalb Feministischer Theologie, doch gibt sie der exploitativen Hermeneutik eindeutig den Vorzug, d.h. einer Kritik biblischer und theologischer Traditionen mit Hilfe eines der Theologie äußerlichen Gesichtspunktes. Denn eine imploitative Hermeneutik gebe der Kritik an der Theologie bestimmte Grenzen vor, da sie bestimmte Elemente von der Kritik ausnehme und so (wider Willen) zu einer Apologie der Theologie gegenüber dem Feminismus werden oder zumindest als eine solche angesehen werden könnte.

Erst eine Feministische Hermeneutik, die der Kritik an der Theologie keine Grenzen mehr setze, vollziehe den notwendigen Paradigmenwechsel. Denn nicht in bestimmten Methoden oder Inhalten liege das paradigmatisch Neue Feministischer Theologie, sondern darin, daß die Theologie ihre eigenen Grundlagen zur Diskussion stellen müsse.

Einiges bleibt problematisch an dieser Form Feministischer Hermeneutik und soll in der folgenden Kritik zur Diskussion gestellt werden. Einerseits erscheint der Einwand berechtigt, die hermeneutische Anwendung eines inneren Kriteriums, der Mitte der Schrift, führe zu einer Apologie der Bibel und der christlichen Theologie gegenüber dem Feminismus. Es ist aber die Frage, ob eine biblische Hermeneutik überhaupt *ohne* ein solches Kriterium auskommen und nur von einem der Bibel und Theologie äußerlichen Gesichtspunkt her arbeiten kann. Können die heutige Erfahrung oder die Werteentscheidungen innerhalb der Frauenbewegung das letzte Kriterium für die Wahrheit der Bibel sein? Dann wären in anderen Kontexten auch andere der Bibel und Theologie äußerliche Gesichtspunkte denkbar – auch solche, die nicht auf Befreiung, sondern auf Unterdrückung zielen. Wenn aber Befreiung für eine Feministische Hermeneutik die entscheidende Rolle spielt oder eine Vorstellung wie die der Gemeinschaft von Gleichen in der Nachfolge Jesu, dann muß es zwischen diesen Konzepten und dem, was das Zentrum der biblischen Botschaft ausmacht, eine Deckungsgleichheit geben, d.h. Befreiung muß zentral etwas mit der biblischen Tradition zu tun haben. Dann sind wir allerdings nicht mehr sehr weit von Ruethers Vorstellung von der prophetisch-messianischen Tradition als Maßstab entfernt. Natürlich muß um das Verständnis gerungen werden, was die Mitte der Schrift ist – aber auch Feministinnen können nicht darauf verzichten, die Bibel an ihrem eigenen Anspruch zu messen. Andernfalls besteht die Gefahr, die Bibel für die eigenen Interessen – und seien diese auch noch so legitim – zu instrumentalisieren. Weder darf der exegetischen Arbeit vorgegeben werden, was sie herauszufinden hat – exegetische und dogmatische Aussagen sind also sensibel voneinander zu unterscheiden –, noch sollte sich die Frauen-Kirche in die Rolle eines Quasi-Lehramtes begeben, das dogmatische Entscheidungen formuliert.

Auf den äußerlichen Gesichtspunkt darf wiederum nicht verzichtet werden, gerade auch um den Apologetik-Verdacht zu entkräften. Dies führt uns hin zu einer ethischen *Begründung* der feministischen Perspektive, wie dies auch die sog. exploitative Hermeneutik will. Doch anders als diese sehe ich diese Begründung nicht in Erfahrungen oder in bestimmten feministischen Analysen, sondern grundlegender in der Formulierung der Menschenrechte. Die befreiende Praxis der Frauen-Kirche oder jeder denkbare Einsatz für Frauenbefreiung schaffen allein noch keine normative Begründung feministischer (theologischer) Arbeit, sondern nur insoweit sie Engagement für die Verwirklichung der Menschenrechte sind bzw. in ihnen bereits die Menschenrechte verwirklicht sind. Doch dies führt uns auf das Gebiet der (theologischen) Ethik und zu der Frage nach der Möglichkeit und der Begründung einer Feministischen Ethik und damit ins nächste Kapitel.

Verwendete Literatur:

BÜHLER Pierre, Die Bibel an der Bibel selbst messen, in: HÜBENER Britta/MEES-MANN Hartmut (Hg.), Streitfall Feministische Theologie, Düsseldorf 1993, 23–31
KUHN Thomas S., Die Entstehung des Neuen. Studien zur Struktur der Wissenschaftsgeschichte, Frankfurt/M 1976
KUHN Thomas S., Die Struktur wissenschaftlicher Revolutionen, Frankfurt/M. 1973
MEYER-WILMES Hedwig, Rebellion auf der Grenze. Orstbestimmung feministischer Theologie, Freiburg 1990
Roundtable Discussion: On Feminist Methodology, in: Journal of Feminist Studies in Religion 1 (1985) H. 2, 73–88
RUETHER Rosemary Radford, Sexismus und die Rede von Gott. Schritte zu einer anderen Theologie, Gütersloh 1985
SCHÜSSLER FIORENZA Elisabeth, Brot statt Steine. Die Herausforderung einer feministischen Interpretation der Bibel, Fribourg–Münster 1988
SCHÜSSLER FIORENZA Elisabeth, Zu ihrem Gedächtnis... Eine feministisch-theologische Rekonstruktion der christlichen Ursprünge, München–Mainz 1988
SCHÜSSLER FIORENZA Elisabeth, Die Frauen gehören ins Zentrum, in: Hübener/Meesmann, Streitfall a.a.O., 13–22
ZUNHAMMER Nicole P., Art. Hermeneutik, in: Wörterbuch der Feministischen Theologie, hg. v. Elisabeth Gössmann u.a., Gütersloh 1991, 183–186
ZUNHAMMER Nicole P., Feministische Hermeneutik, in: SCHAUMBERGER Christine/MAASSEN Monika (Hg.), Handbuch Feministische Theologie, Münster 1986, 256–284
ZUNHAMMER Nicole P., Gibt es eine „feministische Hermeneutik"?, in: JANETZKY Birgit/MINGRAM Esther/PELKNER Eva, Aufbruch der Frauen. Herausforderungen und Perspektiven Feministischer Theologie, Münster 1989, 37–48

Weitere Literatur:

SCHAUMBERGER Christine, „Es geht um jede Minute unseres Lebens!" Auf dem Weg zu einer kontextuellen feministischen Befreiungstheologie, in: JOST Renate/KUBERA Ursula (Hg.), Befreiung hat viele Farben. Feministische Theologie als kontextuelle Befreiungstheologie, Gütersloh 1991, 15–34
SCHÜSSLER FIORENZA Elisabeth, But She Said. Feminist Practices of Biblical Interpretation, Boston 1992
SCHÜSSLER FIORENZA Elisabeth, Jesus – Miriam's Child, Sophia's Prophet. Critical Issues in Feminist Christology, New York 1994, bes. 24–31, 57–63

Vorschlag für Seminare und Arbeitsgruppen:

- Vergleich einer „imploitativen" mit einer „exploitativen" Hermeneutik. Welche ist „feministischer"?
- Ist die Feministische Theologie ein Zeichen für einen Paradigmenwechsel in der Wissenschaft?
- Anwendung des hermeneutischen Vierschritts auf biblische Textstellen

5. Kapitel
Gibt es eine Feministische Ethik?

Feministische Erkenntnistheorie und Hermeneutik führen uns notwendig auf das Gebiet der Ethik, weil im Prinzip der Parteilichkeit feministischer Forschung und feministischen Denkens bereits eine Wertsetzung enthalten ist und weil eine Feministische Hermeneutik eine ethische Entscheidung impliziert und einer ethischen Begründung bedarf. Gibt es also so etwas wie eine Feministische Ethik?

Innerhalb des feministischen Denkens existiert kein entfaltetes System einer feministischen argumentativen Ethik. Wir finden hingegen einzelne Ansätze Feministischer Ethik. In diesen wird Ideologiekritik betrieben oder nach einer spezifisch weiblichen Moral gefragt oder werden einzelne, ethisch relevante Fragen, die dem weiblichen Lebenszusammenhang entstammen, untersucht.

Die Ideologiekritik richtet sich gegen den Androzentrismus traditioneller Ethiken. Dieser Androzentrismus traditioneller Ethiken zeigt sich entweder darin, daß ethisch relevante Fragen, wie die Gewalt gegen Frauen und Mädchen oder die geschlechtsspezifische Arbeitsteilung und ihre Konsequenzen, ignoriert werden, oder darin, daß die Geschlechterdifferenz als eine wesensmäßige bezeichnet oder romantisiert wird. Ethische Fragen würden – so die Kritik feministischer Ethikerinnen – aus der Perspektive weißer, erwachsener, der Mittelschicht angehörender Männer behandelt, und diese Perspektive werde für die gesamtmenschliche gehalten.

Die Frage nach einer spezifisch weiblichen Moral wurde vor allem durch die Untersuchungen der US-amerikanischen Psychologin Carol Gilligan aufgeworfen. Sie stellte das bekannte Stufenmodell Lawrence Kohlbergs zur Entwicklung des moralischen Urteils in Frage. In Kohlbergs Untersuchungen erreichten Mädchen und Frauen signifikant weniger häufig die höheren Stufen der moralischen Entwicklung als Jungen und Männer. Gilligan führt dies nicht wie Kohlberg darauf zurück, daß Frauen in ihrem moralischen Urteil unreifer seien als Männer, sondern darauf, daß sie anderen Prinzipien folgten. Weibliche Menschen orientierten sich in ihren moralischen Entscheidungen eher daran, wie menschliche Beziehungen durch ihre Entscheidungen beeinflußt würden, während männliche Menschen nach abstrakten (Rechts-)Prinzipien urteilten. Bei Kohlberg war damit eine Rangfolge gegeben, die Gilligan bestreitet – für sie ist die weibliche Moral der Fürsorge („care") nicht weniger entwickelt als die männliche Moral des Gerechtigkeitsdenkens, sondern einfach anders.

Die wichtigsten europäischen Kritikerinnen Gilligans und ihrer These von einer weiblichen Moral der Fürsorge sind Frigga Haug und Christina Thürmer-Rohr. Erstere bestreitet die Existenz einer weiblichen und einer männlichen Moral und setzt dagegen, daß ein und dieselbe Moral verschieden auf die Geschlechter angewandt werde. Dieselben moralischen Forderungen meinten etwas anderes, je nachdem, ob sie an Frauen oder an Männer gerichtet seien. Für Frauen sei die Moral hauptsächlich auf den Körper und die Sexualität, für Männer hauptsächlich auf das Eigentum bezogen.

Thürmer-Rohr wendet sich vor allem dagegen, die weiblich genannte Moral höher zu bewerten, und analysiert in ihrem Konzept von der Mittäterschaft (vgl. Kap. 3) die Funktion, die solche moralischen Haltungen für die Aufrechterhaltung eines Unterdrückungssystems haben können. D.h., die „weibliche Moral" ist für sie nicht nur nicht besser als die „männliche", sondern auch daran beteiligt, die Unterdrückung von Frauen zu stabilisieren, z.B. dann, wenn Beziehungen um jeden Preis aufrechterhalten werden.

Einzeluntersuchungen feministischer Ethikerinnen befassen sich mit der Pornographie, dem Schwangerschaftsabbruch, den Gen- und Reproduktionstechnologien, sexueller Gewalt und gynäkologischer Chirurgie und Onkologie.

Eine Schwierigkeit in der Auseinandersetzung mit Ansätzen Feministischer Ethik rührt daher, daß häufig nicht mit klaren begrifflichen Unterscheidungen gearbeitet wird. Begriffe wie „Moral", „Moralität" und „Ethik" werden mitunter synonym verwendet. Entwürfe und Untersuchungen, die als Grundlage Feministischer Ethik angeführt werden, wie etwa Gilligan, Haug und Thürmer-Rohr, beschäftigen sich ausschließlich mit „Moral" und nicht mit „Ethik" im Sinne einer Reflexion und Begründung moralischer Normen und Haltungen. Dieses begriffliche Schillern Feministischer Ethik ist kein Zufall, sondern hat seine Ursache darin, daß die *Begründung* von Normen bisher weithin kein Thema Feministischer Ethik geworden ist. Dies hängt wiederum zusammen mit einem grundlegenden Mißtrauen gegenüber jeglicher Universalisierung in der Begründung von Normen. Denn traditionelle theologische und philosophische Ethiken haben bisher ihre androzentrische Sichtweise für eine universalistische, d.h. für alle geltende, gehalten. Dieses Mißtrauen wird auch den Menschenrechten entgegengebracht, weil diese in ihrem Ursprung Frauen gar nicht mit einschlossen, obwohl sie von „Menschen" sprachen. Ein weiterer Grund ist darin zu suchen, daß Hermeneutik und Ethik nach feministischem Verständnis von der Praxis ausgehen und in der Praxis ihr Wahrheitskriterium finden. Die Unterdrückung zu beseitigen und die Lebensverhältnisse von Frauen zu verändern, erscheint daher so unmittelbar notwendig, daß es einer weiteren Begründung des Befreiungskampfes bzw. der in ihm wirksamen Normen scheinbar nicht mehr bedarf.

Andererseits kommen weder die Feministische Ethik noch die feministische Bewegung mit dieser Selbstverständlichkeit aus. Denn in der Forderung nach der Befreiung von Frauen sind bereits bestimmte Wertvorstellungen wirksam, wie etwa der Wert der Gerechtigkeit, der freien Entfaltung der Persönlichkeit u.ä. Darüber hinaus besteht ein Interesse feministischer Ethikerinnen, eigene *feministische* Normen und Wertvorstellungen zu entwickeln. Solche feministischen Werte drücken sich aus in der Forderung nach „Schwesterlichkeit" oder nach „Frauensolidarität".

Ina Praetorius fordert explizit, Frauensolidarität als feministischen Wert zu etablieren. Anders als etwa Gerechtigkeit oder Selbstbestimmung sei Frauensolidarität ein von Frauen geschaffener Wert, der im androzentrischen Wertekanon nicht vorkomme. Wenn Frauen diesen Wert behaupteten, täten sie das, was ihnen innerhalb des patriarchalen Wertesystems immer abgesprochen worden sei – sie setzten *selbst* Wertvorstellungen. Frauensolidarität bedeute, Beziehungen unter Frauen hochzuschätzen und die Fixierung auf die Beziehungen zu Männern aufzugeben. Ein Wert wie dieser wirke also der Mittäterschaft von Frauen entgegen, durch die Männlichkeit stets aufgewertet und Weiblichkeit stets abgewertet werde. Frauensolidarität als Zuwendung von Frauen zu Frauen entziehe dem patriarchalen System also jene Stütze, die in der Mitwirkung von Frauen bestehe.

Noch unbearbeitet bleibt in der Feministischen Ethik das Problem der Begründung von Normen im Rahmen einer universalistischen Ethik. Hier hat das (zunächst ja berechtigte) Mißtrauen gegen die universalistische Maske eines androzentrischen Wertesystems leider zu Inkonsistenzen und zu einer gewissen Betriebsblindheit innerhalb der Feministischen Ethik geführt. Denn entweder verzichten feministische Ethikerinnen ganz darauf, sich mit der Begründbarkeit der von ihnen direkt oder indirekt vertretenen Normen auseinanderzusetzen, oder sie greifen doch auf universalistische Begründungen zurück. Letzteres geschieht immer dann, wenn der Wert „Gerechtigkeit" genannt oder wenn die feministische Bewegung in den Horizont des Überlebens der Menschheit gestellt wird. Wenn z.B. Beatrix Schiele gegen die Pornographie argumentiert, diese verstoße gegen das Persönlichkeitsrecht von Frauen, und sie das Persönlichkeitsrecht theologisch in der Gottesebenbildlichkeit der Frau verankert, handelt es sich zweifellos um eine universalistische Begründung ihrer ethischen Argumentation.

Gerade hierin liegt aber auch eine große Chance Feministischer Ethik. Wenn sie universalistisch argumentiert, kann sie kritisch in den innerfeministischen Diskurs eingreifen, z.B. wenn Feministinnen behaupten, der Schwangerschaftsabbruch sei kein moralisches, sondern ein rein medizinisches Problem, oder wenn die maximale Entfaltung von Reproduktionstechnologien als Weg zur Befreiung der Frau vom Zwang der Reproduktion gesehen wird. Eine solche Ethik steht auch partikularistischen Tendenzen innerhalb feministischer Theorie und Praxis kritisch gegenüber, wenn etwa Biophilie als weibliches Prinzip ausgegeben wird (z.B. bei Mary Daly) oder moralisch gutes Verhalten mit der Zugehörigkeit zum weiblichen Geschlecht gekoppelt wird (z.B. bei Christa Mulack). Eine leichte Aufgabe ist dies allerdings nicht. So sagt Beatrix Schiele: „Es ist manchmal gar nicht einfach, mit dieser Identität der ,kritischen Instanz' zu leben. Es will nämlich oft niemand hören, daß es um Gerechtigkeit und nicht einfach um Selbstverwirklichung geht. Es ist schwierig, sich als Ethikerin in einem Umfeld zu behaupten, in dem viel moralisches Pathos ist, das Vorhandensein von Moral aber oft abgestritten wird." (Statt einer Einleitung, 18)

Konsequent wäre der Schritt, die Normen, die im Streben nach Frauenbefreiung oder nach weiblicher Freiheit wirksam sind, auf die Menschenrechte zurückzuführen – auf das Diskriminierungsverbot, auf das Recht auf freie Entfaltung der Persönlichkeit, auf das Recht auf Bewegungsfreiheit etc. Wer davor zurückscheut, verschenkt letztlich die Möglichkeit, die in der feministischen Theorie und Praxis wirksamen Normen zu prüfen und den Kampf um Befreiung selbst ethisch zu beurteilen.

Wenn der Feministischen *Hermeneutik* die Menschenrechte zugrundeliegen, können wir nach Meyer-Wilmes' Modell von einer „exploitativen" Hermeneutik sprechen. Denn der äußerliche Gesichtspunkt, mit dessen Hilfe die theologischen Traditionen beurteilt würden, wären die Menschenrechte. Ich bin zwar der Auffassung, daß die Menschenrechte und die Mitte der biblischen Botschaft einander nicht widersprechen, sondern äußeres und inneres Kriterium hier miteinander korrelieren. Dennoch können wir von einem äußeren Kriterium sprechen, weil die Menschenrechte nicht im kirchlich-theologischen Rahmen formuliert und lange Zeit von kirchlicher Seite ausdrücklich abgelehnt worden sind.

Suchen wir nach einer *theologischen* Begründung Feministischer Ethik, sind wir – wie bei aller anderen christlichen Ethik – auf das Doppelgebot der Liebe verwiesen. Das Doppelgebot der Liebe bedeutet, daß Gott und die Nächsten und jede und jeder selbst aufgrund ihres Selbst-Zweckes zu lieben sind. Gewalt, Ausbeutung und Diskriminierung verstoßen gegen dieses Gebot und leugnen bzw. zerstören die Selbstzwecklichkeit einer Person. So müssen wir – wenigstens vorläufig und in Erwartung neuer und besserer Studien – feststellen, daß eine feministisch-theologische Ethik nicht in ihrer *Begründung* feministisch ist, sondern in ihrem Fragehorizont und ihrem Erkenntnisinteresse. In der Methodologie-Diskussion wurde klar, daß es keine spezifische feministische Methode gibt. Ebenso gibt es keine eigentlich Feministische Ethik im Sinne einer Begründung von Normen und Werten, wohl aber einen feministischen Blick, mit dem bestimmte moralische Probleme, Wertekonflikte u.ä. in einem anderen Licht oder allererst gesehen werden. Auf diese Weise lassen sich eine universalistische Begründung und ein spezifisch feministisches Erkenntnisinteresse zusammenbringen. Der Universalismus der Ethik dient dann nicht dazu, eine androzentrische Perspektive zu kaschieren, sondern bildet die Grundlage und die Motivation für die feministische Analyse und Erkenntnis.

Verwendete Literatur:

BUSE Gunhild, Macht – Moral – Weiblichkeit. Eine feministisch-theologische Auseinandersetzung mit Carol Gilligan und Frigga Haug, Mainz 1993
DALY Mary, Reine Lust. Elemental-feministische Philosophie, München 1986
GILLIGAN Carol, Die andere Stimme. Lebenskonflikte und Moral der Frau, München 1984
HARRISON Beverly W., Die neue Ethik der Frauen. Kraftvolle Beziehungen statt bloßen Gehorsams, Stuttgart 1991
HAUG Frigga, Die Moral ist zweigeschlechtlich wie der Mensch. Zur Theorie weiblicher Vergesellschaftung, in: dies., Erinnerungsarbeit, Hamburg 1990, 90–124
MULACK Christa, Jesus – der Gesalbte der Frauen. Weiblichkeit als Grundlage christlicher Ethik, Stuttgart 1987
MULACK Christa, Natürlich weiblich. Die Heimatlosigkeit der Frau im Patriarchat, Stuttgart 1990

PRAETORIUS Ina, Frauensolidarität. Ein diskreditierter Wert mit Zukunft, in: Vom Tun und vom Lassen. Feministisches Nachdenken über Ethik und Moral, hg. v. der Projektgruppe Ethik im Feminismus, Münster 1992, 131–141

PRAETORIUS Ina, Skizzen zur Feministischen Ethik, Mainz 1995

PRAETORIUS Ina/SCHIELE Beatrix, Art. Moral/Ethik, in: Wörterbuch der Feministischen Theologie, hg. v. Elisabeth Gössmann u.a., Gütersloh 1991, 289–296

SCHIELE Beatrix, Feministische Ethik. Die Suche nach einer Moral für Frauen und ihre Mitmenschen, in: Handbuch Feministische Theologie, hg. v. Christine Schaumberger u. Monika Maaßen, Münster 1986, 362–373

SCHIELE Beatrix, Frauen und Männermoral. Überlegungen zu einer feministischen Ethik, in: WACKER Marie-Theres (Hg.), Theologie feministisch. Disziplinen – Schwerpunkte – Richtungen, Düsseldorf 1988, 158–179

SCHIELE Beatrix, Pornographie: Kunst- und Pressefreiheit auf Kosten von Frauen. Ein Beispiel angewandter feministischer Ethik, in: Vom Tun und vom Lassen, a.a.O., 87–118

SCHÜLLER Bruno, Die Begründung sittlicher Urteile. Typen ethischer Argumentation in der Moraltheologie, 2. überarb. u. erw. Aufl., Düsseldorf 1980

Statt einer Einleitung: Gespräch über Ethik im Feminismus, in: Vom Tun und vom Lassen, a.a.O., 13–24

THÜRMER-ROHR Christina, Aus der Täuschung in die Ent-Täuschung. Zur Mittäterschaft von Frauen, in: dies., Vagabundinnen. Feministische Essays, Berlin 1987, 38–56

THÜRMER-ROHR Christina, Mittäterschaft der Frau – Analyse zwischen Mitgefühl und Kälte, in: Mittäterschaft und Entdeckungslust, hg. v. Studienschwerpunkt „Frauenforschung" am Institut für Sozialpädagogik der TU Berlin, Berlin 1990, 87–103

Weitere Literatur:

ANDOLSEN Barbara Hilkert/GUDORF Christine E. (Hg.), Women's Consciousness and Women's Conscience. A Reader in Feminist Ethics, Minneapolis 1985

BROWN Lyn M./GILLIGAN Carol, Die verlorene Stimme. Wendepunkte in der Entwicklung von Mädchen und Frauen, Frankfurt/M.–New York 1994

Feministische Ethik. Themenhefte: Schlangenbrut 9 (1991) H. 34 u. H. 35

GERSTENDÖRFER Monika, Computerpornographie und virtuelle Gewalt: Die digitalsymbolische Konstruktion von Weiblichkeit mit Hilfe der Informationstechnologie, in: beiträge zur feministischen theorie und praxis 17 (1994) H. 38, 131–144

Journal of Feminist Studies in Religion 9 (1993) H. 1/2: Special Issue in Honor of Beverly Wildung Harrison

KITTAY Eva Feder/MEYERS Diana T. (Hg.), Women and Moral Theory, Totowa 1987

LASKER Judith N./PARMET Harriet L., Rabbinic and Feminist Approaches to Reproductive Technologies, in: Journal of Feminist Studies in Religion 6 (1990) H.1, 117–130

MAIHOFER Andrea, Ansätze zur Kritik des moralischen Universalismus. Zur moraltheoretischen Diskussion um Gilligans Thesen zu einer „weiblichen" Moralauffassung, in: Feministische Studien 6 (1988) H. 1, 32–52

NAGL-DOCEKAL Herta/PAUER-STUDER Herlinde (Hg.), Jenseits der Geschlechtermoral. Beiträge zur feministischen Ethik, Frankfurt/M. 1993

NUNNER-WINKLER Gertrud (Hg.), Weibliche Moral. Die Kontroverse um eine geschlechtspezifische Ethik, Frankfurt/M.–New York 1991

Vorschlag für Seminare und Arbeitsgruppen:

Statt einer Einleitung: Gespräch über Ethik im Feminismus, in: Vom Tun und vom Lassen, Feministisches Nachdenken über Ethik und Moral, hg. v. der Projektgruppe Ethik im Feminismus, Münster 1992, 13-24
Lesen mit verteilten Rollen (auch ausschnittweise) und Diskussion

FEMINISTISCH-THEOLOGISCHE WERKSTATT

Nach den theoretischen Grundlagen und -fragen Feministischer Theologie soll nun ein Blick in die feministisch-theologische Werkstatt geworfen werden. Wie arbeiten feministische Theologinnen, an welchen Themen, mit welchen Methoden? Und was haben sie bisher herausgefunden?

Feministisch-theologische Arbeit bewegt sich in drei verschiedenen Dimensionen: der Sprach-Kritik, der historischen Kritik und der theologischen Kritik. Die Themen, mit denen sich feministische Theologinnen beschäftigen, können innerhalb dieser verschiedenen Dimensionen bearbeitet werden, so daß ein Thema im folgenden unter ganz verschiedenen Aspekten erscheinen kann.

Alle Fragen und Themen, die für die Feministische Theologie wichtig sind oder sein können, können nicht behandelt werden – es handelt sich also um eine Auswahl feministisch-theologischer Forschungsansätze und Arbeitsergebnisse.

I: Feministische Sprachkritik

Die Sprachkritik ist ein wesentlicher Bereich feministischer Kritik überhaupt, weil die Sprache einerseits unsere Wirklichkeit abbildet, sie andererseits aber auch beeinflußt und bestimmt. So kann am Sprachgebrauch die tatsächliche Frauenfeindlichkeit oder Frauenfreundlichkeit einer Gesellschaft abgelesen werden. Zum andern kann eine Kritik der Sprache und eine Veränderung von Sprachgewohnheiten die Wahrnehmung der Wirklichkeit entscheidend verändern und so auch zu faktischen Veränderungen führen.

Die feministische Linguistik hat unsere Alltagssprache untersucht; feministische Theologinnen und andere an Feministischer Theologie Interessierte in der pastoralen Arbeit haben die religiöse und liturgische Sprache unter die Lupe genommen. Verbesserungsvorschläge wurden entwickelt und neue liturgische Formen und Feiern entworfen. Auch die Gottesbilder und die Anredeformen für Gott sind von dieser Kritik betroffen. Die Sprachkritik bleibt also keine der Theologie äußerliche Sache, sondern trifft ins Zentrum theologischer Reflexion, der Rede von Gott.

6. Kapitel
Die feministische Kritik der Alltagssprache

Unsere Sprache enthält zahlreiche abwertende Wörter und Redewendungen über Frauen – es gibt also einen sexistischen Sprachgebrauch. Darüber hinaus kann sie aber schon in ihrer Grundstruktur eine „Männersprache" genannt werden, denn sie ist eine Genus-Sprache. Das bedeutet, daß die Unterscheidung von „männlich" und „weiblich" fast jeden Satz durchzieht. Alle Substantive haben ein grammatisches Geschlecht; es gibt geschlechtsspezifische Personal- , Possessiv-, Demonstrativ- und Relativpronomina und noch die Artikel.

Diese Sprachstruktur bildet ab, wie wir von Personen reden. Die Vorrangstellung des Männlichen vor dem Weiblichen in der Sprache entspricht der gesellschaftlichen Rollenzuweisung und prägt Frauen und Männer in ihrer Selbstwahrnehmung und ihrem Selbstwertgefühl. Da beim Sprechen Gleichzeitiges nur zeitlich nacheinander ausgedrückt werden kann, werden in der Regel die männlichen Personen als erste genannt, z.B. also „Adam und Eva", „Romeo und Julia", „Herr und Frau Müller", „Brüder und Schwestern", „Jungen und Mädchen", „Männer und Frauen". Weibliche Formen werden mit der Endung „-in" von männlichen abgeleitet. Dies geschieht vielfach selbst dann, wenn ein selbständig gebildeter weiblicher Begriff zur Verfügung stände: Es heißt nicht Ratsdame, sondern Ratsherrin, nicht Amtfrau, sondern Amtmännin. Männliche Begriffe dagegen werden mit Ausnahme des Witwers nicht von weiblichen abgeleitet, auch wenn dies grammatisch möglich wäre. Es gibt den Krankenpfleger, nicht den Krankenbruder, oder den Entbindungspfleger statt des Hebammers. Solche Ableitungen werden nicht zuletzt deshalb vermieden, weil sie dem männlichen Selbstbewußtsein widersprechen.

Die Vorordnung des Männlichen zeigt sich weiterhin darin, daß für Oberbegriffe, die beide Geschlechter umfassen sollen, grammatisch das männliche Geschlecht gebraucht wird. Wir sprechen von „Lehrern", „Schülern", „Studenten", „Zuschauern", „Teilnehmern", und die meisten von uns wären sicherlich erstaunt, würde man ihnen unterstellen, daß sie nur Männer oder Jungen meinten. Wir gehen zum Arzt, und dies kann dann auch eine Ärztin sein; Lehrerinnen halten sich im Lehrerzimmer auf; Schülerlotsen sind keineswegs immer Jungen, die nur Jungen über die Straße führen; Schülerinnen wählen eine Schülervertretung und können Klassensprecher werden; Kinder im Kindergarten finden Freunde und werden von Erziehern betreut.

Nur eine reine Frauengruppe kann grammatisch mit der weiblichen Form des Oberbegriffs bezeichnet werden. Dem Lehrerinnenverband gehören keine Lehrer an, oder bei der Anrede „Liebe Teilnehmerinnen" kann man sicher sein, daß kein Mann dabei ist. Dennoch kommt es nicht selten vor, daß selbst in solchen Fällen männliche Oberbegriffe benutzt werden, z.B. wenn eine Frauenärztin oder ein Frauenarzt von ihren bzw. seinen Patienten spricht, wenn von dem meist ausschließlich weiblichen Personal eines Kindergartens als „den Erziehern" gesprochen wird, oder wenn Frauen sich als Christen bezeichnen u.ä.m.

Bestimmte Wortbildungen zeigen an, daß das Männliche als der Normalfall, das Weibliche als der Sonderfall betrachtet wird. So gibt es das Stimmrecht und das Frauenstimmrecht, den Fußball und den Damenfußball oder Richter und weibliche Richter. Noch bis in die jüngste Zeit hinein konnte man vom „allgemeinen Wahlrecht" auch dann sprechen, wenn dieses nur für Männer, nicht aber für Frauen galt. In diesen Fällen sind Frauen nicht mitgemeint, sondern sie werden in den Wortbildungen unsichtbar gemacht: Eine Formulierung wie „die Jugendlichen und ihre Mädchen" erweckt den Eindruck, als gäbe es nur männliche Jugendliche und Mädchen nur als deren Freundinnen, oder eine Ausdrucksweise wie „die Parlamentarier und ihre Frauen" macht die weiblichen Abgeordneten des Parlaments sprachlich inexistent.

Frauen haben sich vielfach daran gewöhnt, daß sie unter der männlichen Form mitgemeint seien. Ihnen sollte allerdings zu denken geben, daß Männer sich nie von der weiblichen Form angesprochen fühlen und sich zumeist recht lautstark beschweren, wenn sie sprachlich nicht vorkommen. Es wird gerne behauptet, daß die männliche Form quasi geschlechtsneutral sei, d.h. also das Geschlecht für die Aussage, die gemacht werden soll, ebenso unwesentlich sei wie andere Merkmale, wie Größe, Haarfarbe etc. Dem müssen wir allerdings entgegenhalten, daß solche Unterschiede sich nicht sprachlich ausdrücken, daß es also – im Unterschied zum Geschlecht – keine grammatischen Formen gibt, die Unterschiede in Größe oder Haarfarbe anzeigen. Die Geschlechtsneutralität männlicher Oberbegriffe ist nur eine scheinbare, denn durch diese Behauptung werden Frauen entweder unsichtbar oder zu Quasi-Männern gemacht. Letzteres geschieht z.B. in Sätzen wie „die Beamten, die

Schwangerschaftsurlaub erhalten…" Sätze wie „Zwei Parlamentarier haben gegen die Gesetzesvorlage gestimmt" oder „Zwei Schüler überqueren die Straße" sind mehrdeutig. Sie können zwei Männer/Jungen oder einen Mann und eine Frau/einen Jungen und ein Mädchen oder sogar zwei Frauen/Mädchen meinen.

Die generischen Mehrzahlbildungen suggerieren noch eher eine Geschlechtsneutralität der männlichen Begriffe als die generischen Einzahlbildungen, deren grammatische Männlichkeit sehr viel deutlicher ins Auge springt. Frauen kommen nicht in den Blick, wenn „der Wähler" entschieden hat oder „der Mann auf der Straße" sich äußert. Der „Präsident und sein Stellvertreter" können auch weiblich sein, ebenso wie „der Arbeitgeber" oder „der Kandidat" oder gar „Otto Normalverbraucher". Von Frauen kann auch in der Wendung „jeder, der" gesprochen werden, was zu absurden, grammatisch aber völlig korrekt gebildeten Sätzen führen kann wie „Jeder sollte seinen Mädchennamen behalten dürfen" oder „Die Menstruation ist bei jedem ein bißchen anders".

Warum aber ist das alles ein Problem? Handelt es sich nicht nur um Empfindlichkeiten, die viele Frauen gar nicht teilen und die die allermeisten Männer überhaupt nicht nachvollziehen können? Es ist deshalb ein Problem, weil unsere Sprache nicht nur die Wirklichkeit abbildet, sondern weil sie selbst auch Wirklichkeit schafft. Eine androzentrische Sprache, für die das Männliche das Normale, das Weibliche das Abgeleitete ist, macht Frauen unsichtbar, d.h. an der Sprache ist die Wirklichkeit gar nicht zu erkennen. Sprechen wir von „Jüngern" Jesu, kann leicht vergessen werden, daß Jesus viele Jünger*innen* hatte oder auch welche Rolle diese Jüngerinnen, z.B. Maria Magdalena, spielten. Oder im Begriff „Väter des Grundgesetzes" lassen sich die vier „Mütter des Grundgesetzes" nicht wiederfinden, und aus diesem Grunde wissen viele heute nichts mehr von ihnen. Mit dem Verschweigen geht das Vergessenwerden einher, und so trübt eine androzentrische Sprache nicht nur den Blick auf die Gegenwart, sondern erschwert es, die Geschichte der Frauen überhaupt wahrzunehmen. Wenn Frauen immer als zweite genannt werden, als Ausnahmefall oder überhaupt nicht, dann prägt dies das Bewußtsein der Menschen, die die Sprache sprechen, und der Kinder, die in dieser Sprache aufwachsen.

Wie kann sich etwas verändern? Sprache zu verändern, ist keine leichte Aufgabe, da Sprachgewohnheiten und -traditionen oft sehr lang- und außerordentlich zählebig sind. Nichtsdestoweniger gibt es eine Reihe von Vorschlägen zur Sprachreform. Auch im Sprachalltag ist hier und da schon eine Entwicklung hörbar geworden. Eine Möglichkeit bietet die Neutralisierung, also statt „Studenten" „Studierende" zu sagen oder „geschwisterlich" statt „brüderlich". Die feministische Linguistin Luise Pusch fordert sehr viel weitergehender, die männlichen generischen Begriffe so lange durch weibliche generische Begriffe zu ersetzen, bis nicht nur sprachlich ein Machtausgleich zwischen Frauen und Männern erreicht ist. Unter „Bürgerinnen", „Teilnehmerinnen", „Ärztinnen" wären dann die Männer mitgemeint, wobei Pusch humorvoll argumentiert, in dem Wort „Lehrerinnen" wären die „Lehrer" ja, anders als umgekehrt, tatsächlich enthalten. Dieser Idee folgt auch die Schreibweise mit großem I, also „ZuschauerInnen" u.ä., die aber den Nachteil hat, daß sie nur sichtbar, aber nicht hörbar ist. Eine weitere Möglichkeit bildet das sog. Splitting, d.h. konsequent die weibliche und die männliche Form nebeneinander zu nennen, z.B. „Verkäuferinnen und Verkäufer", „Pastorinnen und Pastoren". Gegen das Splitting wird oft eingewendet, es sei viel zu mühsam und zu umständlich, Sprache müsse schließlich ökonomisch sein. Dem ist entgegenzuhalten, daß Sprachökonomie auch mit dem Informationsgehalt zusammenhängt. Je mehr die Sensibilität gegenüber einer androzentrischen Sprache zunimmt, desto deutlicher wird auch ihre Ungenauigkeit wahrgenommen. Wenn also zwei Parlamentarier gegen ein Gesetz stimmen, dann wird u.U. eine weitere Nachfrage nötig, welches Geschlecht die beiden denn hätten. In so einem Fall ist der kürzere Satz keineswegs der ökonomischere. Sprachwandel ist darüber hinaus ein Ausdruck geänderter Machtverhältnisse, und deshalb zeigen sich aufgrund der Rollenveränderungen von Frauen und Männern tatsächlich auch geänderte Sprachmuster. Die Wahl zum Bundespräsidenten bzw. zur Bundespräsidentin 1994 haben nicht nur Wahlmänner, sondern auch Wahlfrauen entschieden. Frauen sind heute Ministerin, Beamtin, Kauffrau, Amtsfrau, Ratsfrau oder Fachfrau. An manche zunächst sehr fremd klingende Wortbildung haben frau und mann sich bereits gewöhnt. Die feministische Sprachkritik kann immer weniger ignoriert werden, weil mit dem wachsenden Bewußtsein viele Begriffe und Texte sich heute weit exklusiver, d.h. Frauen ausschließender, lesen als noch vor zehn Jahren.

Warum aber reagieren so viele Menschen auf die feministische Sprachkritik verständnislos oder gar aggressiv? Dafür gibt es mehrere Gründe. Frauen haben sich jahrzehntelang an die herrschenden Sprachregeln gewöhnt, so daß eine veränderte Sprache die gewohnte Wirklichkeit mit ihrer geschlechtsspezifischen Rollenverteilung in Frage stellt. Manche

Frauen haben sich im Beruf einen Platz in der Männerwelt erobert und befürchten nun, in die „Emanzenecke" gestellt zu werden oder aus der Normalität herauszufallen, wenn sie sich sprachkritisch verhalten. Männer reagieren häufig – nicht immer – mit absolutem Unverständnis. Die Gleichsetzung von Mensch und Mann ist ihnen so selbstverständlich, daß sie nicht nachfühlen können, was es bedeutet, sprachlich nur als Ausnahme vorzukommen. Sprachkritik bringt Ungerechtigkeit ans Licht und fordert Veränderung – dies ist allemal unangenehm für diejenigen, die von der Ungerechtigkeit profitieren.

Verwendete Literatur:

BERGER Peter L./LUCKMANN Thomas, Die gesellschaftliche Konstruktion der Wirklichkeit. Eine Theorie der Wissenssoziologie, Frankfurt/M. 1969
Frauen fordern eine gerechte Sprache, hg. v. Hildburg Wegener u.a., Gütersloh 1990 (darin bes. den Beitrag v. Hildburg Wegener, Von Kindergärtnern, Amtsfrauen und Ratsdamen. Sprachkritik und Sprachpolitik in feministischem Interesse, 9–24)
PUSCH Luise F., Das Deutsche als Männersprache. Aufsätze und Glossen zur feministischen Linguistik, Frankfurt/M. 1984
PUSCH Luise F., Alle Menschen werden Schwestern. Feministische Sprachkritik, Frankfurt/M. 1990
TRÖMEL-PLÖTZ Senta, Art. Sprachkritik, feministische, in: Frauenlexikon. Traditionen, Fakten, Perspektiven, hg. v. Anneliese Lissner u.a., 2. Aufl., Freiburg 1989, 1067–1074
TRÖMEL-PLÖTZ Senta, Frauensprache – Sprache der Veränderung, 8. Aufl., Frankfurt/M. 1988
TRÖMEL-PLÖTZ Senta, Gewalt durch Sprache. Die Vergewaltigung von Frauen in Gesprächen, 7. Aufl., Frankfurt/M. 1988

Weitere Literatur:

DALY Mary, Reine Lust. Elemental-feministische Philosophie, München 1986
HELLINGER Marlis (Hg.), Sprachwandel und feministische Sprachpolitik, Opladen 1985
HELLINGER Marlis/KREMER Marion/SCHRÄPEL Beate, Empfehlungen zur Vermeidung von sexistischem Sprachgebrauch in öffentlicher Sprache, Hannover 1985
KOHLER-SPIEGEL Helga/SCHACHL-RABER Ursula, Wut und Mut. Feministisches Materialbuch für Religionsunterricht und Gemeindearbeit, München 1991, 12–19
LEHRER Martin, Die erschütterte Geltung des Gattungsbegriffs: Juristenforum zeigt Vorbehalte gegen geschlechtsneutrale Sprache, in: Das Parlament 39 (1989) H. 9, o.S. (24.2.1989)
TRÖMEL-PLÖTZ Senta/HELLINGER Marlis/GUENTHERODT Ingrid/PUSCH Luise F., Richtlinien zur Vermeidung sexistischen Sprachgebrauchs, in: Linguistische Berichte 71 (1981) 1–7

Vorschlag für Seminare und Arbeitsgruppen:

Kopiervorlagen aus: KOHLER-SPIEGEL Helga/SCHACHL-RABER Ursula, Wut und Mut. Feministisches Materialbuch für Religionsunterricht und Gemeindearbeit, München 1991, 12–15

7. Kapitel
Die feministisch-theologische Kritik der
liturgischen Sprache

Die feministische Kritik am Androzentrismus der Sprache betrifft natürlich ebenfalls die religiöse und die liturgische Sprache. Auch hier handelt es sich keineswegs um Probleme, die getrost vernachlässigt werden könnten, oder um kosmetische Veränderungen. Denn es geht um nichts weniger als um die echte und befreiende Teilnahme von Frauen an der Liturgie. Und da das Kernproblem einer androzentrischen Liturgie die androzentrische Sprache von Gott ist, reicht die feministisch-theologische Sprachkritik bis ins Zentrum der Theologie.

Der Gottesrede ist innerhalb dieses Kapitels noch ein eigener Abschnitt gewidmet, so daß wir uns zunächst auf die Liturgie konzentrieren können.

Frauen (und auch Männer), die für eine androzentrische Sprache sensibel geworden sind, werden sehr schnell feststellen, daß Frauen in der Liturgie als Frauen kaum repräsentiert sind, und das, obwohl sie die Mehrheit der Gottesdienstbesucherinnen und -besucher stellen. Lieder, Gebete und Anreden nennen „Brüder" und „Söhne". Geschichten von Frauen in der Bibel, insbesondere aus dem Ersten Testament, sind in der Verkündigung unterrepräsentiert, und die Anrede Gottes bzw. das Reden von Gott reduziert sich auf männliche Begriffe und Bilder wie „Herr" und „Vater".

Feministisch-theologische Bemühungen zielen auf eine neue Gottesdienstsprache, die je nach Sprachgebrauch eine „nicht-sexistische", eine „inklusive" oder „integrative" oder eine „frauengerechte" Sprache genannt wird. Der Begriff „inclusive language" wird vor allem in den USA verwendet und bezeichnet eine Sprache, die Frauen nicht länger ausschließt, sondern Frauen und Männer gleichermaßen sichtbar macht. Über die Revision der androzentrischen Sprache hinaus ist es das Anliegen einer inklusiven Sprache, niemanden wegen der Zugehörigkeit zu einem bestimmten Volk, zu einer bestimmten sozialen Schicht, zu einer bestimmten Religion oder Konfession, wegen seiner oder ihrer Hautfarbe auszuschließen oder zu diskriminieren. Die Wortbildung „frauengerecht" erscheint vielfach in den Publikationen deutscher Theologinnen und will ausdrücken, daß sprachliche Gerechtigkeit für Frauen eingefordert wird.[2]

Im folgenden werden die Auswahl biblischer Texte für den Gottesdienst und die Gesangbücher der beiden großen Kirchen in Deutschland untersucht. Abschließend soll die Entwicklung eigener feministischer Liturgien in den Blick kommen.

Biblische Texte im Gottesdienst

1983/84 erschien in den USA das „Inclusive Language Lectionary", um in den Gemeinden auf seine Brauchbarkeit hin überprüft zu werden. Es war vom Nationalen Christenrat in den USA (National Council of the Churches of Christ in the USA) in Auftrag gegeben worden und baut auf der englischen Bibelübersetzung Revised Standard Version sowie einem ökumenischen Lektionar auf, welches dem römisch-katholischen Lektionar für die Gottesdienste folgt.

Das neue Lektionar der sonntäglichen Lesungen im Gottesdienst bemüht sich darum, die biblischen Texte so wiederzugeben, daß Frauen nicht unsichtbar gemacht oder ausgeschlossen werden. Das englische „man" für „Mensch" z.B. wird ersetzt durch „human being" oder „person", Gottesbilder und -anreden wie „King" oder „Lord" werden zu „monarch" und „Sovereign" verändert (beides sind im Englischen geschlechtsneutrale Begriffe). Aus dem Menschensohn wird „the Human One" und aus dem Sohn Gottes „the child of God". Wird Gott als Vater angeredet, steht „Mutter" in Klammern dahinter. Die Namen der biblischen Patriarchen werden durch die Namen der „Erzmütter" ergänzt.

Soweit die Beispiele aus dem Lektionar, das sich um eine inklusive Sprache bemüht. Es hat, wie nicht anders zu erwarten, einige Kritik erfahren, aber auch deutlich gemacht, daß die feministische Anfrage an die Liturgie und die Liturgiewissenschaft nicht mehr überhört werden darf. Das größte Problem – und dies hat der amerikanische Versuch ebenfalls gezeigt – betrifft den Umgang mit der Tradition. Denn einerseits gehört die Tradition unaufhebbar zum Wesen der Kirche, andererseits sind die

---

[2] Leider gibt es hier einen nicht gewollten, nichtsdestoweniger aber unangenehmen Anklang an das Wort „artgerecht", das zu den nationalsozialistischen Sprachmanipulationen gehörte.

Tradition*en* in Sprache und Inhalt androzentrisch und von dem patriarchalen Kontext, in dem sie entstanden und weitergegeben wurden, geprägt. Inwieweit darf Tradition also verändert werden, und auf welche Schwierigkeiten stößt ein solcher Versuch?

- Wenn vertraute Formulierungen verändert werden, kann dies auf Widerstand stoßen.
- Welche Autorität wird der Tradition zugeschrieben, welches Verständnis von Offenbarung haben diejenigen, die sich jeweils für Bewahrung oder für Veränderung aussprechen?
- Die patriarchale Tradition darf durch die Veränderung nicht vertuscht werden – sie muß erkennbar bleiben, damit sie kritisiert werden kann.
- Es müssen Formulierungen gefunden werden, die überzeugen und die nicht schnell abgegriffen sind.

Solange es in Deutschland und in anderen europäischen Ländern noch kein Lektionar in inklusiver Sprache gibt, können folgende Vorschläge von Ulrike Wagner-Rau weiterhelfen, um mit den genannten Problemen umzugehen:

Zuerst muß die Übersetzung der Texte daraufhin überprüft werden, ob bestimmte Androzentrismen vermieden werden können, ohne daß der Sinn des Textes verfälscht wird. Z.B. kann die Anrede „Brüder" durch „Schwestern" ergänzt oder, wenn nicht ausdrücklich von den Zwölfen die Rede ist, von „Jüngerinnen und Jüngern" gesprochen werden.

Als nächstes können die Texte vor der Lesung oder der Predigt kommentiert werden. Durch historische Informationen kann ihr Kontext erhellt und können evtl. vorhandene frauenfeindliche Tendenzen deutlich gemacht werden. Mit solchen Kommentaren sollte allerdings sparsam und wohlüberlegt umgegangen werden, weil die Gefahr besteht, daß sie trokken und belehrend wirken und den Fluß der Liturgie stören.

Texte können verfremdet und umgeschrieben werden, um ein Aha-Erlebnis zu provozieren. Dann sollten allerdings, um die Gemeinde nicht zu entmündigen, beide Fassungen vorgetragen werden – die originale und die umgeschriebene. Ein sprechendes Beispiel für eine solche kreative Veränderung des Textes gibt Hildburg Wegener, die eine Umformung des Gottesknechtsliedes in Jes 42,1–9 vorgenommen hat, in der sie die männliche Person durch eine weibliche ersetzt. Der Text lautet dann: „Siehe, das ist meine Beauftragte – ich halte sie – und meine Auserwählte, an der meine Seele Wohlgefallen hat. Ich habe ihr meinen Geist gegeben; sie wird das Recht unter die Völker bringen." Diese Veränderung ist nicht willkürlich, da der Gottesknecht zu verschiedenen Zeiten sehr unterschiedlich verstanden wurde. Deuterojesaja selbst dachte vermutlich an Kyros, den persischen König, spätere Generationen interpretierten ihn als den kommenden Messias oder als Repräsentanten des gesamten Volkes Israel. Jesus bezieht in Lk 4,14–20 diesen Text auf sich selbst, und die Frauen und Männer, die ihm nachfolgen, sind aufgerufen, genau das zu tun, was er von sich sagt, nämlich den Gefangenen Befreiung, den Blinden das Augenlicht zu bringen. Also ist das Motiv des Gottesknechtes offen dafür, auf alle, die Christus nachfolgen, bezogen zu werden.

Die Reaktionen der Frauen auf diese Umformung des Textes waren, dem Bericht Hildburg Wegeners zufolge, überwältigend, sowohl im Widerstand gegen als auch in der Zustimmung zu einer solchen Umformulierung eines altvertrauten Textes. Die für die feministische Sprachkritik interessanteste Reaktion war die einer Frau, die aussprach: „Jetzt kann ich mir vorstellen, wie ein Mann die Bibel hört!"

Nicht nur die androzentrische Sprache der biblischen Texte macht es vielen Frauen schwer, die Liturgie aus ganzem Herzen mitzufeiern, sondern auch die Auswahl der Texte im Lektionar. Welche Geschichten von Frauen erscheinen in der sonntäglichen Lesung und welches Frauenbild wird durch sie vermittelt?

Für den evangelisch-lutherischen Bereich hält Wagner-Rau fest, daß nur 4,6 % oder 32 Perikopen „Frauentexte" seien. Diese häuften sich zumeist noch in der Advents- und Weihnachtszeit sowie in der Passions- und Osterzeit.

Das römisch-katholische Lektionar, den „Ordo Lectionum Missae", hat Birgit Janetzky ausführlich untersucht. Das Lektionar entstand in der Folge des Zweiten Vatikanischen Konzils und sollte der neuen Hochschätzung der Heiligen Schrift Ausdruck verschaffen. Janetzky zufolge beziehen sich die Evangelientexte des Sonn- und Festtagslektionars relativ häufig auf Frauen: Außer der Heilung der gekrümmten Frau finden sich alle relevanten Frauengeschichten. Leider fallen diese Lesungen in der Praxis oft unter den Tisch, z.B. wenn eine Lang- und eine Kurzform des Textes angeboten und auf die Kurzform zurückgegriffen wird. So fällt die Heilung der blutflüssigen Frau in der Kurzfassung des Evangeliums am 13. Sonntag im Jahreskreis (Lesejahr B) weg oder verschwinden die Prophetin Anna und ihr Zeugnis in der Kurzfassung des Evangeliums vom Fest der Darstellung des Herrn[3] (Mariä Lichtmeß).

---

[3] So wie in diesem christologisch korrekten Titel dieses Marienfestes Maria unsichtbar wird.

Sehr viel weniger günstig als bei den Evangelientexten ist die Bilanz bei den Lesungen aus dem Ersten Testament. Wohl erscheint an weiblichen Bildern das Bild der Ehefrau für Israel (Jes 54,5–14) oder die Tochter Zion bzw. Tochter Jerusalem (Jes 40 u. 62; Zeph 3) sowie die Weisheit (Weish 6, Spr 9) und ein mütterliches Bild für Gott (Jes 49). Die zahlreichen Frauengestalten des Ersten Testaments kommen bis auf wenige Ausnahmen jedoch nicht vor. Diese wiederum sind nur im Blick auf bestimmte Männer ausgewählt – Sara in bezug auf Abraham, die Frau des Urija in bezug auf David, die Witwe von Sarepta und die Schunemiterin im Blick auf die Propheten Elija und Elischa.[4]

In der österlichen Bußzeit sollen die ersttestamentlichen Lesungen in besonderer Weise den Gang der Heilsgeschichte bis zu Jesus Christus verkünden. Eine Frau erscheint nur einmal, nämlich am 1. Fastensonntag im Lesejahr Λ, an dem die Erschaffung des Menschen nach der jahwistischen Schöpfungserzählung zusammen mit der Verführungsszene unter dem Baum der Erkenntnis von Gut und Böse gelesen wird, in der die Frau sich von der Schlange verleiten läßt, von der Frucht des Baumes zu essen, und auch ihrem Mann davon gibt. Die weiteren Lesungen, die Etappen der Heilsgeschichte darstellen sollen, erwähnen keine einzige Frau. So entsteht der Eindruck, daß die Frau zwar am Anfang der Unheilsgeschichte steht, die Heilsgeschichte dagegen von Männern geprägt und repräsentiert wird.

Die Lesungen aus der Apostelgeschichte geben ein Bild wieder, in dem männliche Amtsträger und Verkünder der Botschaft Jesu Christi erscheinen – Petrus, Paulus, Barnabas, die Apostel und die Männer, die zur Versorgung der Gemeinde bestimmt werden. Die Frauen, die in der frühchristlichen Mission engagiert waren oder Hauskirchen vorstanden, wie Prisca oder Lydia, bleiben unsichtbar.

Unter den Texten aus der Briefliteratur, die besonders auf Frauen Bezug nehmen, finden sich die Haustafeln aus Eph 5,21 – 32 und Kol 3,12 – 21. Diese Haustafeln sprechen von der Unterordnung von Frauen, Kindern, Sklavinnen und Sklaven unter die Autorität des Hausherrn. Der Teil, der die Sklaverei betrifft, ist nicht in die gottesdienstliche Lesung mit hineingenommen, wohl aber der, der von der Unterordnung der Frauen unter ihre Männer und vom Mann als dem Haupt der Frau

---

[4] Sara (Gen 18,1–10a; 16. Sonntag im Jahreskreis, Lesejahr C); die Frau des Urija (2 Sam 12,7–10.13; 11. Sonntag im Jahreskreis, C); die Witwe von Sarepta (1 Kön 17,10–16; 32. Sonntag im Jahreskreis, B), die Schunemiterin (2 Kön 4,8–11.14–16a; 13. Sonntag im Jahreskreis, A)

spricht. Da Kol 3 alljährlich am Fest der Heiligen Familie gelesen wird, handelt es sich hier wohl nicht um einen Zufall. Die Haustafel von Kol 8 wird offensichtlich nach wie vor als Modell für die Gestaltung eines christlichen Familienlebens angesehen.

Eine bisher kaum entdeckte Fundgrube für biblische Frauengeschichten bilden die Lesungen an den Festtagen (Feste des Herrn und der Heiligen). Hier finden wir, um nur einige zu nennen, die Prophetin Anna (Fest der Darstellung des Herrn, Lk 2,36–38[5]), Elisabeth, die Verwandte Marias und Mutter des Täufers, in zwei Perikopen (Geburt des Täufers, Lk 1,5–17; 1,57–66.80), die apokalyptische Frau in der Offenbarung des Johannes, die Begegnung von Maria und Elisabeth (beide am Hochfest der Aufnahme Mariens in den Himmel, Offb 11,19a; 12,1.3-6a.10b; Lk 1,39–56[6]) und das Messiasbekenntnis der Marta (Jahresgedächtnis für Verstorbene, Joh 11,17–27[7]).

Auch wenn der Befund, zumindest im katholischen Bereich, nicht ausschließlich negativ ist, wäre doch eine erneute Revision des Lektionars wünschenswert und notwendig. Diese muß zum Ziel haben, Frauen in den biblischen Texten sichtbar zu machen, d.h. fehlende Geschichten und Texte aufzunehmen, die ein ganzheitliches Gottesverständnis fördern oder Kritik an der patriarchalen Ordnung des Lebens üben. Um die Tradition des Verschweigens aufzuheben, wäre es durchaus gerechtfertigt, wenn solche Perikopen überproportional aufgenommen würden, d.h. nicht im selben Prozentsatz, in dem sie in den biblischen Schriften vorhanden sind.

Solange es kein erneuertes Lektionar gibt, können und müssen Predigende sich damit behelfen, die Übersetzungen genau zu prüfen und Ergebnisse aus der feministisch-theologischen Exegese heranzuziehen. Ein erster Schritt in diese Richtung ist mit der von evangelischen Theologinnen herausgegebenen Perikopensammlung „Feministisch gelesen" gemacht, die zu zahlreichen Texten feministisch-theologische Auslegungshilfen bereitstellt.

[5] Auch am Fest der Heiligen Familie.
[6] Auch am 4. Adventssonntag, Lesejahr C.
[7] Auch am 5. Fastensonntag, Lesejahr A, in der Perikope von der Auferweckung des Lazarus.

Verwendete Literatur:

Feministisch gelesen. Ausgewählte Bibeltexte für Gruppen und Gemeinden, 2 Bde, hg. v. Eva Renate Schmidt u.a., Stuttgart 1988 u. 1989

An Inclusive Language Lectionary. Readings for Year A-C, hg. v. National Council of Churches, Atlanta–New York–Philadelphia 1983–1985, 2. Aufl. 1986–1988

JANETZKY Birgit, Ihre Namen sind im Buch des Lebens. Frauengeschichte und erneuertes Lektionar, in: BERGER Teresa/GERHARDS Albert (Hg.), Liturgie und Frauenfrage. Ein Beitrag zur Frauenforschung aus liturgiewissenschaftlicher Sicht, St. Ottilien 1990, 415–431

WAGNER-RAU Ulrike, Zwischen Vaterwelt und Feminismus. Eine Studie zur pastoralen Identität von Frauen, Gütersloh 1992

WEGENER Hildburg, „Siehe, das ist meine Beauftragte". Frauengerechte Sprache in der Übersetzung der Bibel, in: dies. u.a. (Hg.), Frauen fordern eine gerechte Sprache, Gütersloh 1990, 84–101

Weitere Literatur:

Die Bibeltexte in frauengerechter Sprache für den Berliner Kirchentag 1989, in: epd-Dokumentation (1989) H. 46, 18–21

BIRD Phyllis A., The Bible as the Church's Book, Philadelphia 1982

HAUNERLAND Winfried, „Maria exemplar". Frauenrelevante Aspekte der Collectio Missarum de Beata Maria Virgine, in: Berger/Gerhards, Liturgie, a.a.O., 493–521

KÖHLER Hanne, Wie Gottesdienst lebendig wird. Gerechte Sprache in der Gemeinde einüben, in: Wegener u.a., Frauen, a.a.O., 102–127

PROCTER-SMITH Marjorie, Frauenbilder im Lektionar, in: Concilium 21 (1985) 420–427

SCHÜNGEL-STRAUMANN Helen, Alttestamentliche Weisheitstexte als marianische Liturgie. Sprüche 8 und Jesus Sirach 24 in den Lesungen an Marienfesten, in: GÖSSMANN Elisabeth/BAUER Dieter R. (Hg.), Maria – für alle Frauen oder über allen Frauen?, Freiburg 1989, 12–35

Vorschlag für Seminare und Arbeitsgruppen:

- Untersuchung gebräuchlicher Lektionare bzw. bestimmter Teile, z.B. eines Lesejahres, mit der Frage, welche frauenrelevanten Texte erscheinen und welche nicht;
- Entwurf von Predigten oder Predigtelementen zu frauenrelevanten Texten im Lektionar

Kirchengesangbücher

Im Gottesdienst wird nicht nur gelesen und gesprochen, sondern vor allem auch gesungen. Gerade weil es in der Mehrheit Frauen sind, die die Kirchenlieder singen, ist es wichtig, diese Lieder daraufhin zu befragen, ob und wie sie von Frauen sprechen und inwieweit Frauen an der Entstehung der Liedsammlungen beteiligt sind. Mehr oder weniger ausführliche Untersuchungen gibt es bereits zum Evangelischen Kirchengesangbuch von 1954, zum „Gotteslob", dem reformierten Gesangbuch für die deutschsprachigen katholischen Bistümer von 1975 und zum sog. Neuen Geistlichen Liedgut. Diese Untersuchungen werden der folgenden Darstellung zugrundeliegen. Wir werden uns mit folgenden Fragen beschäftigen:

– Sind Frauen an der Abfassung und Komposition sowie an der Sammlung und Herausgabe von Liedern beteiligt?
– Bieten die Subjekte der Lieder Identifikationsmöglichkeiten für Frauen? Können die genannten Objekte an die Lebenserfahrung von Frauen anknüpfen?
– Können die Gottesbezeichnungen in den Liedern von Frauen nachvollzogen oder durch Interpretation zugänglich gemacht werden?

Von den 394 Liedern, die im Hauptteil des Evangelischen Kirchengesangbuchs (EKG) stehen, sind nur vier von Frauen verfaßt, und keines davon stammt aus jüngerer Zeit.

Von ca. 800 Texten und Liedern im Gotteslob (GL) sind 80 von Frauen verfaßt, und zwar Gebete, Andachten, Gewissensspiegel, katechetische Texte, Melodien und Lieder. Alle von Frauen gedichteten Lieder stammen aus jüngerer Zeit. Das Zahlenverhältnis von Autorinnen und Autoren nimmt sich etwas ungünstiger aus – 19 Autorinnen gegenüber 250 Autoren –, weil nahezu die Hälfte aller Texte von Frauen von einer einzigen Autorin, Maria Luise Thurmair, stammt. Bei den paradigmatischen Gebeten christlicher Persönlichkeiten sind Frauen stark unterrepräsentiert. Nur ein einziges stammt von einer Frau, nämlich Teresa von Avila.

Teresa Berger hat nachgeforscht, in welchem Umfang Frauen in den Kommissionen für das Gotteslob vertreten waren und welchen Einfluß dies auf die Gestaltung des Gesangbuches hatte. Die acht weiblichen Mitglieder der Kommissionen sind ebenfalls Autorinnen des Gotteslobs. Nirgendwo wurde in den Kommissionen das Problem einer Frauen ausschließenden Sprache oder die Berücksichtigung besonderer Frauentraditionen thematisiert. Offensichtlich bestand noch keinerlei Sensibilität für diese Frage, auch nicht bei den beteiligten Frauen. Denn gerade die Subkommission „Persönliche Gebete", die als einzige von zwei Frauen geleitet wurde, hat nur ein Gebet einer Frau in die Sammlung aufgenommen.

Das Neue Geistliche Liedgut unterscheidet sich in dieser Hinsicht nicht von den herkömmlichen Gesangbüchern. Autorinnen und Komponistinnen sind zwar vertreten, aber weitgehend als Ausnahmen. Es gibt sogar Liedsammlungen, bei denen in jedem neuen Band immer weniger Frauen vertreten sind. Eine erfreuliche Ausnahme bildet das „Kontakte Songbook", in dem fast die Hälfte aller Lieder von Frauen verfaßt ist.

Lieder, die das Subjekt ansprechen und zur Identifikation einladen wollen, sind im EKG, im GL und in den neuen geistlichen Liedern zumeist in androzentrischer Sprache abgefaßt. Die Schwestern werden unter die Brüder subsumiert, die Töchter unter die Söhne, die Jüngerinnen unter die Jünger, die Mägde unter die Knechte. Auffallend im GL ist, daß es neben den vielen androzentrischen Texten einige gibt, die sich um eine inklusive Sprache bemühen, und wieder andere, in denen exklusive und inklusive Sprache unreflektiert nebeneinander stehen. Daß diese drei Sorten von Texten in Spannung zueinander stehen, ist bei der Zusammenstellung und Redaktion offenbar nicht bemerkt worden.

Im EKG erscheinen Frauen in den Rollen der Ehefrau, der Mutter und der Witwe, als Besitz oder in Abhängigkeit (Beispiel: EKG 201: „Nehmen sie denn Leib, Gut, Ehr, Kind und Weib" oder, nach dem zehnten Gebot – EKG 240: „Du sollst deines Nächsten Weib und Haus begehren nicht"). Viele Lieder betonen das geduldige Ertragen von Leid, die Selbstaufgabe in Dankbarkeit und den Gehorsam und lassen stets ein starkes Schuld- und Sündenbewußtsein durchblicken (Beispiel.: EKG 306: „… er ist doch nimmermehr mein Feind und gibt nur Liebesschläge"; EKG 259: „Gib nur, daß sich mein Wille fein in solche Schranken fügt, worinnen die Demut und Einfalt regieret!"; EKG 166: „Mein Sünd ist schwer und übergroß"; EKG 239: „Mein Sünd mich quälte Nacht und Tag").

Auffällig im GL ist, daß der exklusive Sprachgebrauch gehäuft in den neueren Liedern aus der 2. Hälfte des 20. Jh. auftritt und thematisch besonders dann, wenn die soziale und gemeinschaftliche Dimension des Glaubens angesprochen wird. In diesen Liedern erscheint die Brüderlichkeit als ein hoher Wert. Berger vermutet hier den Einfluß der Jugendbewegung und deren Suche nach neuen Gemeinschaftsformen. Denn ältere Lieder thematisierten den Bereich des Gemeinschaftserlebnisses nicht so stark oder sprächen von „Kindschaft" statt von „Sohnschaft".

In bezug auf die Objekte der Mit- und Umwelt ist die Sprache der Gesangbücher, einschließlich der neuen Lieder, oft noch stärker androzentrisch: Töchter, Schwestern, Jüngerinnen, die Nächste, die Arme oder die Feindin gibt es nicht. Heilige scheinen im Spiegel des Gotteslobs auch überwiegend männlich zu sein – nur in den Diözesanteilen finden wir einzelne Lieder, die einer Heiligen gewidmet sind. In der Andacht für die Osterzeit fehlt Maria aus Magdala; die frühchristlichen Glaubensbotinnen aus der Apostelgeschichte sind überhaupt nicht bekannt, und in einem Text zur Firmung werden die Frauen sogar von der Geistausgießung an Pfingsten ausgeschlossen (vgl. GL 785,3 Andacht „Boten des Glaubens"; GL 52,1: „Glaubt ihr an den Heiligen Geist, …, der wie einst den Aposteln am Pfingstfest, so heute euch durch das Sakrament der Firmung in einzigartiger Weise geschenkt wird?").Berger führt an, daß nach konzentriertem Suchen auch im Gotteslob so manche Frauentradition aufzufinden sei, z.B. fänden wir Sara, Hanna, Judit, Rut, Elisabet, Maria und Maria aus Magdala, Veronika, Phöbe, Priska, Persis, die Frau von Nain, die Mutter des Rufus, Evodia und Syntyche. Leider handele es sich zumeist um Texte, die in den Gemeinden selten verwendet würden, und oftmals seien die erwähnten Frauen den Gemeindemitgliedern gar nicht bekannt.

Im Neuen Geistlichen Liedgut ist der Befund wenig anders. Gestalten aus der jüdischen, christlichen und der allgemeinen Geschichte, auf die in den Liedern verwiesen wird, sind fast ausschließlich männlich.

In den Gewissensspiegeln des GL finden wir ein eklatantes Verschweigen weiblicher Lebensrealität. Angesprochen wird Gewalt in Form von Einbruch, Mord, Raubmord, Betrug und Erpressung, aber nicht als sexuelle Gewalt (von Männern) gegen Frauen und Kinder. Dies wiegt um so schwerer, als die Nicht-Erwähnung nicht nur ein Verschweigen ist, sondern im Kontext eines Gewissensspiegels eine Nicht-Verurteilung bedeutet.

Die Gottesbezeichnungen in den Gesangbuchtexten sind in der Mehrzahl ebenfalls androzentrisch geprägt.

Im EKG erscheint Gott als der Ferne, der Allmächtige und Herrschende, Jesus als der kriegerische Held oder in anderen Traditionen als der süße Herre Christ. Frauen fühlen sich wohl am ehesten von Liedern angesprochen, die vom Heiligen Geist als dem, der tröstet und beschützt, und als Quelle der Weisheit sprechen. Als Ausnahmebeispiel für ein androgynes Gottesbild wird das Lied 233 genannt, das die Mutterhände und die Vateraugen Gottes nennt.

Im GL beginnen allein 63 Lieder mit „Herr", auch sonst überwiegt das männlich geprägte Gottesbild. Von der Mutterschaft Gottes und mütterlichen Eigenschaften Gottes sprechen verschiedene Lieder (gebären GL 637,2; an der Hand führen GL 273,4; in den Armen halten 294,4). Jesus wird als Pelikanmutter und als Henne, die ihre Küken sammelt, besungen (GL 546,2 u. 781,7). Damit sind die Beispiele für ein eher weiblich geprägtes Gottesbild aber schon weitgehend erschöpft.

In den neuen geistlichen Liedern finden sich dieselben Bezeichnungen Gottes als Vater, Sohn, Heiliger Geist, Schöpfer, Lenker, König, Herr und Richter. Neuere, feministisch geprägte Texte sprechen von Mutter, Mutter des Lebens, Geistin, Göttin, Mutter Geist, Schwester Geist oder von Gott als Vater *und* Mutter.

Lösungsvorschläge

Was kann getan werden, um auch in den Gesangbuchliedern zu einer inklusiven, gerechten Sprache zu gelangen? Unmittelbare Handlungsmöglichkeiten sind folgende:

– sensibel für die androzentrische Sprache der Lieder und Texte zu machen,
– spontane Änderungen vorzunehmen – dies geht allerdings nur punktuell,
– Um- oder Neudichtungen vorzunehmen und der Gemeinde über Liedblätter bekannt zu machen (dies erhält zwar die schönen und vertrauten alten Melodien, schafft aber ähnliche Probleme wie bei der Umformulierung von biblischen Texten, s.o.),
– flexibel mit den Liedern für die einzelnen Kirchenjahreszeiten umzugehen,
– neue Lieder einzuführen (hat den Nachteil, daß diese sich häufig schnell abnutzen),
– bestimmte Lieder nicht mehr zu singen (das ist sicherlich die am meisten unbefriedigende Lösung).

Bei der Veränderung und Überarbeitung von Liedern müssen sprachliche, stilistische und metrische Probleme gelöst werden. Bei der Verwendung des generischen Maskulinums (der Jünger, der Lektor, Freunde etc.) empfiehlt sich das sog. Splitting mit Schrägstrich, als Doppelformulierung oder als Pluralbildung (die Lektorin/der Lektor oder Jüngerinnen und Jünger oder die Singenden etc.). Bei Liedern besteht natürlich das Problem, daß die Silbenzahl nicht beliebig verlängert werden kann.

Hier kann entweder eine Zeile ganz umgedichtet werden, oder es wird mit Sternchen gearbeitet, unter denen die andersgeschlechtliche grammatische Form aufgeführt ist. Zu maskulinen generischen Oberbegriffen können weibliche Pronomina verwendet oder Pronomina zur Disposition gestellt werden. Mit gutem Willen, Sprachgefühl und etwas Phantasie ließe sich also schon einiges erreichen.

Unausweichlich bleibt im feministischen Interesse jedoch eine vollständige Überarbeitung der gängigen Gesangbücher. Die Revision des Evangelischen Kirchengesangbuchs ist seit längerer Zeit im Gange, und für die ersten Landeskirchen ist das neue Gesangbuch bereits erschienen. Die Deutsche Bischofskonferenz hat auf ihrer Frühjahrsvollversammlung 1994 beschlossen, daß in einer Neufassung des Gotteslobs durchgängig eine Sprache Verwendung finden solle, in der Frauen nicht ausgeschlossen seien. Allerdings kritisieren evangelische Theologinnen, daß das Problem der Sprachgerechtigkeit bei der Überarbeitung des Gesangbuchs höchstens als Randproblem behandelt worden sei,[8] und im katholischen Bereich wird es sicherlich erst nach der Jahrtausendwende zu einer neuen Überarbeitung des Gotteslobs kommen. Doch ist andererseits auch nicht nichts passiert.

Das neue EKG, das bereits in einigen Landeskirchen eingeführt ist, enthält neue Lieder und neue Texte, die sich um inklusive Sprache bemühen. Lieder noch lebender Autorinnen und Autoren wurden mit deren Einverständnis verändert. Bei älteren Texten ist man zurückhaltender gewesen. Dies könnte damit zusammenhängen, daß das alte EKG in einem quasi historistisch zu nennenden Interesse viele alte Liedtexte in ihrer ursprünglichen Form wiederhergestellt hat. Zu anderen Zeiten bestanden weniger Hemmungen, die Texte zum Teil sehr stark zu überarbeiten und zu verändern. Für eine Reform im feministischen Interesse wirkt sich eine solche „historistische" Einstellung eher hinderlich aus, so daß sich die Aufgabe stellt, nicht nur über sprachliche und stilistische Probleme, sondern auch über das Geschichtsverständnis, das eine Kommission zur Gesangbuchreform vertritt, und über ihren Umgang mit den historischen Quellen zu diskutieren.

Auch im Gotteslob wird es einige Änderungen geben. Die technische Notwendigkeit, neue Filme für den Nachdruck herzustellen, hat dazu geführt, daß bei Liedern aus dem 20. Jh. die Stellen verändert werden, die

---

[8] Die zum Teil recht heftigen Auseinandersetzungen um das Für und Wider einer solchen Reform läßt sich im Jahrbuch für Hymnologie und Liturgie verfolgen.

sprachlich Frauen ausschließen. Die Bedeutung und die Dringlichkeit dieses Anliegens wurden eigens betont. Insgesamt werden 15 Textstellen verändert (s.u.). Für diese Änderungen mußte das Einverständnis der Autorinnen und Autoren bzw. derer, die ihren Nachlaß verwalten, eingeholt werden. Die Neuauflage bedeutet auch nicht, daß das alte Gesangbuch nicht mehr benutzt werden könne – hier besteht allerdings die Möglichkeit, daß in den Gemeinden die Veränderungen der Lieder bekanntgemacht und im Gottesdienst verwendet werden.

Verwendete Literatur:

BERGER Teresa, Das Gotteslob der Frauen? Eine Durchsicht des katholischen Gebet- und Gesangbuches von 1975, in: dies./GERHARDS Albert (Hg.), Liturgie und Frauenfrage. Ein Beitrag zur Frauenforschung aus liturgiewissenschaftlicher Sicht, St. Ottilien 1990, 385–413

EINIG Bernhard, „Brüderlichkeit" und „Schwesterlichkeit" im Neuen Geistlichen Lied. Zur Frage nach einer integrativen religiösen Lieddichtung in der Gegenwart, in: Berger/Gerhards, Liturgie, a.a.O., 523–579

KNOHL-HOBERG Katharina, Sexismus in den Gesangbuchliedern, in: SOMMER Norbert (Hg.), Nennt uns nicht Brüder. Frauen in der Kirche durchbrechen das Schweigen, Stuttgart 1985, 310–314

WAGNER-RAU Ulrike, Zwischen Vaterwelt und Feminismus. Eine Studie zur pastoralen Identität von Frauen, Gütersloh 1992

Weitere Literatur:

JUNG Ursula, Sexismus im Kirchen(tags)lied. Wege zu einer frauengerechten Sprache, in: Schlangenbrut o.J. (1988) H. 20, 25–28

LIPPHOLD Ernst, „Ihr Christen alle, Frau und Mann". Zur Frage der inklusiven Sprache im neuen Gesangbuch, in: Deutsches Pfarrerblatt 89 (1989) 138–139

SCHÖNHALS-SCHLAUDT Dorle, „Du, Eva, komm sing dein Lied". Worte und Töne, die uns bewegen, in: Frauen fordern eine gerechte Sprache, hg. v. Hildburg Wegener u.a., Gütersloh 1990, 128–147

Vorschlag für Seminare und Arbeitsgruppen:

- Vergleich herkömmlicher und überarbeiteter Gesangbücher: Was wurde verändert? Was ist immer noch veränderungsbedürftig?
- Kopiervorlage: Veränderungen im katholischen Gesangbuch „Gotteslob"

Feministische Liturgien

Der Androzentrismus der traditionellen Liturgie und der daraus resultierende Mangel hat viele Frauen zu neuen liturgischen Versuchen veranlaßt, die aus der feministischen Kritik hervorgehen und Frauen neue spirituelle Nahrung geben sollen. Neben den Begriff der feministischen Liturgie treten die Begriffe des Rituals und der feministischen Spiritualität. Der Bezeichnung „feministische Liturgie" wohnt eine ekklesiologische Reflexion inne – die Frau, die von „Liturgie" spricht, hat in der Regel eine wie auch immer geartete Vorstellung von „Frauen-Kirche".

Das Thema „Feministische Liturgie" weist also über den Rahmen dieses Kapitels, das der Sprachkritik gewidmet ist, hinaus in die systematisch-theologischen Bereiche der Ekklesiologie (Lehre von der Kirche) und der Gotteslehre.

Neue liturgische oder kultische Feiern werden sowohl im christlichen als auch im postchristlichen Bereich des religiösen Feminismus entwickelt und gefeiert. Christlichen wie postchristlichen feministischen Ritualen ist gemeinsam, daß sie sich in besonderer Weise auf den weiblichen Lebenszusammenhang beziehen. Biographische Knotenpunkte im weiblichen Leben, die entweder biologisch oder sozial bedingt sind, werden rituell begleitet, wie die Menarche, die Schwangerschaft, die Geburt eines Kindes, die Menopause oder das Verlassen des Elternhauses, der Entschluß zum Zusammenleben eines heterosexuellen oder eines lesbischen Paares, eine Scheidung usw.

Ein weiterer wichtiger Bestandteil feministischer Liturgien ist es, die Gewalterfahrungen, denen Frauen ausgesetzt sind, zu benennen, zu bannen und die Opfer der Gewalt in ihrem Heilungsprozeß zu unterstützen. Besonders im US-amerikanischen Raum sind innerhalb der Frauen-Kirche-Bewegung zahlreiche Heil-Rituale entstanden, z.B. für Frauen, die vergewaltigt wurden oder in ihrer Kindheit sexuellem Mißbrauch ausgesetzt waren.

Der dritte wichtige Bezugspunkt feministischer Liturgien und Rituale ist der Jahreszeitenzyklus; hier gibt es allerdings Unterschiede zwischen dem christlichen und dem postchristlichen Flügel, wie noch zu zeigen sein wird.

Christliche und postchristliche feministische spirituelle Formen lassen sich aufgrund dieser Gemeinsamkeiten häufig nicht fein säuberlich auseinanderdividieren. Spiritualität und Identitätssuche von Frauen werden sowohl von christlichen als auch von postchristlichen Feministinnen eng miteinander verbunden, so daß der Unterschied oftmals darin besteht, ob die Frauen sich selbst innerhalb der christlichen Kirchen ansiedeln oder diesen Raum verlassen haben bzw. erst gar nicht betreten wollen. Dennoch haben beide Gruppen verschiedene Schwerpunkte, die hier angesprochen werden sollen:

Christliche feministische Liturgien orientieren sich, im Unterschied zu postchristlichen, am Verlauf des Kirchenjahres. Liturgisch arbeitende Gruppen haben bereits für bestimmte christliche Festzeiten alternative feministische Liturgien entwickelt, z.B. für die Karwoche und Ostern. Alte liturgische Elemente werden mit neuen verbunden, alte außerchristliche Rituale um neue ergänzt oder gänzlich neue Rituale geschaffen.

Rosemary Radford Ruether favorisiert ein feministisch-liturgisches Konzept, das sowohl altorientalische als auch jüdische und christliche Überlieferungen aufnimmt und Elemente aus allen Traditionen enthält. Dies erfolgt nicht als unreflektierter bloßer Synkretismus, sondern im Bewußtsein der eigenen Geschichte und der eigenen Wurzeln, die in alle drei genannten Traditionen hineinreichen.

Die befreiungstheologische Richtung unter den christlichen feministischen Theologinnen strebt nach einer Verbindung von Spiritualität und politischem Kampf, nach der Verbindung von Mystik und Politik. Das politische Engagement gegen die patriarchale Unterdrückung, die Frauen betrifft, aber auch Frauen und Männer aufgrund ihrer ethnischen Zugehörigkeit oder ihres ökonomischen Status, prägt Inhalt und Struktur der liturgischen Feiern. Die Liebe Gottes wird in spiritueller Gemeinschaft und in politischer Befreiung erfahren, und die feministische Liturgie bringt genau dies zum Ausdruck. Auf dem Weg zu einer Identität als Frau und als Christin suchen Frauen nach neuen Bezeichnungen und Metaphern für Gott. (Vgl. den folgenden Abschnitt.)

Ziel der feministischen Bemühungen um die Reform der Liturgie ist letztlich eine umfassende Kirchenreform. Eine neue Kirche soll geschaffen werden, die der Botschaft Jesu mehr entspricht als die traditionelle Kirche. Die „Frauen-Kirche" ist der Weg zu dieser neuen Gemeinschaft, die bereits jetzt in kleinen Gemeinschaften von Frauen und Männern oder auf feministischen Versammlungen und Kongressen erfahrbar wird – angesiedelt am Rande der institutionellen Kirchen, aber auf das Zentrum zielend. Das Spektrum der Definitionen von Frauen-Kirche ist breit: Es reicht von der Aussage, daß Frauen erstmals kollektiv von sich behaupten, daß sie „Kirche" seien, über Frauen-Kirche als Teil der Frauenbewegung, als Gegenkultur zur patriarchalen Kirche bis hin zur Frauenkirche als Auslegungsgemeinschaft, d.h. als hermeneutisches Zentrum feministischen Lebens mit der Bibel. Feministische Liturgien sind ein Mittel, diese Frauen-Kirche zu schaffen und ihre Reformabsichten voranzutreiben. Sie sind auch eine Quelle der Kraft und Inspiration, weil sie Frauen sowohl eine, wenn auch vorläufige, spirituelle Heimat geben und ihnen ermöglichen, vorerst auch mit den traditionellen Liturgien zu leben.

Auf dem postchristlichen Flügel finden wir selbstverständlich nicht das Ziel, die christlichen Kirchen zu reformieren. Hier tritt das Interesse an der Identitätsfindung und dem spirituellen Ausdruck von Identität, das die postchristlichen mit den christlichen Feministinnen teilen, gänzlich in den Vordergrund. Auch die neuen Bilder und Metaphern, die für das Göttliche gefunden werden, dienen diesem Zweck. Das wichtigste unter diesen Bildern ist dasjenige der Göttin. Die Göttin ist weder ein gegenständlicher Gott, also kein Götzenbild, noch steht sie für eine transzendente Gottheit. Sie darf also nicht als das weibliche Gegenstück zu einem männlichen transzendenten Gott verstanden werden. Die Göttin ist vielmehr das Zentrum des Kosmos wie auch das Selbst einer jeden Frau. Sie bildet die Grundlage allen Seins, und der Weg zu ihr ist ein Weg zu sich selbst. Weil die Göttin den gesamten Kosmos repräsentiert, gehört die Ehrfurcht vor der Natur, der Erde und der Körperlichkeit zu allen rituellen Formen, in denen die Göttin verehrt wird. Letztlich steht die Göttin für die feministische Utopie einer Welt, die keine Gewalt gegen Frauen und die Natur kennt und in der jede Frau zu einem tiefen Bewußtsein ihrer selbst gekommen ist.

Postchristliche feministische Rituale sind zumeist keine wiederbelebten Rituale einer historischen Religion oder Göttin-Verehrung. In der Regel handelt es sich um neue Konstruktionen, die allerdings manche alten Elemente enthalten. Vergleichbar ist dies mit bestimmten von der Romantik geprägten Entwicklungen in der Frömmigkeitsgeschichte, z.B. im Rahmen der Marienverehrung. Viele Elemente der Marienfrömmigkeit, die auf den ersten Blick uralt erscheinen, stammen aus der Zeit der Romantik, sind also nicht einmal 200 Jahre alt.

Innerhalb der postchristlichen spirituellen Bewegungen fehlt oft ein ausdrückliches „Kirchen"bewußtsein. Organisation und Institution spielen kaum eine Rolle, das Gemeinschaftsbewußtsein geht zumeist nicht über die aktuelle Kultgemeinschaft hinaus. Eine Ausnahme bildet die von Starhawk begründete Hexenreligion, die eine organisierte religiöse Gemeinschaft mit allen rechtlichen Konsequenzen darstellt.

Folgende Probleme zeigen sich bezüglich der Entfaltung feministischer Liturgien, die einer weiteren Diskussion bedürften. Da ist zunächst der Begriff der Liturgie selbst. In der Literatur zu feministischen Liturgien wird er selten bis gar nicht definiert oder einer Reflexion unterzogen, bleibt also recht schillernd. Zumindest aus der Perspektive des katholischen Verständnisses von Liturgie ergeben sich dadurch einige Schwierigkeiten. Im katholischen Verständnis ist Liturgie der öffentliche Gottesdienst der Kirche, den die gesamte Kirche in Gemeinden feiert, die sich zu diesem Zweck unter dem Vorsitz eines Amtsträgers versammelt haben. Inneres Zentrum der Liturgie ist die Feier der Eucharistie.

Die Spannung, die nun zwischen diesem Verständnis von Liturgie und der feministisch-liturgischen Praxis besteht, ist die Spannung zwischen Amt und Charisma, zwischen universaler Kirche und partikularer, zwischen dominanter Tradition und Gegenkultur. Um verantwortet feministische Liturgien zu entwickeln und zu reflektieren, wäre es notwendig, in weit größerem Maße ekklesiologische Probleme, insbesondere das Kirchenverständnis, zu diskutieren, als dies bisher erkennbar ist. Bis dies geschehen ist, würde ich persönlich zurückhaltender mit dem Begriff „Liturgie" umgehen. Man könnte für die feministischen Liturgien besser einen zwar recht altmodischen, nichtsdestoweniger treffenden Begriff aus der katholischen Tradition gebrauchen: Es handelt sich um „pia exercitia", das sind „fromme Übungen". Darunter fallen alle spirituellen Formen, die nicht ausdrücklich „Liturgie" sind. Daß solche Probleme den Frauen, die feministische Liturgien betreiben, häufig bewußt sind, zeigt sich z.B. daran, daß im Verständnis von Frauen-Kirche besonders herausgestrichen wird, daß es sich hier um eine Partikularkirche analog zu anderen Partikular- und Ortskirchen handele (Schüssler Fiorenza). Auch separatistische Tendenzen, wie der Ausschluß von Männern oder die Distanzierung von der institutionellen Kirche, werden nicht als selbstverständlich angesehen, sondern dort, wo sie vorhanden sind, eigens reflektiert und begründet. Das bedeutet, daß die Öffentlichkeit und Gesamtkirchlichkeit der Liturgie grundsätzlich anerkannt wird. Positiv können wir die Verwendung des Begriffs der Liturgie so deuten, daß damit an der Zugehörigkeit zur Kirche Jesu Christi festgehalten wird und nicht eine postchristliche spirituelle Kultur geschaffen werden soll.

Ein weiterer Punkt, der m.E. intensiver Diskussion bedarf und der auch über die Feministische Theologie hinaus von Interesse ist, betrifft das Verhältnis von Identitätssuche und Gottsuche. Feministische Spiritualität will die entfremdenden Erfahrungen von Frauen hin zu einer neuen ganzheitlichen Identität überwinden. Ein Grundthema vieler Liturgien und Rituale ist das Bedürfnis, Subjekt des eigenen Lebens zu werden. Bilder und Symbole werden nach dem Kriterium abgelehnt oder bejaht, ob sie identitätsfördernd für Frauen sind. Es ist unbestritten, wie notwendig Identitätsfindung für Frauen ist und wie sehr wahre Selbstfindung und Gottsuche miteinander zusammenhängen. Doch die ständige Betonung dieses Anliegens läßt die Frage aufkommen, wo die Grenze verläuft zwischen wirklicher Selbstsuche als Suche nach Gott und bloßer Selbstbespiegelung oder gar einem kollektiven Egotrip. Auch hier reicht die Fragestellung wieder weit über das Gebiet der Sprachkritik und auch der Liturgie hinaus. Angesprochen sind Gottesrede und Gottesverständnis. Feministische Liturgien sind zumeist recht zurückhaltend mit direkten Anreden Gottes. Wo nicht von der Göttin gesprochen wird, wird eher ein Bildermoratorium, also ein zeitweiliger Verzicht auf alle Bilder, für notwendig gehalten. So hilfreich auch die Erinnerung an das Bilderverbot ist, lassen Bilder als solche sich nicht unterdrücken oder fernhalten. Um also verantwortet feministische Liturgie zu feiern, ist auch hier eine weitergehende theologische Reflexion notwendig darüber, wie von Gott gesprochen werden kann und wie Gott sich zeigt.

Verwendete Literatur:

BERGER Teresa, Auf der Suche nach einer „integrativen Liturgie", in: Liturgisches Jahrbuch 37 (1987) 42–66
Meine Seele sieht das Land der Freiheit. Feministische Liturgien – Modelle für die Praxis, hg. v. Christine Hojenski u.a., Münster 1990
MULACK Christa, Art. Ritual/Magie, in: Wörterbuch der Feministischen Theologie, hg. v. Elisabeth Gössmann u.a., Gütersloh 1991, 351–354
PISSAREK-HUDELIST Herlinde/SINCLAIR Jane/EPTING Ruth/FRITSCH-OPPERMANN Sybille, GOODMAN-THAU Eveline, Art. Liturgie, in: Wörterbuch, a.a.O., 251–261
RUETHER Rosemary Radford, Unsere Wunden heilen, unsere Befreiung feiern. Rituale in der Frauenkirche, Stuttgart 1985
STARHAWK, The Spiral Dance. A Rebirth of the Ancient Religion of the Great Goddess, New York–San Francico–London 1979 (dt.: Der Hexenkult der Großen Göttin. Magische Übungen, Rituale und Anrufungen, 3. Aufl. Freiburg 1987)

Weitere Literatur:

ELIXMANN Angelika u.a., Feministische Liturgien. Ein Erfahrungsbericht, in: Schlangenbrut o.J. (1988) H. 23, 24–31

GAUBE Karin/PECHMANN Alexander v., Magie, Matriarchat und Marienkult. Frauen und Religion. Versuch einer Bestandsaufnahme, Reinbek 1986

GÖTTNER-ABENDROTH Heide, Die tanzende Göttin. Prinzipien einer matriarchalen Ästhetik, 4. überarb. u. wes. erw. Aufl., München 1988

KRATTIGER Ursa, Die perlmutterne Mönchin. Reise in eine weibliche Spiritualität, Reinbek 1987

LAUTERBACH Hanna, „Energie" als religiöser Leitbegriff in der nachchristlichen Spirituellen Frauenbewegung der Gegenwart, in: Eine andere Tradition. Dissidente Positionen von Frauen in Philosophie und Theologie, hg. v. Martina Appich u.a., München 1993

NEU Diann, Unser Name ist Kirche. Die Erfahrung katholisch-christlicher feministischer Liturgien, in: Concilium 18 (1982) 135–144

RUETHER Rosemary Radford, Frauenkirche. Neuentstehende feministische liturgische Gemeinschaften, in: Concilium 22 (1986) 275–280

RUETHER Rosemary Radford, Gaia und Gott. Eine ökofeministische Theologie der Heilung der Erde, Luzern 1994

WALTON Janet, The Challenge of Feminist Liturgy, in: Liturgy 6 (1987) 55–59

WALTON Janet, Segnen auf kirchliche und auf feministische Weise, in: Concilium 21 (1985) 124–129

Vorschlag für Seminare und Arbeitsgruppen:

Kennenlernen und Besprechung einer feministischen Liturgie oder eines neu konzipierten Rituals

- Adventsliturgie, aus: Meine Seele sieht das Land der Freiheit. Feministische Liturgien – Modelle für die Praxis, hg. v. Christine Hojenski u.a., Münster 1990, 111–117
- Heilritual für mißhandelte Frauen, aus: RUETHER Rosemary Radford, Unsere Wunden heilen, unsere Befreiung feiern. Rituale in der Frauenkirche, Stuttgart 1985, 175–179

8. Kapitel
Die feministisch-theologische Kritik der Gottesbilder

Feministische Sprachkritik führt im religiösen Bereich notwendig dazu, herrschende und gewohnte Gottesbilder oder Gottesbezeichnungen in Frage zu stellen. Herrschende Gottesbilder sind in der Regel männlich bestimmt; das wird jede und jeder merken, wenn sie spontan Namen und Bezeichnungen für Gott nennen sollen. Dann wird bei den meisten wohl „Vater" und „Herr", vielleicht auch „König", „Allmächtiger", „Herrscher", „Richter" oder „Schöpfer" erscheinen.

Feministische Kritik bleibt aber nicht bei den männlichen Bildern für Gott stehen, sondern macht auf zweierlei aufmerksam: (1) Es gibt eine Wechselwirkung zwischen religiösen Symbolen und gesellschaftlichen Verhältnissen. Dem Vater und Herrscher im Himmel entsprechen nur zu oft die männlichen Herrscher auf Erden und die Ehemänner, die sich als Häupter ihrer Frauen verstehen. (2) Es gibt einen Zusammenhang zwischen dem Gottesbild und der Entwicklung der eigenen Identität. Männlichen Menschen steht trotz aller Unterschiedenheit zwischen Mensch und Gott ein männliches Gottesbild zur Identifikation offen, weiblichen Menschen ist dies nicht möglich.

Ein einseitig männliches Gottesbild widerspricht sowohl der christlichen Gotteslehre als auch dem christlichen Menschenbild und kann das spirituelle Leben beeinträchtigen. Da es eine theologische Selbstverständlichkeit ist, daß Gott *nicht* männlich ist, darf auch auf der Ebene der Bilder, Metaphern und grammatischen Bezeichnungen nicht suggeriert werden, daß Gott männlich sei. Wenn Frauen ebenso wie Männer Ebenbild Gottes sind, muß dies auch an den Bildern und Namen für Gott erkennbar sein. Frömmigkeitsformen, die von einem einseitig männlichen Gottesbild bestimmt sind, behindern Frauen und sicherlich auch Männer, eine authentische Spiritualität zu entwickeln.

Die feministisch-theologische Gottesbild-Kritik schlägt, grob unterschieden, drei Wege ein: (1) Sie greift auf bisher vernachlässigte biblische Traditionen, insbesondere des Ersten Testaments, zurück. (2) Sie entwickelt die theologische Vorstellung von Gott als „Gott in Beziehung". (3) Sie wendet sich der Göttin zu als einer Identifikationsmöglichkeit für Frauen.

(1) Das männliche Gottesbild im Christentum ist sehr stark geprägt vom Zweiten Testament und der Vater-Anrede Gottes durch Jesus. Dieses Vaterbild wird in christlicher Perspektive häufig auf das Erste Testament übertragen, das eigentlich sehr viel zurückhaltender mit dem Vaterbild für Gott umgeht. Höchstens an einem Dutzend Stellen wird im Ersten Testament von Gott als Vater gesprochen, wobei Väterlichkeit mit Verantwortlichkeit und Fürsorge assoziiert wird. Diese Fürsorge wird an anderen Stellen, etwa bei Hosea und Deutero- bzw. Tritojesaja, auch in mütterliche Bilder für Gott gefaßt. Gerade für diese Propheten gilt, daß männliche und weiblich-mütterliche Bilder für Gott nebeneinander existieren. In der Wirkungsgeschichte sind aber nur die männlichen besonders beachtet worden, wie etwa das Bild des Ehemannes für Gott und das der untreuen Ehefrau für Israel. Darüber hinaus haben sich diese Bilder häufig frauenfeindlich ausgewirkt.

Ziel dieses Weges Feministischer Theologie ist es, eine Vielfalt von Bildern und Symbolen für Gott zu finden und zu verwenden. Helen Schüngel-Straumann weist darauf hin, daß dabei gerade das Erste Testament gute Dienste leiste, da es allein schon durch die lange Zeit und die unterschiedlichen Kontexte seiner Entstehung eine Fülle von Gottesbildern und Gotteserfahrungen enthalte. Statt theologische Aussagen und Interessen der Autoren des Zweiten Testaments auf das Erste Testament rückzuprojizieren, müßten Theologinnen und Theologen das Erste Testament wieder mehr als Grundlage und Voraussetzung des Zweiten lesen. Virginia Mollenkott hat eine ganze Anzahl weiblicher Bilder des Ersten Testaments für Gott aufgelistet: Gott als Gebärende, als stillende Frau, als Hebamme, als Bärin, als Bäckerin, als Adlermutter, als Henne etc.[9]

Schüngel-Straumann weist vor allem auf die göttliche ruach und die Weisheit als Personifikation Gottes hin. Die ruach, im Hebräischen in den meisten Fällen ein Femininum, bedeutet Wind, Sturm, Atem, Kraft Gottes, Geist Gottes. Über den Schöpfungswassern schwebt die ruach; eine ruach bläst das Rote Meer zur Seite, damit die Israeliten trockenen Fußes hindurchziehen können; die ruach Gottes erfüllt die charismatischen Führer Israels, die Richter; erst die ruach Gottes bringt wieder Leben in die toten Gebeine, die Ezechiel in seiner Vision schaut; und schließlich wird in der Verheißung des Propheten Joel die ruach Gottes

---

[9] Mollenkotts Übersetzungen sind an manchen Stellen problematisch, manche ihrer Interpretationen überzogen. Mit der nötigen Skepsis gelesen, bietet das Buch jedoch eine interessante Zusammenstellung weiblicher Bilder und Metaphern für Gott.

über alle ausgeschüttet, so daß Alte und Junge, Frauen und Männer, Knechte, Mägde, Herrinnen und Herren prophetisch reden und Visionen schauen. Ruach verbindet Himmel und Erde, oben und unten, Gott und Mensch. Sie macht die Schöpfung erst möglich und erhält sie. Die ruach gehört also nicht zu einem unnahbaren, unberührbaren Gott, der als ferner Herrscher in den Himmeln thront. Aus begriffsgeschichtlichen Untersuchungen, die „ruach" mit „Wind/Sturm/Atem" und mit „Weite" zusammenbringen, schließt Schüngel-Straumann auf eine Ursituation, aus der der Begriff entstanden sei, nämlich das heftige Atmen einer Gebärenden, die neuem Leben Raum, d.h. Weite gibt. Entsprechend übersetzt sie ruach mit „schöpferischer Lebenskraft".

Die Weisheit, die sophia – ein griechisches Wort, mit dem das hebräische chokmah übersetzt wurde –, ist im christlich-kirchlichen Bereich oft nahezu unbekannt, auch in der christlichen Theologie spielt sie kaum eine Rolle. Sie hat eine Fülle von Bedeutungen. Sie wird beschrieben als Gottes geliebte Tochter; sie ist bei der Schöpfung anwesend, also präexistent; sie spielt und tanzt vor Gott; sie führt Israel durch das Rote Meer – hier erreicht das Symbol der Weisheit die Ebene, auf der es Gott selbst repräsentiert. In all diesen Bedeutungen stellt die Weisheit die Güte und die Zugewandtheit Gottes zu den Menschen dar.

Die biblischen Bücher, die von der Weisheit sprechen, die sog. Weisheitsliteratur, sind relativ spät, d.h. nach dem babylonischen Exil entstanden. Dies war eine Zeit, in der es keinen ernsthaften theologischen Streit mehr um den Monotheismus, die Einzigkeit JHWHs gab, und eine Zeit, die kulturell kosmopolitisch geprägt war. Wenn die Weisheit als göttliche Personifikation auftrat, bedeutete dies keine Gefahr des monotheistischen Bekenntnisses, sondern bereicherte die Rede von Gott. Daß verschiedene altorientalische Göttingestalten Vorbild für das Symbol der Weisheit waren, wie die ägyptische Maat und die im ganzen hellenistischen Raum bekannte Göttin Isis, war im Rahmen einer multikulturellen Gesellschaft ebenfalls kein Problem.

Hier eröffnet sich noch ein weites Forschungsfeld für feministische Theologinnen, besonders für die Exegetinnen unter ihnen.

Dieser Weg Feministischer Theologie, auf die biblische Tradition weiblicher Bilder für Gott zurückzugreifen und sie zu neuer Geltung zu bringen, kann dadurch ergänzt werden, daß feministische Theologinnen nach historischen Spuren weiblicher Gottesbezeichnungen und Interpretationen suchen. Hier bietet die Sprache der Mystik, in der die dominante Männlichkeit Gottes überwunden ist, ein weites Feld. Interessant sind auch theologische Reflexionen, in denen weisheitliche Traditionen aufgenommen werden oder der Heilige Geist als weiblich gedacht wird. Auch hier ist jedoch intensive Forschung und ein kritisches Urteilsvermögen gefragt. Denn nicht jede Verwendung weiblicher Bilder für Gott entspricht dem heutigen feministischen Emanzipationsinteresse.

(2) Ein zweiter Weg, der zu dem ersten nicht im Widerspruch steht, ist der, Gott als Gott in Beziehung zu interpretieren. Gott ist nicht fern von den Menschen und der Erde; es klafft kein unüberwindlicher Abgrund zwischen Gott und Mensch. Nein, Gott und Menschen stehen in einer liebenden Beziehung zueinander. Gott braucht die Menschen, denn Liebende brauchen Geliebte. Gott thront nicht unberührbar über aller Welt, sondern macht sich abhängig von den Menschen.

Dieses Konzept von „Gott in Beziehung" wird als Gottesrede aus der Erfahrung von Frauen verstanden, weil im Rahmen der weiblichen Sozialisation Frauen stärker als Männer in Beziehungsarbeit eingeübt werden. In den betreffenden feministisch-theologischen Ansätzen gilt Beziehungsfähigkeit als ein großer Wert, den Frauen in die theologische Rede von Gott einbringen, um männlich geprägte Bilder eines mächtigen, absolut souveränen und sich selbst genügenden Gottes zu verändern. Auch Körperlichkeit und Sexualität spielen eine wichtige Rolle, da sie beziehungsstiftende Kräfte repräsentieren. Eine Feministische Theologie der Beziehung, die Gott als „Macht in Beziehung" (Carter Heyward) bezeichnet, will die traditionelle Leib- und Sexualfeindlichkeit in den christlichen Kirchen, die gerade für Frauen eine Quelle der Abwertung und Diskriminierung geworden ist, überwinden. Daß auch das Gottesbild erotische Züge tragen soll, ist eine Forderung, die zwar allenthalben aufgestellt wird, aber bisher nirgendwo in einer überzeugenden Weise realisiert worden ist.

Wenn Feministische Theologie auf „Beziehung" als wichtigste Kategorie im Verhältnis von Gott und Mensch abhebt, stellt sie sich, oft unausgesprochen, in die Tradition Liberaler Theologie, für die die Erfahrung der Menschen eine Quelle der Gotteserfahrung und Religion als Erlebnis und als Gefühl bedeutungsvoll ist. Daher wird Feministischer Theologie ebenso wie der Liberalen Theologie und ihren Nachkommen häufig vorgeworfen, sie sei horizontalistisch und subjektivistisch. Gemeint ist, sie löse die Beziehung zu Gott in rein zwischenmenschliche Beziehungen auf bzw. relativiere in unzulässiger Weise die Autorität der Tradition.

Wichtig bleibt allerdings die Frage an die Feministische Theologie der Beziehung, wie neben Gottes Immanenz, dem In-der-Welt-Sein, auch die Transzendenz gedacht werden kann und welches Kriterium an die Gottesbilder, die aus der Erfahrung von Frauen hervorgegangen sind, angelegt werden kann. Damit befinden wir uns wieder bei Fragestellungen aus dem ersten Teil des Buches. (Wer mit dem zweiten Teil begonnen hat, kann diese Diskussion jetzt vielleicht nachlesen. Vgl. vor allem das 3. und 4. Kapitel.)

(3) „Die Sehnsucht, sich mit der eigenen Gestalt und Identität im Gottesbild bejaht zu finden, ist der Hintergrund dafür, daß Frauen die Göttin für sich entdecken." (Wagner-Rau 164) So schreibt Carol Christ, daß Frauen die Göttin brauchen, weil in diesem Symbol weibliche Macht und der weibliche Wille bejaht würden. Die Verbundenheit zwischen Frauen und das Erbe der Frauen, insbesondere die Mutter-Tochter-Beziehung, die in der christlichen Symbolik nicht existiere, werde im Symbol der Göttin ausgedrückt und gefeiert. Nicht zuletzt bedeute die Vorstellung der Göttin die Affirmation des weiblichen Körpers und der weiblichen Sexualität.

Zentral für die Rede von der Göttin ist die Suche nach Vorbildern und Identifikationsmöglichkeiten für Frauen. Zwei Wege werden auf der Suche nach der Göttin und zu ihrer Aktualisierung beschritten: der therapeutische und der religionsgeschichtliche Weg. In beiden Fällen steht im Mittelpunkt, daß eine identitätsfördernde, befreiende und heilende Symbolik für Frauen gesucht wird. Feministischen Theologinnen mit einem vorwiegend therapeutischen Interesse sind historische Forschungen über die Göttin und wissenschaftliche Korrektheit relativ gleichgültig – wichtig ist der Nutzen, den Frauen hier und heute zu ihrer Heilung aus Göttinvorstellungen ziehen können. Wenn also beispielsweise der Mythos von der Fahrt der Göttin Innana in die Unterwelt Frauen dazu verhilft, Autonomie zu gewinnen, ohne ihr Geschlecht verleugnen zu müssen, dann ist es von untergeordneter Bedeutung, daß die wissenschaftlichen Erkenntnisse über die sumerische Göttin Innana alles andere als abgesichert sind, daß wir nicht genau wissen, was Innana den sumerischen Frauen und Männern tatsächlich bedeutet hat.

Theologinnen, die ein größeres Interesse an Theorie und Tradition haben und die in der Vergangenheit eine Legitimation für ihr Anliegen in der Gegenwart finden wollen, versuchen, ihre Rede von der Göttin religionsgeschichtlich zu fundieren. Gefragt wird nach einer Muttergöttin, die dem Vatergott mindestens ebenbürtig, wenn nicht überlegen ist, und nach einer gesellschaftlichen Ordnung, die dieser Göttin so entspricht, wie die patriarchale Gesellschaft dem männlichen Gott. Das Matriarchat als diese Gesellschaftsordnung erhält den Anschein eines Goldenen Zeitalters, einer Zeit, in der Frieden, Ackerbau, ein sanfter Umgang mit der Natur und die Ehrfurcht vor allem Leben herrschten.

Das Problem des Göttinfeminismus besteht in der „Diskrepanz zwischen akutem Bedürfnis und fernen Fakten; zwischen hilfreichem Wahn und nutzloser Wahrheit", wie Helgard Balz-Cochois schreibt. Zwei verschiedene Wahrheiten konkurrieren miteinander: Ist das wahr, was hilfreich ist, oder das, was historische Forschung an Erkenntnissen liefert? Daß das Symbol der Göttin offensichtlich Frauen Identifikationsmöglichkeiten bieten und ihnen auf ihrem religiösen Weg helfen kann, macht es für jedwede Feministische Theologie wichtig, sich mit diesem Symbol auseinanderzusetzen. Historische und religionswissenschaftliche Erkenntnisse dürfen aber ebensowenig vernachlässigt werden, damit die Rede von der Göttin nicht zur platten Ideologie wird.

Zuletzt bleiben *theologische* Fragen, die allerdings auch für die beiden anderen Formen feministischer Gottesbild-Kritik gelten: Die Möglichkeit, im Gottesbild eigene Züge zu entdecken, sich zu identifizieren, ist sicherlich von größter Bedeutung für die religiöse Sozialisation. Hier sind weibliche Menschen eindeutig benachteiligt, und dies sollte im Interesse einer christlichen Sozialisation verändert werden. Doch darf über dem allen nicht die theologische Frage vergessen werden, ob das Wichtigste an der Rede von Gott darin besteht, Identifikationsmöglichkeiten bereitzustellen. Feministische Theologie muß sich wie die traditionelle Theologie die religionskritische Frage nach der Projektion gefallen lassen. Ein Gott oder eine Göttin, deren Funktion darin besteht, daß Menschen sich mit ihnen identifizieren, sind letztlich nur ins Unendliche projizierte Selbstbilder. Hier sollten sich feministische Theologinnen auf das Bilderverbot besinnen – und viele tun dies auch – und auf den klassischen Weg der via negationis: Gott ist alles das *nicht*, was unsere Bilder, Metaphern und Namen sagen.

Rein phänomenologisch betrachtet, trennen sich an der Gottesbildfrage bereits die Wege christlicher und postchristlicher feministischer Theologinnen. Steht das Symbol der Göttin im Zentrum, haben wir es zumeist mit postchristlichen Feministinnen und religiösen Gemeinschaften zu tun. Die Theologinnen, die sich ausdrücklich innerhalb von Christentum und Kirche ansiedeln, bevorzugen in der Regel den Rückgriff auf die biblischen Traditionen eines weiblichen Gottesbildes und betonen das Bilderverbot. Ob sich, *historisch* und *theologisch* betrachtet, hier auch die Wege trennen müssen, wird im 9. und 11. Kapitel erörtert werden.

Einig dürften sich alle feministischen Kritikerinnen des männlichen Gottesbildes darin sein, daß „der Kampf um eine gerechte, Frauen nicht mehr diskriminierende Sprache in der Gottesfrage ein entscheidendes Kriterium (ist), an dem sich zeigen wird, wie ernst man die feministische Kritik nimmt" (Schüngel-Straumann, Bilder 82).

Verwendete Literatur:

BALZ-COCHOIS Helgard, Innana. Wesensbild und Kult einer unmütterlichen Göttin, Gütersloh 1992

BROCKMANN Doris, Ganze Menschen – Ganze Götter. Kritik der Jung-Rezeption im Kontext feministisch-theologischer Theoriebildung, Paderborn 1991

CHRIST Carol P., Warum Frauen die Göttin brauchen, in Schlangenbrut o.J. (1985) H. 8, 6–20

DALY Mary, Jenseits von Gottvater, Sohn & Co. Aufbruch zu einer Philosophie der Frauenbefreiung, 4. erw. Auflage, München 1986, bes. 27–60

GOLDENBERG Naomi, Changing of the Gods. Feminism and the End of Traditional Religions, Boston 1979

GROSSMANN Sigrid, Gottesbilder, in: Feministische Theologie. Perspektiven zur Orientierung, hg. v. Maria Kassel, Stuttgart 1988, 75–103

HEYWARD (Isabel) Carter, Und sie rührte sein Kleid an. Eine feministische Theologie der Beziehung, Stuttgart 1986

MOLLENKOTT Virginia, Gott eine Frau? Vergessene Gottesbilder der Bibel, München 1985

MOLTMANN-WENDEL Elisabeth, Wenn Gott und Körper sich begegnen. Feministische Perspektiven zur Leiblichkeit, Gütersloh 1989

SCHÜNGEL-STRAUMANN Helen, Die Dominanz des Männlichen muß verschwinden, in: Streitfall Feministische Theologie, hg. v. Britta Hübener u. Hartmut Meesmann, Düsseldorf 1993, 72–82

SCHÜNGEL-STRAUMANN; Helen, Ruah bewegt die Welt. Gottes schöpferische Lebenskraft in der Krisenzeit des Exils, Stuttgart 1992

WACKER Marie-Theres, Frau – Sexus – Macht. Eine feministisch-theologische Relecture des Hosea-Buches, in: dies. (Hg.), Der Gott der Männer und die Frauen, Düsseldorf 1987, 101–125

WACKER Marie-Theres, Die Göttin kehrt zurück. Kritische Sichtung neuerer Entwürfe, in: dies. (Hg.), Der Gott der Männer und die Frauen, Düsseldorf 1987, 11–37

WACKER Marie-Theres, Die politische Theologie der Propheten Hosea und Amos, in: HOFMEISTER Klaus/HOCHGREBE Volker (Hg.), Das Alte Testament. Eine Verführung zum Weiterlesen, Limburg 1992, 91–101

WAGNER-RAU Ulrike, Zwischen Vaterwelt und Feminismus. Eine Studie zur pastoralen Identität von Frauen, Gütersloh 1992, 138–179

Weitere Literatur:

BØRRESEN Kari Elisabeth (Hg.), Image of God and Gender Models in Judeo-Christian Tradition, Oslo 1991

HEINE Susanne, Wiederbelebung der Göttinnen? Zur systematischen Kritik einer feministischen Theologie, Göttingen 1987

LONG Asphodel, In a Chariot Drawn by Lions. The Search for the Female in Deity. Exploring the Great Myth that God is Male, London 1992

MULACK Christa, Die Weiblichkeit Gottes. Matriarchale Voraussetzungen des Gottesbildes, Stuttgart 1983

PIRANI Alix (Hg.), Absent Mother. Restoring the Goddess to Judaism and Christianity, Bristol 1991

RUETHER Rosemary Radford, Sexismus und die Rede von Gott. Schritte zu einer anderen Theologie, Gütersloh 1985, 67–93

Schlangenbrut, Themenheft: Göttin - kein abgeschlossenes Kapitel, 12 (1994) H. 44

SCHÜNGEL-STRAUMANN Helen, Gott als Mutter in Hosea 11, in: Tübinger Theologische Quartalschrift 166(1986) 119–134

SÖLLE Dorothee, Gott denken. Einführung in die Theologie, Stuttgart 1990

STROTMANN Angelika, Mein Vater bist du! (Sir 51,10). Zur Bedeutung der Vaterschaft Gottes in kanonischen und nichtkanonischen frühjüdischen Schriften, Frankfurt/M. 1991

WODTKE Verena (Hg.), Auf den Spuren der Weisheit. Sophia – Wegweiserin für ein weibliches Gottesbild, Freiburg 1991

Vorschlag für Seminare und Arbeitsgruppen:

– Lektüre des Artikels von Helen Schüngel-Straumann über Gottesbilder im Buch „Streitfall Feministische Theologie" (s.o.) und des korrespondierenden Artikels von Hermann Häring. Vergleich und Diskussion

– Marie-Theres Wacker, Die Göttin in vier Stimmen. Göttinnenforschung innerhalb christlicher Feministischer Theologie: Sinn, Möglichkeiten, Grenzen, in: Schlangenbrut 12 (1994) H. 44, 5–9; Vortrag mit verteilten Rollen und Diskussion (setzt schon gewisse Kenntnisse voraus)

II: Feministisch-historische Kritik

Feministische historische Kritik geht von der in der Sprachkritik gewonnenen Erkenntnis aus, daß die Quellen, die uns in Bibelwissenschaft und Kirchengeschichte vorliegen, in der Regel vom Androzentrismus geprägte Dokumente sind. D.h., sie schweigen entweder über Frauen, verdrängen Traditionen von und über Frauen oder sprechen von Frauen und ihren Lebenszusammenhängen aus der Perspektive männlicher Autoren im Rahmen einer patriarchal organisierten Gesellschaft.

Feministischer Umgang mit der Geschichte ist also von dem Interesse geprägt, Geschichte von Frauen wieder oder ganz neu zu entdecken. Wo ihr dies gelingt, wird die androzentrische Geschichtsschreibung in entscheidender Weise korrigiert. Bedeutet das also, daß feministische Beschäftigung mit der Geschichte herausfinden will, „wie es wirklich gewesen ist"? Einerseits sicherlich, denn historische Erkenntnisse feministischer Wissenschaftlerinnen erweitern natürlich das Wissen, auch das Faktenwissen, über bestimmte historische Ereignisse oder Lebensformen. Dennoch geht das feministische Interesse über eine bloße Korrektur androzentrischer Geschichtsschreibung hinaus. Feministische Historie bringt ein Gegenwartsinteresse mit ins Spiel, das darin besteht, der gegenwärtig erfahrenen Ohnmacht und Sprachlosigkeit von Frauen die Erinnerung an vergessene Möglichkeiten weiblichen Lebens entgegenzuhalten. Frauen soll also gezeigt werden, was sie einmal waren und heute wieder sein könnten. Die Geschichte soll nach Möglichkeit Vorbilder und Identifikationsmöglichkeiten bereithalten, die Frauen heute zu einem neuem Selbstbewußtsein verhelfen. Ein Blick auf andere Emanzipationsbewegungen zeigt, daß es einerseits ein wichtiges Element im Befreiungsprozeß ist, die eigene Geschichte, die eigenen Wurzeln zu suchen und stolz darauf sein zu können. Andererseits besteht bei einer solchen Geschichtsbetrachtung die Gefahr, daß die historische Kritik dem Gegenwartsinteresse untergeordnet wird, so daß keine bessere Geschichtsschreibung entsteht, sondern Ideologisierungen gefördert werden.

Die feministisch-historische Kritik richtet sich auf die Bibel, die Bibelwissenschaft sowie auf die Kirchengeschichte und die Kirchengeschichtsschreibung. Im folgenden sollen die wichtigsten Themen angesprochen und Beispiele feministischer Forschung dokumentiert werden.

9. Kapitel
Feministisch-historische Kritik an der Bibel

Bezogen auf die Bibel, heißt das feministische Interesse, Frauen in der Bibel und das Leben von Frauen zu den verschiedenen Zeiten der Entstehung der biblischen Texte sichtbar und biblische Texte auf heutige Lebenskontexte von Frauen hin transparent zu machen. Ebenso beschäftigt sich feministische Exegese und Bibelauslegung mit der Frage, warum die Bibel immer wieder dazu benutzt werden konnte, die Unterdrückung und Diskriminierung von Frauen zu legitimieren. Brisant wird dies, wenn beurteilt werden soll, inwieweit die biblischen Texte dadurch selbst beschädigt worden sind. Hier wird das Gebiet des streng Historischen immer wieder von systematisch-theologischen Fragestellungen berührt, beispielsweise nach der Autorität der Schrift und dem Offenbarungsverständnis.

I. Erstes Testament

Feministische Theologinnen und Laiinnen, die mit der Bibel arbeiten, wenden ihr Interesse besonders den ersttestamentlichen Frauengestalten zu sowie den Göttin-Traditionen innerhalb des Ersten Testaments und etwaigen matriarchalen Spuren. Darüber hinaus ist, vor allem in jüngerer Zeit, eine Auseinandersetzung mit den weiblichen Figuren der ruach Gottes und der Weisheit Gottes entstanden.

Frauengestalten des Ersten Testaments

Frauengestalten wie die Erzmütter Sara, Rebekka, Lea und Rachel, Hagar, die Richterin Debora, die Prophetinnen Mirjam und Hulda, Tamar, die um ihr Recht kämpft, die Königinmutter Batseba oder Frauen, von denen ganze Bücher handeln wie Judit und Ester, treten neu ins Zentrum der Aufmerksamkeit. Von der androzentrischen Exegese und Bibelfrömmigkeit wurden sie häufig vernachlässigt oder in den Schatten ihrer

Ehemänner oder Söhne gerückt. Für das feministische Interesse an einer Tradition von Frauen oder einem Erbe von Frauen ist es wichtig aufzuzeigen, daß es Frauen gab, die von Gott beauftragt wurden, wie die Prophetinnen (z.B. die Prophetin Hulda, 2 Kön 22,11–20), Frauen, die von Gott direkt eine Verheißung erhielten, wie Hagar (Gen 16,1–16; 21,8–21), daß Frauen politisch wirksam waren wie Debora, die charismatische Führerin Israels (Ri 4 u. 5), oder Batseba, die wichtigste Beraterin des Königs Salomo (1 Kön 1,11–2,25). Ebenso stärkend für das Selbstbewußtsein sind Geschichten, in denen eine Frau ihr Recht durchsetzt, wie Tamar (Gen 38), oder in denen Frauen aus der Kraft ihrer liebevollen Beziehung sowohl ihr Überleben als auch das ihres Volkes sichern, wie Rut und Noomi (Buch Rut). Schmerzlich, aber ebenfalls an unseren Lebenskontext heranrührend, sind all die Geschichten, die von Gewalt, insbesondere sexueller Gewalt gegen Frauen sprechen – z.B. von Tamar, die von ihrem Halbbruder Amnon vergewaltigt wurde (2 Sam 13), von der Tochter des Jiftach, die von ihrem eigenen Vater aufgrund des Gehorsams gegen ein groteskes Gelübde geopfert wurde (Ri 11), oder von der namenlosen Nebenfrau eines Leviten, die von ihrem Mann an eine Meute ausgeliefert wird, die sie vergewaltigt und ermordet, während er sich in Sicherheit bringt (Ri 19).

Als ein Beispiel einer ersttestamentlichen Frauengestalt sei die Prophetin Mirjam etwas ausführlicher dargestellt: Sie wird an sieben Stellen des Ersten Testaments erwähnt (Ex 15,20; Num 12; 20,1; 26,59; Dtn 24,8f; 1 Chr 5,29; Mich 6,4). Sie singt nach der Rettung Israels am Schilfmeer das Loblied auf JHWH, der Rosse und Reiter ins Meer warf. Dieses Lied (Ex 15,21b) bildet den ältesten Teil des Kapitels. Im Buch Micha steht Mirijam in gleicher Bedeutung neben Mose und Aaron. Sie war wohl eine eigenständige Führungspersönlichkeit beim Auszug aus Ägypten, und erst die spätere Tradition hat sie zur Schwester von Mose und Aaron gemacht.

Der Text in Num 12 belegt sehr deutlich, daß Mirjams ursprüngliche Bedeutung zugunsten der Mosetradition verdrängt wurde. In dieser Geschichte protestieren Mirjam und Aaron gegen den Führungsanspruch des Mose. Sie begründen ihre Auflehnung damit, daß Gott auch zu ihnen gesprochen habe, und werfen Mose gleichzeitig vor, daß er eine Nicht-Israelitin geheiratet habe. Beide werden von JHWH zurechtgewiesen, und der Führungsanspruch des Mose erhält göttliche Bestätigung. Damit aber nicht genug, denn Mirjam wird sozusagen als die Rädelsführerin dargestellt und mit Aussatz, also viel härter als Aaron, bestraft.

Zwar setzt Mose sich für sie ein, doch Mirjam muß dem Lager sieben Tage fernbleiben. Die Rebellion der beiden und die unverhältnismäßig härtere Bestrafung Mirjams gegenüber Aaron weisen darauf hin, daß der Autor des Textes nicht nur das Ziel verfolgte, Mose als die legitime Führergestalt Israels herauszustreichen, sondern darüber hinaus die Tradition einer Frau als Führerin Israels durch Entwertung zu verdrängen suchte.

Die Formen, in denen feministisch-theologischer Umgang mit der Bibel gerade im Blick auf die Frauengestalten stattfindet, sind sehr vielfältig und sprengen den Rahmen einer historischen Kritik im Sinne historisch-kritischer oder anderer wissenschaftlicher Methoden. Neu-Schreiben, Rollenspiele, Bibliodrama oder andere kreative oder eher therapeutisch orientierte Methoden werden neben den wissenschaftlichen verwandt. Hier eröffnen sich die gleichen Möglichkeiten und ergeben sich die gleichen Probleme, die wir bereits unter dem Thema Sprachkritik diskutiert haben, z.B. die Gefahr der Projektion, d.h. der Selbstbespiegelung in historischen und literarischen Gestalten.

Verwendete Literatur:

BURRICHTER Rita, Die Klage der Leidenden wird stumm gemacht. Eine biblisch-literarische Reflexion zum Thema Vergewaltigung und Zerstörung der Identität, in: SCHAUMBERGER Christine (Hg.), Weil wir nicht vergessen wollen... Zu einer Feministischen Theologie im deutschen Kontext, Münster 1987, 11–46

Feministisch gelesen. Ausgewählte Bibeltexte für Gruppen, Gemeinden und Gottesdienste, 2 Bde., hg. v. Eva Renate Schmidt u.a., Stuttgart 1988 u. 1989

KOHLER-SPIEGEL Helga/SCHACHL-RABER Ursula, Wut und Mut. Feministisches Materialbuch für Religionsunterricht und Gemeindearbeit, München 1991, 149–182

MEISSNER Angelika (Hg.), Und sie tanzen aus der Reihe. Frauen im Alten Testament, Stuttgart 1992

REMBOLD Annette, „Und Miriam nahm die Pauke in die Hand, eine Frau prophezeit und tanzt einem anderen Leben voran." Das Alte Testament – feministisch gelesen, in: SCHAUMBERGER Christine/MAASSEN Monika (Hg.), Handbuch Feministische Theologie, Münster 1986, 285–298

SCHÜNGEL-STRAUMANN Helen, Art. Frauengeschichte (Altes Testament), in: Wörterbuch Feministische Theologie, hg. v. Elisabeth Gössmann u.a., Gütersloh 1991, 126–129

TRIBLE Phyllis, Mein Gott, warum hast du mich vergessen. Frauenschicksale im Alten Testament, Gütersloh 1987

Weitere Literatur:

BAL Mieke/van DIJK-HEMMES Fokkelien/van GINNEKEN Grietje, Und Sara lachte in ihrem Zelt. Patriarchat und Widerstand in biblischen Geschichten, Münster 1988

BECHMANN Ulrike, Das Deboralied zwischen Geschichte und Fiktion. Eine exegetische Untersuchung zu Ri 5, St. Ottilien 1989

Bibel heute 28 (1992) H. 110: Themenheft Judit? Judit!

FISCHER Irmtraud, Die Erzeltern Israels. Feministisch-theologische Studien zu Genesis 12–36, Berlin 1994 (Zeitschrift f.d. alttest. Wiss., Beiheft 222)

JOST Renate, Rut und Ester – Verführerinnen der Gerechtigkeit, in: HOFMEISTER Klaus/HOCHGREBE Volker (Hg.); Das Alte Testament. Eine Verführung zum Weiterlesen, Limburg 1992, 114–125

JOST Renate, Sara, Rebekka, Lea und Rahel – Mütter Israels, in: Hofmeister/Hochgrebe, a.a.O., 35–46

KAHL Brigitte, Die Frau am Väterbrunnen. Von der Kirchenmutterschaft Hagars. Versuch einer synchronen Lektüre von Joh 4 und Gen 16, in: Für Gerechtigkeit streiten. Theologie im Alltag einer bedrohten Welt, hg. v. Dorothee Sölle, Gütersloh 1994, 53–58

LEE-LINKE Sung-Hee, Frauengestalten im Alten Testament aus der Perspektive asiatischer Frauen, in: MOLTMANN-WENDEL Elisabeth (Hg.), Weiblichkeit in der Theologie. Verdrängung und Wiederkehr, Gütersloh 1988, 68–92

LEVINSON Pnina Navé, Was wurde aus Saras Töchtern? Frauen im Judentum, Stuttgart 1992

Schlangenbrut 11 (1993) H. 40: Themenheft „Im Anfang war… Feministische Bibelauslegung (vgl. dort auch die Bibliographie)

SCHOTTROFF Luise/SÖLLE Dorothee, Hannas Aufbruch. Aus der Arbeit feministischer Befreiungstheologien. Bibelarbeiten, Meditationen, Gebete, Gütersloh 1990

SEIFERT Elke, Lot und seine Töchter. Eine Hermeneutik des Verdachts, in: JAHNOW Hedwig u.a., Feministische Hermeneutik und Erstes Testament, Stuttgart u.a. 1994, 48–66

SEIFERT Elke, Wein, Weib – Widerstand. Eine Bibelarbeit zu Esther 1,1–22, in: Schlangenbrut 11 (1993) H. 40, 22–25

TEUBAL Savina J., Sarah the Priestess. The First Matriarch of Genesis, Ohio 1984

TRIBLE Phyllis, Gott und Sexualität im Alten Testament, Gütersloh 1993

WALTER Karin (Hg.), Zwischen Ohnmacht und Befreiung. Biblische Frauengestalten, Freiburg 1988

WARTENBERG-POTTER Bärbel v. (Hg.), Aufrecht und frei. Was Frauen heute in der Bibel entdecken, Offenbach 1987

ZENGER Erich, Das Buch Ruth, 2. durchges. u. erg. Aufl., Zürich 1992 (Zürcher Bibelkommentare, AT 8)

Vorschlag für Seminare und Arbeitsgruppen:

– Methodische Hinweise zu Gen 29–31 (Lea und Rachel) aus: Feministisch gelesen, Bd. 2, hg. v. Eva-Renate Schmidt u.a., Stuttgart 1989, 37-38
– Materialhinweise zum Buch Rut, aus: ebd., 88–90

Feministische Theologinnen haben im Ersten Testament nicht nur beeindruckende und inspirierende Frauengestalten gefunden, sondern sie suchen dort auch nach Spuren der Göttin. Sie stellen folgende Fragen: Wurde in Israel neben JHWH auch eine weibliche Gottheit verehrt? Welche Bedeutung hatte eine solche Göttin? Wann, wo und wie wurde die Verehrung einer Göttin bekämpft und wie wirkte sich ihre Verdrängung für die Frauen aus?

Das Erste Testament selbst liefert uns Hinweise auf eine Göttin, die neben JHWH verehrt wurde. 40 mal wird im Ersten Testament von der Aschera oder den Ascheren gesprochen. An einigen wenigen Stellen handelt es sich um den Namen der Göttin Aschera, häufiger aber ist ein kultischer Gegenstand gemeint – ein heiliger Baum, der evtl. für den kultischen Zweck beschnitten wurde. Diese kultischen Gegenstände gehörten zu den Heiligtümern im Freien, waren aber auch in den Städten und sogar im Zentralheiligtum, dem Jerusalemer Tempel, anzutreffen (vgl. 2 Kön 21,7; 23,6f).

Sprachgeschichtlich entspricht der Name der Aschera der Atirat, einer Göttin aus Ugarit, die die Gattin des dortigen Hauptgottes El war, Schöpferin und Herrscherin der Göttinen, Meeresgöttin und Herrin über verschiedene Städte.[10] Ob zwischen Atirat und Aschera eine Verwandtschaft angenommen werden kann, beschäftigt immer wieder die exegetische und religionsgeschichtliche Forschung. Die biblische Aschera ist allerdings sehr stark mit der Vegetation verbunden, was bei Atirat völlig fehlt. Wichtig ist jedoch deren Verbindung mit El, die zu der Frage führt, ob zwischen Aschera und JHWH eine ähnliche Beziehung anzunehmen ist.

Die biblischen Stellen, die von der Göttin sprechen, sind allerdings nur sehr eingeschränkt dazu geeignet, religionsgeschichtliche Kenntnisse über die Verehrung der Göttin in Israel zu vermitteln. Denn sie sind bereits das Ergebnis eines Kampfes, der gegen die Göttin-Verehrung geführt wurde. Eine besondere Rolle spielt hier die sog. deuteronomistische Schule mit ihrer Polemik gegen die Aschera.[11] Deshalb ist den biblischen

---

[10] Der kanaanäische Stadtstaat Ugarit lag an der Mittelmeerküste des heutigen Syrien. Seit 1929 wurden dort bei Ausgrabungen reiche Funde, auch literarische, gemacht, die es zum ersten Mal erlaubten, die kanaanäische Religion, die im Ersten Testament so heftig bekämpft wird, zu rekonstruieren.

[11] In 2 Kön 22 wird von der Auffindung eines Buches berichtet, das zur Grundlage der Kultreform des Königs Joschija (622 v. Chr.) wurde, jenes Königs, der das Kultbild der

Quellen nur sehr schwer zu entnehmen, ob es eine Zeit gab, in der JHWH und Aschera gemeinsam verehrt wurden oder beide Kulte friedlich nebeneinander existierten. Es wird also notwendig sein, außerbiblische Quellen zu befragen. Zusätzliche Erkenntnisse lassen sich gewinnen, wenn neben den sprachlichen auch ikonographische Dokumente herangezogen werden.

Zwei Funde haben in diesem Zusammenhang großes Aufsehen erregt und einen regelrechten Wirbel in der ersttestamentlichen Wissenschaft verursacht. Es handelt sich um Inschriften auf Tonkrügen, die aus der 1. Hälfte des 8. Jh. v. Chr. stammen und in Kuntillet Adschrud gefunden wurden, sowie um eine Grabinschrift aus der 2. Hälfte des 8. Jh. aus Chirbet el-Qom, das in der Nähe von Hebron liegt. Die Inschriften sind Segensformeln, die von „JHWH und seiner Aschera/Aschere" sprechen. Die Exegetin und feministische Theologin Silvia Schroer weist hier aber darauf hin, daß nicht der Name der Göttin gemeint sein könne, sondern das Kultobjekt – die Aschere –, das besonderen Segen Gottes spenden könne. Denn im Hebräischen dürfe ein Personenname nicht mit einem Possessivpronomen verbunden werden – „seine Aschera" zu sagen, wäre grammatisch nicht möglich. In der sonstigen exegetischen Literatur wird allerdings häufig von der Aschera in diesem Zusammenhang als der Göttin selbst gesprochen.

Die Bildkunst Palästinas erweitert nun unser Wissen über die Göttin, die mit den Bäumen verbunden war, erheblich. Silvia Schroer, Othmar Keel und Christoph Uehlinger zeigen, daß sich während der Mittelbronzezeit (1750–1550 v. Chr.) in der Siegelkunst Palästinas ein eigener Göttinnentyp entwickelt habe: die nackte Göttin mit Zweigen oder Bäumchen. Vom Typ her ist sie eine erotische Göttin. Manchmal ist das Schamdreieck mit Zweigen oder Blättern gestaltet. Die Göttin wird sowohl im Profil als auch frontal dargestellt, manchmal mit großen Ohren, als die, die

---

Aschera im Jerusalemer Tempel vernichten ließ. Bei diesem Buch handelte es sich wohl um das Deuteronomium (Dtn) oder seine Vorstufe. Grundthema des Dtn ist die Liebe zu Gott und das Halten von Gottes Geboten. Abfall von Gott und die Verehrung anderer Götter oder Göttinnen gelten als das schlimmste Vergehen und werden vom Dtn leidenschaftlich bekämpft.

Im babylonischen Exil wurde die Geschichte Israels mit Hilfe der theologischen und politisch-sozialen Forderungen des Dtn neu reflektiert. Geschichtliche Überlieferungen erfuhren eine neue Bearbeitung und wurden zu einem Gesamtwerk zusammengestellt, das die Dtn, Josua, das Richterbuch, die beiden Samuel- und Königsbücher umfaßt – das sog. deuteronomistische Geschichtswerk. Auch Prophetenbücher wurden deuteronomistisch redigiert.

gut hört, d.h. er-hört. Solche Siegelamulette wurden als Schmuck, Talisman oder Segenswunsch getragen, deuten also auf ein recht persönliches Verhältnis der Menschen zu der Göttin hin.

In der Spätbronzezeit (1550–1250/1150 v. Chr.) wird die Göttin seltener in ihrer ganzen Gestalt dargestellt, sondern eher in stilisierten Aspekten oder Attributen, z.B. mit Bäumen, Wasser oder Ziegen. In der Eisenzeit schließlich erscheinen zunehmend Substitute für die Göttin, die vor allem die Fruchtbarkeit hervorheben, z.B. säugende Muttertiere. Im 7. Jh. v. Chr. finden sich in großer Zahl sog. Pfeilerfigurinen mit betonten Brüsten. Bei diesen kann es sich um die Göttin oder um ihre Verehrerin handeln, in jedem Fall aber um eine Segensfigur.

Die Bildtradition dokumentiert also nach Schroer, Keel und Uehlinger die Verehrung einer Göttin in Palästina seit der Mittelbronzezeit. Es handele sich um eine mit der Vegetation verbundene erotische Göttin, die als zugänglich und volksnah erfahren worden sei. Durch die Darstellung in Teilaspekten und Substituten seien Spuren der Göttin leichter in den JHWH-Kult integrierbar gewesen, als wenn es sich um die ganze Gestalt der Göttin, also um eine personale Gottheit gehandelt hätte. Hinter diesen Darstellungen sei allerdings die Tür zur Göttin-Verehrung immer offen geblieben.

Im 7. Jh. v. Chr. erlebt die Aschera eine große Renaissance, was sowohl die biblischen als auch die außerbiblischen Quellen belegen. Ob sie tatsächlich zur Throngenossin = Paredros JHWHs wurde, läßt sich heute noch nicht sicher sagen. Denn die Verehrung von Götterpaaren war in Israel und Juda eigentlich nicht zu Hause, ist aber durch äußere Einflüsse immer wieder eingedrungen.

Zwei Fragenkreise bleiben weiterhin von Interesse:

(1) Hat es tatsächlich eine friedliche Koexistenz von JHWH-Kult und Aschera-Kult in Israel gegeben? Beginnt die Polemik gegen die Göttin erst mit der deuteronomistischen Kritik – ist also die deuteronomistische Schule „schuld“ an der Verdrängung der Göttin aus Israel und dem Ersten Testament?

In einem Vortragsdialog vertreten der Exeget Georg Braulik und die Exegetin und feministische Theologin Marie-Theres Wacker dazu folgende kontroverse Meinungen:

Georg Braulik sieht die Kritik gegen die Göttin bereits bei den frühen Propheten, vor allem bei Hosea, gegeben. Hosea wendet sich tatsächlich gegen einen Kult, der in Israel auf baumbestandenen Höhen gefeiert wird, also wohl mit einer Vegetationsgöttin verbunden ist, und offensichtlich erotische/sexuelle Elemente enthält. Hosea nennt aber die Göttin nicht und auch nicht den Namen Aschera.

Marie-Theres Wacker kommt zu dem Ergebnis, daß zwar schon in der Königszeit und spätestens mit Hosea die Kritik an der Göttin einsetzt, *aber allem Anschein nach auch nicht viel früher.* Dies würde sowohl die innerbiblische Kritik an der Aschera erklären als auch eine Phase der friedlichen Koexistenz von JHWH und Aschera zulassen. Mit Hosea beginnt die kritische Ausgrenzung und die Forderung, JHWH allein zu verehren, bis hin zum Monotheismus. So werden die Entwicklung und der Stellenwert des Monotheismus für die Feministische Theologie zu einer wichtigen Frage (vgl. Kap. 8).

(2) Worin liegt der feministisch-theologische Ertrag der Forschungen über die Göttin?

Silvia Schroer sichtet ihn darin, daß ein Verdrängungsprozeß offengelegt wird. An den Rand gedrängt worden sei die weibliche Erotik, soweit sie nicht unmittelbar mit Fruchtbarkeit und Mütterlichkeit verbunden sei, sowie die Darstellung der Gottheit im Bild der Frau. Dies habe den Boden bereitet für noch stärker eros- und frauenfeindliche Entwicklungen in der israelitisch-prophetischen und später der christlichen Tradition. Die Transparenz der Forschungsergebnisse auf die Situation von Frauen heute findet Schroer darin, daß Frauen dagegen protestieren, daß Erotik und Sexualität als etwas Gefährliches und Verachtenswürdiges angesehen würden und dem Körper der Frau abgesprochen werde, das Heilige zu repräsentieren.

Georg Braulik kommt scheinbar zu einem ganz anderen Ergebnis: Der erotische Charakter der Göttin und die damit verbundenen erotisch-sexuellen Elemente des Kultes, die von dem Propheten Hosea besonders scharf angegriffen werden, bezeichnet er als sexuellen Mißbrauch. Frauen seien durch die Konvention oder direkt durch ihre Sippenoberhäupter zu kultischen sexuellen Handlungen gezwungen worden. Daraus ergebe sich, daß die vehemente Kritik eines solchen Kultes gerade nicht frauenfeindlich sei, sondern im Gegenteil.

Hier wird das Problem einer feministisch-theologischen Beurteilung deutlich. Die feministische Theologin geht davon aus, daß eine erotische Göttin und ein erotisches Gottesbild für Frauen befreiend und identitätsfördernd seien. Der für feministische Fragen aufgeschlossene „Männer"-Theologe verurteilt den Kult auf den Höhen Israels nicht deshalb, weil er Unzucht oder Ehebruch bedeutete – das wäre die traditionelle Beurteilung –, sondern, weil es sich um sexuellen Mißbrauch handele. *Sie* identifiziert Erosfreundlichkeit mit Frauenfreundlichkeit; *er* sagt, daß es sich hier gar nicht um die von feministischen Theologinnen behauptete Erosfreundlichkeit handele, sondern um sexuelle Gewalt. Von beiden Positionen aus ist es nicht möglich, ein differenziertes Bild davon zu erhalten, wie Eros- und Sexualfeindlichkeit mit der Unterdrückung von Frauen zusammenhängen, bzw. was ein erotisches Gottesbild oder der Verzicht darauf für Frauen bedeuten kann.

Dies weist darauf hin, daß wir auch ansonsten nicht gerade viel darüber wissen, was die Verehrung der Aschera für eine Israelitin oder einen Israeliten bedeutet hat. In dieser Frage könnten wir auf dem Weg weiterkommen, den Schroer vorschlägt, nämlich die Sozialgeschichte der israelitischen Frauen zu erforschen. „Wenn wir mehr wissen über das Frauenleben in Israel, wird sich das Phänomen der Göttinnenkulte besser im Gesamtbild einordnen lassen." (Schroer, Aschera 22)

Verwendete Literatur:

BRAULIK Georg, Die Ablehnung der Göttin Aschera in Israel. War sie erst deuteronomistisch, diente sie der Unterdrückung der Frauen?, in: WACKER Marie-Theres/ ZENGER Erich (Hg.), Der eine Gott und die Göttin. Gottesvorstellungen des biblischen Israel im Horizont Feministischer Theologie, Freiburg 1991, 106–136

KEEL Othmar/UEHLINGER Christoph (Hg.), Göttinnen, Götter und Gottessymbole. Neue Erkenntnisse zur Religionsgeschichte Kanaans und Israels aufgrund bislang unerschlossener ikonographischer Quellen, Freiburg 1992

SCHROER Silvia, Die Aschera. Kein abgeschlossenes Kapitel, in: Schlangenbrut 12 (1994) H. 44, 17–22

SCHROER Silvia, In Israel gab es Bilder. Nachrichten von darstellender Kunst im Alten Testament, Fribourg–Göttingen 1987

SCHROER Silvia, Die Zweiggöttin in Palästina/Israel. Von der Mittelbronze IIB-Zeit bis zu Jesus Sirach, in: Jerusalem. Texte – Bilder – Steine. Festschrift für Hildi und Othmar Keel, Fribourg–Göttingen 1987, 201–225

WACKER Marie-Theres, Aschera oder die Ambivalenz des Weiblichen. Anmerkungen zum Beitrag von Georg Braulik, in: Wacker/Zenger, Der eine Gott, a.a.O., 137–150

Weitere Literatur:

BALZ-COCHOIS Helgard, Gomer. Der Höhenkult Israels im Selbstverständnis der Volksfrömmigkeit. Untersuchungen zu Hosea 4,1–5,7, Frankfurt/M. 1982

FREVEL Christian, Die Elimination der Göttin aus dem Weltbild des Chronisten, in: Zeitschrift für die alttestamentliche Wissenschaft 103 (1991) 263–271

GETTY Adele, Göttin. Mutter des Lebens. Darstellung der Göttin in allen Zeiten und Kulturen, München 1993

KOCH Klaus, Aschera als Himmelskönigin in Jerusalem, in: Ugarit-Forschungen 20 (1988) 97–120

MEYERS Carol, Discovering Eve. Ancient Israelite Women in Context, New York–Oxford 1988

OLYAN Saul M., Asherah and the Cult of Yahweh in Ancient Israel, Atlanta/Ga. 1988

SMITH Mark S., The Early History of God. Yahweh and the Other Deities in Ancient Israel, San Francisco 1990

UEHLINGER Christoph, Gab es eine joschijanische Kultreform? Plädoyer für ein begründetes Minimum, in: GROSS Walter (Hg.), Jeremia und die „deuteronomistische Bewegung", Weinheim 1995, 57–89

WACKER Marie-Theres, Kosmisches Sakrament oder Verpfändung des Körpers? Zur sogenannten „Kultprostitution" im biblischen Israel und im hinduistischen Indien. Religionsgeschichtliche Überlegungen im Interesse Feministischer Theologie, in: JOST Renate/KESSLER Rainer/REISIG Christoph M. (Hg.), Auf Israel hören. Sozialgeschichtliche Bibelauslegung, Luzern 1992, 47–84

WINTER Urs, Frau und Göttin. Exegetische und ikonographische Studien zum weiblichen Gottesbild im Alten Israel und in dessen Umwelt, Göttingen–Fribourg ²1987

Vorschlag für Seminare und Arbeitsgruppen:

Reiches Bildmaterial findet sich in:
SCHROER Silvia, In Israel gab es Bilder. Nachrichten von darstellender Kunst im Alten Testament, Fribourg–Göttingen 1987, 511–553

Matriarchatsforschung und Erstes Testament

Anders als das Zweite Testament ist das Erste Testament nicht nur für feministische Theologinnen, sondern auch für andere Feministinnen zum Gegenstand des Interesses geworden – für diejenigen nämlich, die sich mit der historischen Frage nach einem Matriarchat befassen.

Innerhalb feministischer Denkansätze hat sich eine Matriarchatsforschung entwickelt, deren Begründerin im deutschen Sprachraum die Philosophin und Literaturwissenschaftlerin Heide Göttner-Abendroth ist. Ihr gilt das Matriarchat als eine Gesellschaftsform, die historisch existent und nicht ein Patriarchat unter umgekehrten Vorzeichen war, sondern eine Gesellschaft, die in allen Bereichen von Frauen geschaffen und geprägt war, ohne daß diese über Männer herrschten. Der Übergang zum Patriarchat habe sich nicht evolutionär und schon gar nicht als eine Höherentwicklung vollzogen, sondern durch eine Revolution auf gewaltsamem Weg. Religionsgeschichtlich hält Göttner-Abendroth die Göttin und den ihr zugeordneten männlichen Heros für eine religiöse Grundstruktur, die alle Kulte und Religionen geprägt habe und noch präge. Die Geburt des Heros durch die Göttin im Frühjahr, die Heilige Hochzeit von Göttin und Heros im Sommer, der Opfertod des Heros im Herbst und seine Wiederkehr im Frühjahr spiegelten das Werden und Vergehen der Natur. Der rituelle Ablauf sichere die Ordnung des Kosmos und das Weiterleben von Mensch und Natur. Den patriarchalen Religionen, darunter auch dem Christentum, wohne dieses Grundmuster inne, seine Ausprägung sei jedoch verzerrt und deformiert. So gäben der Opfertod Jesu und seine Auferstehung noch Zeugnis von Opfertod und Wiedergeburt des Heros; demgegenüber sei die Jungfrau Maria aber nur noch ein verzerrtes Bild der Göttin.

Das Erste Testament dokumentiert für Göttner-Abendroth nun die gewaltsame Eroberung und Zurückdrängung einer matriarchalen Kultur durch patriarchale Stämme. Die Göttin sei eliminiert, der Heros seines weiblichen Gegenübers beraubt und zu einem männlichen Gott gemacht worden, in dessen Namen alle matriarchalen Einflüsse vehement bekämpft worden seien. Allerdings ist für Göttner-Abendroth das Erste Testament dafür nur ein Zeugnis unter anderen.

Die Psychologin und Pädagogin Gerda Weiler dagegen hat sich explizit zum Ziel gesetzt, das verborgene Matriarchat im Ersten Testament wieder ans Tageslicht zu bringen. Dazu müsse der männliche Gott wieder in die Göttin-Heros-Struktur eingegliedert werden, in der er ursprünglich seinen Platz als Sohngeliebter der Himmelskönigin gefunden habe. Für Weiler besteht das Erste Testament aus Ritualtexten, die den Jahreszeitenzyklus betreffen. Diese seien durch die patriarchale Redaktion in ein geschichtliches Denken transformiert worden. Feministische Interpretation müsse solche Texte wieder ent-historisieren, um das matriarchale Festjahr erneut sichtbar zu machen. Auch für Weiler ist die Patriarchalisierung Israels und der biblischen Religion gewaltsam erfolgt. Ihre Träger seien die Leviten als ein Orden fanatischer JHWH-Priester gewesen.

Problematisch an diesen Konzepten ist zunächst die Quellen- und Literaturbasis, auf der sie aufbauen. Dazu gehört Johann Jakob Bachofen, der Pionier der Matriarchatsforschung aus dem 19. Jh., der die Gynaikokratie (Herrschaft von Frauen) für eine frühe Kulturstufe hielt, die auf der ganzen Welt verbreitet gewesen sei – allerdings als Kultur dem Patriarchat unterlegen. Seine Quellen waren nicht archäologischer Natur, denn im 19. Jh. gab es noch keine entsprechenden Ausgrabungen, sondern Mythen, aus denen er historische Informationen herauszulesen suchte – quellenkritisch ein problematisches Verfahren.

Das religionsgeschichtliche Grundmuster von der Göttin und ihrem Heros übernehmen beide Matriarchatstheoretikerinnen dem 1948 von Robert von Ranke-Graves publizierten Buch „Die weiße Göttin". Dies ist
jedoch weder ein historisches noch ein religionswissenschaftliches Werk,
sondern nach Angabe seines Autors aus der Perspektive des Dichters geschrieben. Ranke-Graves fordert, daß der Dichter sich an der matriarchalen Zeit orientieren und zu ihr zurückkehren müsse. Damit lasse er die
Revolution hinter sich, die die Religion des Patriarchats geschaffen habe
und die für Ranke-Graves die jüdische ist. Mehr als bedenklich muß
stimmen, daß Ranke-Graves in seinem Lobpreis des Matriarchats offensichtlich nicht ohne antijudaistische Polemik auskommt.

Gerda Weiler rezipiert neben feministischen Werken – darunter die
Göttner-Abendroths – Werke von Fachexegeten, die – wie der von ihr
besonders herangezogene Johannes Hempel – nicht nur den traditionellen Antijudaismus christlich-theologischer Exegese enthalten, sondern
auch noch im Umfeld des Nationalsozialismus entstanden sind.[12]

Ein weiteres Problem ergibt sich daraus, daß die beiden Matriarchatsforscherinnen die Tiefenpsychologie C.G. Jungs rezipieren. Sie kritisieren
zwar aus feministischer Sicht Jungs Frauenbild, halten den Jungschen
Ansatz dennoch für fruchtbar für die feministische Patriarchatskritik.
Gar nicht in den Blick kommen die antisemitisch-rassistischen Elemente
in Jungs Konzept des Unbewußten: die Unterscheidung des jüdischen
vom arischen Unbewußten, wobei die germanischen Völker als kultur-
schaffend, das jüdische als kulturschmarotzend dargestellt werden.[13]

Die herangezogene feministische Matriarchatsforschung enthält also, ge-
wollt oder ungewollt, eine antijudaistische Polemik – eine Polemik also,
die das Judentum als Judentum und Jüdinnen und Juden als solche ver-
unglimpft (im Unterschied zum Antisemitismus, der auf einer Rassen-
theorie aufbaut). Zu einem Teil kann die Ursache dieses Antijudaismus
darin liegen, daß das o.g. Material unkritisch aufgenommen wird und
anscheinend keine Sensibilität für das Problem vorhanden ist. Aber zu
einem weiteren Teil dürfte das spezifische Erkenntnisinteresse der Matriarchatsforschung ebenfalls dafür verantwortlich sein. Dies zeigt sich in
der undifferenzierten Anwendung der Göttin-Heros-Hypothese auf das
gesamte Erste Testament. Zwar dürfte es richtig sein, daß das vorexili-

---

[12] Vgl. hierzu die ausführliche Auseinandersetzung in Wacker, Matriarchale Bibelkritik, 193f
[13] Vgl. ebd. 194–196

sche Israel noch nicht im späteren Sinne monotheistisch war. Doch sieht frau dies alles durch die Brille des Göttin-Heros-Grundmusters, dann kann als Ergebnis nur herauskommen, daß die Göttin verdrängt, eliminiert, ja getötet worden ist. Und da dies natürlich bestimmte Menschen getan haben müssen, ist der Sündenbock schnell gefunden: die fanatischen JHWH-Priester, die Propheten, die Leviten oder ganz platt: die Juden. Die fatale Ähnlichkeit mit dem traditionell (un-)christlichen Vorwurf des Gottesmordes an die Juden ist den Matriarchatsforscherinnen leider nicht aufgefallen.

Allerdings muß hier auch erwähnt werden, daß Gerda Weiler – aber auch nur sie – sehr betroffen auf den Vorwurf des Antijudaismus reagiert hat und ihr Versprechen, das kritisierte Buch zu überarbeiten und neu herauszubringen, auch in die Tat umgesetzt hat.

Die Diskussion um das Matriarchat, wie sie in diesem Rahmen geführt wird, ist für eine feministische historische Kritik also nur wenig ergiebig. Wohl stellt sie Anfragen, die die feministische Arbeit mit dem Ersten Testament konstruktiv aufnehmen kann – wenn ihre Thesen jedoch als historische Erkenntnisse ausgegeben werden, kann dies nur als ideologisch bezeichnet werden. Die Altertumswissenschaftlerin Beate Wagner-Hasel kennzeichnet die Sehnsucht nach dem Matriarchat und seine historische Behauptung als eine Projektion. In den geschichtlichen Phasen, in denen sich die Modernisierung der Lebenswelt besonders schnell und mit der Konsequenz eines radikal veränderten Lebens vollzogen habe bzw. vollziehe, hätten Matriarchat und Mythos immer Konjunktur gehabt. Die Rede vom Matriarchat diene also eigentlich der Bewältigung der Probleme der Gegenwart.

Ob dies legitim ist, darüber ließe sich diskutieren, nur darf ein solches Konzept dann nicht als historische Forschung ausgegeben werden. Sein Wert läge dann eher auf dem Gebiet der Spiritualität und der utopischen Hoffnung. Hier ähnelt die feministische Matriarchatsforschung sehr stark der Romantik, deren geschichtsphilosophisches Konzept des Mittelalters als des idealen Zeitalters auch recht weit von der historischen Wirklichkeit entfernt war. Andererseits würde heute niemand die Romantik aus diesem Grund als völligen Unsinn oder kulturell bedeutungslos bezeichnen. Allerdings muß sich auch ein spirituell-poetisches Matriarchats-Konzept fragen lassen, ob es nicht „die Befreiung in der Unwahrheit (gründet)"[14].

---

[14] Wacker, Göttin 34

Verwendete Literatur:

GÖTTNER-ABENDROTH Heide, Du Gaia bist ich. Matriarchale Religion früher und heute, in: Feminismus. Inspektion der Herrenkultur, hg. v. Luise Pusch, Frankfurt/ M. 1983, 171–195

GÖTTNER-ABENDROTH Heide, Die Göttin und ihr Heros. Die matriarchalen Religionen in Mythos, Märchen und Dichtung, 7. Aufl., München 1986

GÖTTNER-ABENDROTH Heide, Die tanzende Göttin. Prinzipien einer matriarchalen Ästhetik, 4. überarb. u. wes. erw. Aufl., München 1988

GÖTTNER-ABENDROTH Heide, Das Matriarchat, Stuttgart 1988ff, Bd. I: Geschichte seiner Erforschung (1988), Bd. II,1: Stammesgesellschaften in Ostasien, Indonesien, Ozeanien (1991), Bd. II,2: Stammesgesellschaften in Amerika, Westasien, Afrika (1993) – geplant sind 4 Bände

RANKE-GRAVES Robert von, Die weiße Göttin, Reinbek 1985

SCHERZBERG Lucia, Die Göttin – Anachronismus oder Utopie? Über die Verwandtschaft des postchristlichen Feminismus mit der Romantik, in: Schlangenbrut 10 (1992) H. 36, 13–15

VOGEL Helga, Die Frau als Muttergöttin. Anmerkungen zur Rezeption der Frauenbildnisse des Paläo- und Neolithikums, in: Schlangenbrut 12 (1994) H. 44, 23–26

WACKER Marie-Theres, Die Göttin kehrt zurück. Kritische Sichtung neuerer Entwürfe, in: dies. (Hg.), Der Gott der Männer und die Frauen, Düsseldorf 1987, 11–37 (mit Bibliographie)

WACKER Marie-Theres, Matriarchale Bibelkritik – ein antijudaistisches Konzept?, in: SIEGELE-WENSCHKEWITZ Leonore (Hg.), Verdrängte Vergangenheit, die uns bedrängt. Feministische Theologie in der Verantwortung für die Geschichte, München 1988, 181–242

WAGNER-HASEL Beate, Umkehrprojektionen und das Bild der Moderne im Matriarchat, in: Schlangenbrut 11 (1993) H. 42, 7–10

WEILER Gerda, Ich verwerfe im Lande die Kriege. Das verborgene Matriarchat im Alten Testament, 2. Aufl. München 1986

WEILER Gerda, Das Matriarchat im Alten Israel, Stuttgart u.a. 1989

Weitere Literatur:

DISTLER Sonja, Mütter, Amazonen & dreifaltige Göttinnen. Eine psychologische Analyse der feministischen Matriarchatsdebatte, Wien 1989

Frauenmacht ohne Herrschaft. Geschlechterverhältnisse in nichtpatriarchalen Gesellschaften, hg. v. Ilse Lenz u. Ute Luig, Berlin 1990

GIMBUTAS Marija, The Gods and Goddesses of Old Europe, 6500–3500 BC. Myths and Cults Images, London 1982

GOULD DAVIS Elizabeth, Am Anfang war die Frau. Die neue Zivilisationsgeschichte aus weiblicher Sicht, München 1977

KELLENBACH Katharina von, Antisemitismus in biblischer Matriarchatsforschung?, in: Berliner Theologische Zeitschrift 3 (1986) 144–147

KLIEWER Annette, Zur Flucht in den „gestaltlosen Urgrund". Matriarchat als „patriarchales Gepäck" der Feministischen Theologie?, in: Beiträge zur feministischen Theorie und Praxis o.Jg. (1992), H. 32, 107–115

LERNER Gerda, Die Entstehung des Patriarchats, Frankfurt/M. 1991

STONE Merlin, Als Gott eine Frau war, München 1988

Themenheft: Er-fundene Wirklichkeit? – Matriarchatsforschung = Schlangenbrut 11 (1993) H. 42 (darin bes. die Beiträge von Ilse Lenz und Sibylle Kästner)

WAGNER-HASEL Beate (Hg.), Matriarchatstheorien der Altertumswissenschaft, Darmstadt 1992

WEILER Gerda, Feminismus und Antisemitismus. Ein unvereinbarer Widerspruch, in: Berliner Theologische Zeitschrift 4 (1987) 312–316 (Antwort auf K. v. Kellenbach)

Vorschlag für Seminare und Arbeitsgruppen:

Lektüre und Diskussion des Interviews mit Joan Marler in: Schlangenbrut 11 (1993) H. 42, 11–13

Die Weisheit Gottes und die ruach Gottes

Ähnlich wie die herkömmliche androzentrische Exegese und Verkündigung hat die feministisch-theologische Forschung lange Zeit die biblische Weisheitsliteratur und die dort gegebene weibliche Gestalt der Weisheit Gottes (hebr.: Chokmah, griech.: Sophia) vernachlässigt. Doch sobald sich feministische Theologinnen mit ihr beschäftigten, verbanden sie damit sogleich große Hoffnungen für eine feministische Spiritualität. Der Grund dafür ist, daß die Weisheit unter den fiktiven weiblichen Gestalten der Bibel die einzige ist, die mit göttlicher Vollmacht wirkt. Bei der ruach Gottes ist es ähnlich, doch ist sie nicht in dem Grade personifiziert wie die Figur der Weisheit. Wer oder was aber ist die Weisheit nun eigentlich?

Das Buch der Sprüche ist das älteste der sog. Weisheitsliteratur der Bibel. In ihm sind eine Fülle von Lebensregeln zusammengestellt, die hauptsächlich das Zusammenleben der Menschen, aber auch die Natur und das göttliche Handeln betreffen. Weisheit ist in diesem Zusammenhang das Bemühen und die Fähigkeit, Erkenntnis zu erlangen.

Im Rahmenteil des Buches der Sprüche – Kap 1–9 und Teile des Kapitels 31 –, der zu einem späteren Zeitpunkt dem übrigen Buch hinzugefügt wurde, finden wir die Weisheit personifiziert als eine Gestalt. Sie wird uns vorgestellt als Prophetin, als Richterin im Tor, als eine, die in ihr Haus einlädt. Sie verspricht Reichtum, langes Leben und Wohlgefallen vor Gott; sie zeigt den im Leben noch Unerfahrenen den rechten Weg und sie führt die Mächtigen zu gerechtem Handeln. Irdische Güter werden geringgeschätzt im Vergleich zu den Reichtümern, die diejenigen erlangen, die auf die Weisheit hören.

Die Weisheit ist eng mit der Schöpfung verbunden. Sie steht als Erstgeschaffene als Mittlerin zwischen Gott und den Menschen. Sie war dabei, als Gott die Welt schuf, sie spielte vor Gott, während die Welt erschaffen wurde. Deshalb weiß sie um die Geheimnisse der Welt und kann den Menschen Ratgeberin sein.

Es besteht, auch unter feministischen Theologinnen, keine Einigkeit darüber, wie die Weisheit, die vor Gott spielt, verstanden werden muß. Während Gerlinde Baumann hier ähnlich wie die traditionelle Exegese von der Weisheit als Gottes „Schoßkind" spricht, betont Silvia Schroer, daß hier kein Kind gemeint sei, sondern eine junge Frau, die tanzt und so ein erotisches Element in die Gottesvorstellung mit hineinbringt.

Die Rolle der Weisheit als Ratgeberin hat, wie Silvia Schroer herausgearbeitet hat, ihr Vorbild in den weisen Frauen Israels, die in vielfältiger Weise als Beraterinnen auftraten.

Durch den Rahmenteil Kap 1–9 und Kap 31,10–31 wird die Weiblichkeit der Weisheitsgestalt zu einer wichtigen Aussage, zum einen durch die Personifikation und die Nähe der Weisheit zu Gott, zum andern durch die Identifikation der „starken Frau" von Spr 31,10–31 mit der Weisheit. Leider ist die letztere Stelle allzuoft so mißinterpretiert worden, als seien hier die Tugenden einer bürgerlichen Hausfrau gepriesen, die sich Tag und Nacht für ihre Familie aufopfert. Der Text spricht aber nicht nur von einer Frau, die selbständig ihren Besitz verwaltet und öffentlich wirksam ist, sondern in ihm finden sich darüber hinaus viele Wendungen, die sonst von der Weisheit oder im Zusammenhang mit JHWH verwendet werden. Wir können also zu Recht annehmen, daß dem Endredaktor des Sprüchebuchs daran gelegen war, die Weiblichkeit der Weisheit hervorzuheben. Religionsgeschichtlich betrachtet, weist die Weisheit eine gewisse Verwandtschaft zu altorientalischen Göttinnen auf, z.B. zu der ägyptischen Göttin Maat oder der Göttin Isis, deren Religion im gesamten Mittelmeerraum verbreitet war. Doch dürfte die Gestalt der Weisheit nicht unmittelbar mythologischem Stoff entstammen, sondern eher eine bewußte poetische Schöpfung sein, die sich lediglich mythologischer Elemente bedient.

Den Entstehungskontext der Weisheitsgestalt beschreiben feministisch-theologische Forscherinnen wie Claudia Camp und Silvia Schroer wie folgt: Nach der Rückkehr aus dem Exil in Babylon waren die alten politischen und religiösen Strukturen Israels, wie das Königtum, nicht mehr

vorhanden. Daher wurde die Familie zum wichtigsten Ort der Religions-
ausübung und der Tradierung des Glaubens Israels. Einen wesentlichen
Teil dieser Aufgabe übernahmen Frauen. Diese Bedeutung der Frauen
spiegelt sich in der Sprache der nachexilischen biblischen Texte, die Frau-
en und Männer, Töchter und Söhne etc. eigens nennen und ein wenig
an die heutigen Bemühungen um eine inklusive Sprache erinnern.

Die Vorstellung der ruach Gottes hat zunächst eine ganz andere Entwick-
lungsgeschichte und ein anderes Bedeutungsspektrum als die Figur der
Weisheit. Ruach bedeutet „Wind", „Sturm", „Atem" oder „intensives Atmen", „Lebenskraft", „Schöpferkraft", „Geist" u.a.m. Aufgrund dieser
Fülle von Übersetzungsmöglichkeiten erscheint es sinnvoll, bei dem hebräischen Wort zu bleiben, was zugleich den Vorteil hat, daß es deutlich
auf das weibliche Geschlecht der ruach hinweist.

Die ältesten Belegstellen finden sich im Richterbuch. Dort überkommt
die ruach Gottes Männer, die zu charismatischen Führern Israels werden
und es vor allem aus militärisch prekären Lagen siegreich herausführen.
Dabei ist die Geistbegabung nicht unbedingt von persönlichem Vorteil
für die Betreffenden, denn sie läßt sie in der Öffentlichkeit eher seltsam
erscheinen und führt sie unter Umständen sogar in den Tod.

In der prophetischen Tradition wird der ruach zugesprochen, daß ohne
sie kein Leben bestehen kann. Die ruach erweckt tote Gebeine wieder
zum Leben; sie befähigt Frauen und Männer, Alte und Junge, Knechte
und Mägde zu Visionen und prophetischer Rede. Sie ermöglicht, Recht
und Gerechtigkeit aufzurichten.

Da der Begriff der ruach sich über eine lange Zeitspanne hinweg entwik-
kelt hat, läßt sich kein einheitlicher Entstehungskontext ermitteln. Es
gibt bereits Versuche feministischer Theologinnen, einen weiblichen
Erfahrungshintergrund für die Vorstellung von der ruach herauszuar-
beiten, wie etwa den der Geburt (vgl. Kap. 6), doch sind hier, Gerlinde
Baumann zufolge, noch keine sicheren Erkenntnisse oder Lösungen in
Sicht.

Vergleichen wir die göttliche Weisheit und die ruach miteinander, lassen
sich, wie uns Gerlinde Baumann zeigt, mehrere Gemeinsamkeiten feststellen:

Beide sind bei der Schöpfung in größter Nähe zu Gott anwesend und
können als Verkörperungen der göttlichen Schöpferkraft verstanden werden.

Beide vermitteln diejenigen Fähigkeiten, die eine gerechte Machtaus-
übung und Regierung möglich machen. Als idealer König galt, wer weise

und gerecht regierte. Diese Fähigkeiten werden dem König durch die ruach vermittelt (vgl. z.B. Jes 11,2), wobei die hier genannten, wie Weisheit, Rat, Einsicht, Stärke etc., identisch sind mit den Selbstbezeichnungen der Weisheit (vgl. Spr 8,12.14).

Beide dienen als Leitfigur auf dem Lebensweg durch Lehren und Ermahnungen.

Die Vermutung liegt nahe, daß Aspekte der ruach in die Weisheitsgestalt eingegangen sind. Neben den genannten Gemeinsamkeiten weist darauf auch hin, daß die ruach zwar im Sprüchebuch vorkommt, aber nicht mehr in den Kap. 1–9, bis auf eine Ausnahme. Dort in Kap. 1,23 wird aber von der Weisheit als derjenigen gesprochen, die die ruach ausgießt. Hier tritt die Weisheit eindeutig an die Stelle Gottes, denn nur Gott kann ruach ausgießen. Auch die spätere Entwicklung der Weisheitsliteratur deutet darauf hin. Im griechisch geschriebenen Buch der Weisheit werden Geist (pneuma) und Weisheit weitgehend gleichgesetzt.

Die exegetische Entdeckung und Erforschung der Weisheitsgestalt durch feministische Theologinnen bringt frischen Wind und neuen Geist in die feministisch-theologische Diskussion um Gottesbilder und Gottesrede. Denn in der Weisheit finden feministische Theologinnen, anders als in der Gestalt der Göttin, ein Gottesbild in weiblicher Gestalt, das in der biblischen Tradition verwurzelt ist. Darüber hinaus läßt es bestimmte Weiblichkeitsklischees hinter sich, die sowohl in der Rede von den weiblichen Eigenschaften Gottes als auch von der Göttin immer wieder durchklingen. Auch für systematisch-theologische Probleme, wie die Frage des Monotheismus und eine Feministische Christologie, kann die Reflexion der Weisheitstheologie neue interessante Lösungswege weisen (vgl. 11. und 12. Kapitel).

Verwendete Literatur:

BAUMANN Gerlinde, Gottes Geist und Gottes Weisheit. Eine Verknüpfung, in: Feministische Hermeneutik und Erstes Testament. Analysen und Interpretationen, mit Beitr. v. Hedwig Jahnow u.a., Stuttgart u.a. 1994, 138–148

Bibel heute 103 (1990): Sophia. Gott im Bild einer Frau

CAMP Claudia V., Wisdom and the Feminine in the Book of Proverbs, Sheffield 1985

GEORGI Dieter, Frau Weisheit oder das Recht auf Freiheit als schöpferische Kraft, in: SIEGELE-WENSCHKEWITZ Leonore (Hg.), Verdrängte Vergangenheit, die uns bedrängt. Feministische Theologie in der Verantwortung für die Geschichte, München 1988, 243–276

SCHÜNGEL-STRAUMANN Helen, Ruah bewegt die Welt. Gottes schöpferische Lebenskraft in der Krisenzeit des Exils, Stuttgart 1992 (Reihe)

SCHROER Silvia, Die göttliche Weisheit und der nachexilische Monotheismus, in: WACKER Marie-Theres/ZENGER Erich (Hg.), Der eine Gott und die Göttin. Gottesvorstellungen des biblischen Israel im Horizont Feministischer Theologie, Freiburg 1991, 151–182
SCHROER Silvia, Weise Frauen und Ratgeberinnen in Israel – Vorbilder einer personifizierten Chokmah, in: WODTKE Verena (Hg.), Auf den Spuren der Weisheit. Sophia – Wegweiserin für ein neues Gottesbild, Freiburg u.a. 1991, 9–23

Weitere Literatur:

CADY Susan u.a. (Hg.), Sophia. The Future of Feminist Spirituality, New York 1986
KAYATZ Christa, Studien zu Proverbien 1–9. Eine form- und motivgeschichtliche Untersuchung unter Einbeziehung ägyptischen Vergleichsmaterials, Neukirchen–Vluyn 1966
KEEL Othmar, Die Weisheit spielt vor Gott. Ein ikonographischer Beitrag zur Deutung des mesahäqät in Spr 8,30f., Fribourg–Göttingen 1974
LEISCH-KIESL Monika, „Sophia" in der bildenden Kunst, in: Bibel heute 103 (1990) 158–160

Vorschlag für Seminare und Arbeitsgruppen:

Sehr hilfreich ist das Heft Bibel heute 103 (1990): Sophia. Gott im Bild einer Frau (im Buchhandel allerdings leider vergriffen)

2. Zweites Testament

Wenn feministische Theologinnen sich mit dem Zweiten Testament beschäftigen, steht in besonderem Maße die Frage nach der christlichen Identität im Raum. Sie wollen falsche Einschätzungen korrigieren, verlorene Traditionen wiederfinden und wenigstens einen Teil der Geschichte von Frauen im Christentum rekonstruieren. Aber auch wenn dies teilweise gelingt, wenn Frauen wie Junia, Priska, Maria aus Magdala oder Marta neu entdeckt oder in einem neuen Licht gesehen werden, kommen feministische Theologinnen dennoch nicht an der Erkenntnis vorbei, daß nicht nur die Auslegung und Rezeption des Zweiten Testaments eine androzentrische ist, sondern daß das Zweite Testament selbst bereits in einer androzentrischen Perspektive verfaßt und redigiert worden ist. Wird das Zweite Testament nun der feministischen Kritik unterzogen, kommt notwendig die Frage auf, wie sich feministisches Erkenntnisinteresse und feministische Wertsetzung zu einer christlichen Identität verhalten, für die das Zweite Testament eine unverzichtbare Quelle ist.

Im folgenden werde ich die Rolle von Frauen in einzelnen Schriften des Zweiten Testaments darstellen sowie einige neu- oder wiederentdeckte Frauen der frühen Christenheit. Die sog. Haustafeln in der Briefliteratur, die eine patriarchale Familienordnung und eine ebensolche Rollenteilung zwischen den Geschlechtern festlegen wollen, werden uns in einem weiteren Abschnitt beschäftigen und abschließend die Frage der Kanonbildung.

Frauen in den Schriften des Zweiten Testaments

Mit den Frauengeschichten im Markusevangelium hat sich die Exegetin und feministische Theologin Monika Fander befaßt. Sie arbeitet heraus, daß von Frauen in der Umgebung Jesu, z.B. von der Schwiegermutter des Simon, gesagt werde, daß sie dienten. Die traditionelle Auslegung habe dieses Dienen als besonders frauengemäß, als die Art der Frauen, Jesus nachzufolgen, dargestellt und die spontane Assoziation mit Hausarbeit eher verstärkt. Tatsächlich jedoch verwende Markus das Verb diakonein = dienen keineswegs für Tätigkeiten, die in einer geschlechtsspezifischen Arbeitsteilung den Frauen zugewiesen würden. Von den Frauen, die unter dem Kreuz stehen – Maria aus Magdala, Maria, die Mutter von Jakobus dem Jüngeren und Joses, und Salome –, werde gesagt, daß sie Jesus, als er in Galiläa war, nachfolgten und ihm dienten. Jesus selbst nenne das Dienen als die vornehmste Aufgabe eines Jüngers, als ihn Jakobus und Johannes darum bitten, im Reich Gottes zu seiner Rechten und Linken sitzen zu dürfen. Überhaupt werde von den männlichen Jüngern niemals gesagt, daß sie dienten, weder bei ihrer Berufung noch später. Vielmehr schienen die Jünger oftmals nicht zu verstehen, was Jesus eigentlich sagen wolle und was er von ihnen erwarte. Die Frauen dagegen hätten es verstanden und würden den Jüngern deshalb als Vorbild hingestellt.

Das Lukasevangelium hat von allen Evangelien die meisten Frauengeschichten, doch wird es dadurch nicht automatisch zum frauenfreundlichsten. Zumindest seine redaktionelle Bearbeitung weist vielmehr deutliche Tendenzen auf, Frauen zurückzudrängen und unsichtbar zu machen. Dies fällt auf, wenn wir das Lukasevangelium mit den beiden anderen synoptischen Evangelien vergleichen.[15]

Die Passionserzählung beginnt bei Mk und Mt mit der Salbung von Betanien. Eine unbekannte Frau salbt Jesu Kopf mit kostbarem Öl. Die Kopfsalbung dürfte eine Anspielung auf die Salbung des davidischen Königs sein. Eine Frau salbt also Jesus zum König – etwas, das sonst nur Männer taten. Lukas dagegen setzt mit dem Verrat des Judas ein. Die Geschichte von der Salbung verändert er ebenfalls: Die Frau salbt nicht mehr den *Kopf* Jesu, sondern seine Füße, und die Frau selbst wird zur großen Sünderin, d.h. zur Prostituierten. Der Erzählung ist also die christologische Spitze abgebrochen worden: es geht nicht mehr um Christus, den König, der von einer Frau gesalbt wird, sondern um Sünde und Vergebung. Die Wirkungsgeschichte dieser Stelle hat noch einmal die Rolle von Frauen um Jesus entwertet, indem sie Maria aus Magdala mit der großen Sünderin identifizierte, obwohl die Stelle im Lukasevangelium keinerlei Anhalt dafür bietet. Von Maria aus Magdala wird in Lk 8,2 gesagt, daß Jesus sie von bösen Geistern befreit habe. Diese Redaktions- und Rezeptionsgeschichte ist ein gutes Beispiel dafür, daß es bereits zu der Zeit, als die Schriften des Zweiten Testaments verfaßt wurden, die Neigung gab, die Rolle von Frauen in der Jesusbewegung abzuwerten und als Mittel eine Anschuldigung auf dem Gebiet der Sexualität zu verwenden.

Lukas zeigt darüber hinaus ein Interesse, die peinliche Rolle der Jünger in der Passionsgeschichte etwas zu beschönigen. Bei ihm fliehen sie nach der Gefangennahme Jesu nicht, und neben den Frauen stehen auch plötzlich Männer mit unter dem Kreuz. Frauen sind zwar nach wie vor die ersten Zeuginnen der Auferstehung, sie erhalten aber nicht den Auftrag, dies den männlichen Jüngern mitzuteilen. Als sie es gleichwohl tun, halten die Jünger ihre Worte für leeres Gerede und glauben ihnen nicht. Lukas ersetzt ebenfalls die erste Erscheinung Jesu vor den Frauen bzw. vor Maria aus Magdala durch die Erscheinung vor den Jüngern, die nach Emmaus unterwegs waren.

Eine weitere androzentrische und frauenfeindliche Veränderung nimmt Lukas an den Kriterien für wahres Jünger- und Jüngerinnen-Sein vor. Heißt es bei Matthäus noch: „Wer Vater und Mutter mehr liebt als mich,

---

[15] Das Matthäus- und das Lukasevangelium haben als gemeinsame Quelle das ältere Markusevangelium sowie die sog. Logienquelle, eine Sammlung von Jesusworten, die aber nicht in schriftlicher Form vorliegt. Darüber hinaus haben Mt und Lk noch eigene Traditionen, das sog. Sondergut.

ist meiner nicht wert, und wer Sohn oder Tochter mehr liebt als mich, ist meiner nicht wert..." (Mt 10,37–38), so schreibt Lukas: „Wenn jemand zu mir kommt und nicht seinen Vater und seine Mutter und *sein Weib und seine Kinder* ... haßt, kann er nicht mein Jünger sein." (Lk 14,26) Bei Lukas können also offensichtlich nur noch Männer Jünger sein und darüber hinaus nur solche, die Frau und Kinder im Stich gelassen haben.

Diese Tendenz, die Bedeutung von Frauen abzuwerten, sollte nicht vergessen werden, wenn andere Frauengeschichten des Lukasevangeliums bearbeitet werden. Z.B. versuchen Monika Fander und Elisabeth Schüssler Fiorenza zu zeigen, daß sich für die Erzählung von Marta und Maria ein ganz anderes Bild ergibt, wenn dem Rechnung getragen wird. Auch das sehr positive Bild Marias, der Mutter Jesu, in den Kindheitsgeschichten des Lukasevangeliums muß dann vielleicht als ambivalent gewertet werden. Ohne genaueren Untersuchungen vorzugreifen, die ein Desiderat für die feministische Forschung darstellen, wäre zu fragen, ob hier nicht, wie so oft in der späteren kirchlichen Tradition, die Mutter Jesu aufgewertet worden ist auf Kosten aller anderen Frauen.

Die Apostelgeschichte vermittelt uns auf den ersten Blick das Bild einer jungen christlichen Männer-Kirche. Petrus und Paulus sowie deren Mitarbeiter (!) stehen im Mittelpunkt des Interesses und der Handlung. Frauen treten eher selten auf: Safira, die mit ihrem Mann Hananias die Gemeinschaft in Jerusalem betrügen wollte (Apg 5,1ff), Tabita, die in Joppe lebte, viele gute Werke tat, z.B. Kleider für die Witwen nähte, an einer Krankheit starb und von Petrus auferweckt wurde (Apg 9,26–42), Lydia von Thyatira (Apg 16,13–15), die wahrsagende Sklavin (Apg 16,16–18) und Priska/Priszilla (Apg 18,2.26).

Die Exegetin und feministische Theologin Ivoni Richter Reimer versucht nun mit Hilfe außerbiblischer Quellen, wie archäologischer, inschriftlicher und literarischer Zeugnisse, ein Bild des Frauenlebens in der Antike zu zeichnen und so die Texte der Apostelgeschichte über Frauen sprechen zu lassen. Auf diesem Hintergrund beschreibt sie die ersten christlichen Gemeinden als eine alternative Lebensform innerhalb des Judentums, in der Gerechtigkeit für die Schwächsten und Solidarität mit ihnen verwirklicht werden sollten.

Im Johannesevangelium haben Frauengeschichten eine wichtige dramaturgische Funktion. So beginnt und endet das öffentliche Auftreten Jesu mit einer Geschichte, in der eine Frau eine besondere Rolle spielt – mit der Hochzeit von Kana und der Salbung Jesu durch Maria von Betanien.

Geschichten von Männern und Frauen existieren parallel: Es gibt ein Messiasbekenntnis des Petrus und eines der Marta; parallel zu dem Pharisäer Nikodemus erscheint die Samariterin, und unter dem Kreuz stehen Maria, die Mutter Jesu, und der Lieblingsjünger.

Die Geschichte von der Samariterin am Brunnen (4,1–42) wird von feministischen Exegetinnen so gedeutet, daß die Frau als Repräsentantin der samaritanischen Mission dargestellt werde. Bekanntermaßen habe die johanneische Gemeinde großen Einfluß auf samaritanische Bekehrte ausgeübt. Die Frau am Jakobsbrunnen, die sich theologisch sehr kundig zeige, verkündige Jesus als den Messias gegenüber den Samaritanern. Jesu Gespräch mit den Jüngern verwende mit „Säen und Ernten" Missionsterminologie und spreche von einer Arbeit, die andere geleistet hätten und in die die Jünger jetzt einträten.

Im 20. Kapitel spricht der Evangelist von einer Frau in einer apostolischen Rolle. Die Kriterien für das Apostolat waren bei Paulus, den auferstandenen Jesus gesehen zu haben und von ihm beauftragt worden zu sein. Darüber hinaus wurde die Bedeutung des Petrus damit begründet, daß der Auferstandene ihm als erstem erschienen sei. „Mehr als irgendein anderes Evangelium revidiert Johannes diese Überlieferung über Petrus." (Brown 138) Petrus und der andere Jünger gehen zu dem leeren Grab, sie sehen aber Jesus *nicht*, und nur der andere Jünger, nicht Petrus, kommt angesichts der im Grab liegenden Tücher zum Glauben. Vielmehr erscheint Jesus zuerst einer Frau, Maria aus Magdala, und beauftragt sie, den Jüngern zu verkünden. Jesus selbst sendet sie, und sie verkündet, daß sie den Herrn gesehen hat. Johannes gibt also einer Frau die Rolle, die traditionell Petrus zugeschrieben wurde.

Das gleiche geschieht auch bei dem Messiasbekenntnis der Marta (Joh 11,27). Die traditionelle Form der Geschichte, die dem Evangelisten vorlag, stellte die Auferweckung des Lazarus in den Mittelpunkt. Bei Johannes wird dies das Bekenntnis der Marta. Diesem christologischen Höhepunkt entspricht das Zeichen der Auferweckung, durch das deutlich werden soll, daß Jesus die Auferstehung und das Leben ist. Das Messiasbekenntnis der Marta entspricht im Wortlaut dem Messiasbekenntnis des Petrus im Matthäusevangelium, an das die Stelle von Petrus als dem Felsen, auf den die Kirche gebaut ist, angeschlossen ist. Der amerikanische Exeget Raymond E. Brown schreibt: „Während also andere christliche Gemeinden Petrus für denjenigen hielten, der das höchste Bekenntnis von Jesus als dem Sohn Gottes ablegte und dem der Auferstandene zuerst erschien, so verbindet die johanneische Gemeinde solche Erinnerungen mit Gestalten wie Martha oder Maria Magdalena ... Wenn ich Johannes richtig interpretiere, stellt er in einer Zeit, als die zwölf Apostel ... vorherrschend wurden in der Erinnerung an das Wirken Jesu und die Entstehung der Kirche, Simon Petrus nur als einen unter vielen dar und weist so darauf hin, daß geistliche Amtsgewalt nicht das einzige Kriterium für die Einschätzung der Bedeutung in der Nachfolge Jesu ist." (Brown 140)

Die Offenbarung des Johannes verwendet an ganz entscheidender Stelle 5) eine weibliche Symbolik. Doch ist aus feministischer Perspektive der Eindruck zumindest ambivalent, handelt es sich doch um Babylon, die große Hure, die vernichtet werden soll, und um die kosmische Frau, die einen Knaben zur Welt bringt. Die böse und die gute Frau, die Hure und die Heilige, scheinen also einander gegenüberzustehen. Entsprechend ist diese Symbolik in der Offenbarung des Johannes sowohl in der androzentrischen als auch in der Feministischen Exegese gedeutet worden. Innerhalb der feministischen Bibelauslegung hat dies nicht selten zu einer Ablehnung dieses biblischen Buches oder zumindest zu einer reservierten Haltung ihm gegenüber geführt. Elisabeth Schüssler Fiorenza hat diese Reserve durchbrochen. Die Offenbarung des Johannes gehörte schon früh zu den Themen, mit denen sie sich bevorzugt beschäftigt hat. Es gelingt ihr, den Horizont der androzentrischen *und* der Feministischen Exegese zu erweitern, indem sie durch die androzentrische und frauenfeindliche Gestalt des Textes hindurch die Vision der Gerechtigkeit aufspürt, die die Offenbarung des Johannes kennzeichnet.

Verwendete Literatur:

BROWN Raymond E., Die Rolle der Frau im vierten Evangelium, in: MOLTMANN-WENDEL Elisabeth (Hg.), Frauenbefreiung. Biblische und theologische Argumente, 4. veränd. Aufl., München 1986, 133-147

FANDER Monika, Die Stellung der Frau im Markusevangelium unter besonderer Berücksichtigung kultur- und religionsgeschichtlicher Hintergründe, Altenberge 1990

FANDER Monika, „Und ihnen kamen diese Worte vor wie leeres Geschwätz, und sie glaubten ihnen nicht" (Lk 24,11). Feministische Bibellektüre des Neuen Testaments. Eine Reflexion, in: SCHAUMBERGER Christine/MAASSEN Monika (Hg.), Handbuch Feministische Theologie, Münster 1986, 299–311

RICHTER REIMER Ivoni, Frauen in der Apostelgeschichte des Lukas. Eine feministisch-theologische Exegese, Gütersloh 1992

SCHOTTROFF Luise, Lydias ungeduldige Schwestern. Feministische Sozialgeschichte des frühen Christentums, Gütersloh 1994

SCHÜSSLER FIORENZA Elisabeth, Biblische Grundlegung, in: KASSEL Maria (Hg.), Feministische Theologie. Perspektiven zur Orientierung, Stuttgart 1988, 13-44 (27–

44 über Martha und Maria)
SCHÜSSLER FIORENZA Elisabeth, Das Buch der Offenbarung. Vision einer gerechten
Welt, Stuttgart u.a. 1994
SCHÜSSLER FIORENZA Elisabeth, Zu ihrem Gedächtnis... Eine feministisch-theo-
logische Rekonstruktion der christlichen Ursprünge, München–Mainz 1988, bes.
384–406

Weitere Literatur:

BADER Dietmar (Hg.), Maria Magdalena. Zu einem Bild der Frau in der christlichen
Verkündigung, München–Zürich 1990 (darin bes. die Beiträge v. Anne Jensen und
Helen Schüngel-Straumann)
Feministisch gelesen. Ausgewählte Bibeltexte für Gruppen und Gemeinden, 2 Bde., hg. v.
Eva Renate Schmidt u.a., Stuttgart 1988 u. 1989
LINDBOE Inger Marie, Women in the New Testament. A Select Bibliography, Oslo
1990
MOLTMANN-WENDEL Elisabeth, Ein eigener Mensch werden. Frauen um Jesus, 7.
Aufl., Gütersloh 1991
SCHOTTROFF Luise, Befreiungserfahrungen. Studien zur Sozialgeschichte des Neuen
Testaments, München 1989
SCHÜSSLER FIORENZA Elisabeth, Die Rolle der Frau in der urchristlichen Bewegung,
in: Concilium 12 (1976) 3–9
VIA Jane E., Women in the Gospel of Luke, in: KING Ursula (Hg.), Women in the
World Religions. Past and Present, New York 1987, 38–55
WALTER Karin (Hg.), Zwischen Ohnmacht und Befreiung. Biblische Frauengestalten,
Freiburg 1988

Vorschlag für Seminare und Arbeitsgruppen:

Vergleich der Rolle der Frauen in den Passionsgeschichten der synoptischen Evangelien

Frauen der frühen Christenheit

Eine recht unauffällige, aber ergiebige Stelle, um Frauen in der frühchristlichen Mission wiederzuentdecken, ist das 16. Kapitel des Briefes
an die Gemeinde in Rom. Neunundzwanzig Personen grüßt der Apostel
Paulus dort als Mitstreitende, und zehn davon sind Frauen, acht von ihnen werden namentlich erwähnt. Phöbe aus Kenchreä bei Korinth wird
genannt, fünfmal erscheint ein Paar: Priska und Aquila, Andronikus und

112

Junia, Philologus und Julia sowie Rufus und seine Mutter und Nereus und seine Schwester. Weiter genannt werden Maria, Tryphäna und Tryphosa sowie Persis, die sich alle im Herrn abgemüht haben, d.h. am Aufbau der Gemeinde gearbeitet haben. Es ist die einzige Stelle, an der wir von diesen Frauen erfahren; nur über Priska und ihren Mann berichtet noch die Apostelgeschichte. In vielen Bibelübersetzungen ist aus Junia ein männlicher Junias geworden, wohl im Zusammenhang damit, daß von Andronikus und Junia gesagt wird, daß sie unter den *Aposteln* hervorragten. Mit Junia wollen wir uns zuerst befassen, dann noch mit Priska und Phöbe.

Bernadette Brootens Arbeit über Junia gehört zu den Klassikern Feministischer Theologie. Fast alle modernen Bibelübersetzungen verwenden die maskuline Form Junias und folgen damit einer Interpretation, die erst im 13. Jh. mit Aegidius von Rom begann und sich seit der Reformationszeit immer mehr durchsetzte. Bei den Kirchenvätern konnte man noch anderes lesen, und so waren katholische Exegeten immer etwas zurückhaltender mit der männlichen Form, doch heute ist die männliche Übersetzung konfessionsübergreifend. Der Kirchenvater Johannes Chrysostomus hatte noch geschrieben: „Grüße Andronicus und Junia ... die unter den Aposteln hervorragend waren' (Röm 16,7). Ein Apostel zu sein, ist etwas Großes. Aber hervorragend unter den Aposteln – bedenke, welch wunderbares Loblied das ist. Sie waren hervorragend aufgrund ihrer Arbeit und ihrer rechtschaffenen Taten. Wie groß muß doch die Weisheit dieser Frau gewesen sein, daß sie für den Titel Apostel würdig gefunden wurde." (zit. nach Brooten 148)

Wie konnte es also zu dieser Vermännlichung kommen? Bernadette Brooten hält die Antwort für einfach: Eine Frau könne kein Apostel gewesen sein, und deshalb könne die Frau, die hier Apostel genannt werde, keine Frau gewesen sein.

Der philologische Befund ist folgender: Für den Namen Junias gibt es in der gesamten griechischen und lateinischen Literatur nicht einen einzigen Beleg. Auch die These, daß es sich um eine Kurzform handele – von Junianus, Junianius, Junilius oder gar von Junius – steht auf schwankenden Füßen. Denn griechische Namen konnten natürlich mit der Endung -as abgekürzt werden, doch war es durchaus unüblich, lateinische Namen in der griechischen Form abzukürzen. Das Femininum Junia dagegen ist reich belegt: Es scheint ein recht häufig vorkommender Name gewesen zu sein.

Wenn wir von dem Begriff „Apostel" ausgehen, wie ihn Paulus verwendete, können wir annehmen, daß Andronikus und Junia Menschen waren, die in der frühen Kirche eine große Autorität besaßen, zumal sie offensichtlich noch vor Paulus zum Glauben an Jesus Christus gekommen waren. Sie waren wahrscheinlich Missionare und Gründer von Kirchen, Menschen, die den auferstandenen Herrn gesehen hatten und von ihm beauftragt worden waren.

Die Wiederentdeckung der Apostelin Junia ist ein Beispiel dafür, wie Frauen und ihre Bedeutung in der Geschichte der Kirche sichtbar gemacht werden können. Darüber hinaus hat sie eine ideologiekritische Funktion: Denn sie kann solche Vorstellungen über die Rolle von Frauen in der Kirche aufbrechen, die eher der Legitimation des Status quo dienen.

Priska und Aquila, die Missionarin und der Missionar, werden in Apg 18 nochmals erwähnt. Wir erfahren, daß sie jüdischer Herkunft waren und aus Pontus stammten. Sie lebten in Rom und wurden durch das Edikt des Kaisers Claudius gegen die Juden 49 n. Chr. aus Rom vertrieben. In Korinth, wohin sie flohen, trifft Paulus mit ihnen zusammen und schließt sich ihnen, d.h. wohl ihrer Hausgemeinde, an. Weil sie den gleichen Beruf des Zeltmachers ausübten, arbeitete er bei ihnen. Später reisen Priska und Aquila weiter und gründen in Ephesus eine Hausgemeinde. Es fällt auf, daß Priska, entgegen der Konvention, häufig vor ihrem Mann genannt wird. Dies könnte darauf hindeuten, daß Priska als Missionarin noch bedeutender war als ihr Mann.

Der evangelische Theologe Adolf von Harnack, ein Vertreter der Liberalen Theologie, hat nun bereits um die Jahrhundertwende androzentrische Tendenzen in der Überlieferung der Apostelgeschichte analysiert, die zum Ziel haben, die Bedeutung Priskas herabzumindern bzw. ganz zu verschweigen. Harnack entdeckte dies, als er die beiden Handschriften verglich, in denen der Text der Apostelgeschichte überliefert ist. Diese weichen an den Stellen, an denen Frauen genannt werden, erheblich voneinander ab, insbesondere im 18. Kapitel der Apg. Die westliche Textform, der sog. Codex D, versucht, Priska in den Schatten ihres Ehemannes zu stellen, indem er immer zuerst Aquila nennt und einmal sogar „Aquila *mit* seiner Frau Priszilla" statt „*und* seine Frau Priszilla" schreibt. Noch gravierender ist der Eingriff in Vers 27: Priska und Aquila treffen in Ephesus auf Apollos, der in Alexandria bereits Christ geworden ist und nun engagiert predigt, sich aber in den Grundlagen des Christlichen noch nicht so gut auskennt. Deshalb nehmen sie ihn mit zu sich nach Hause, um ihm Unterweisung zu geben. Als Apollos weiter nach Achaia reisen will, schreibt die Hausgemeinde von Priska und Aquila einen

Empfehlungsbrief an die Gemeinde in Korinth, damit sie ihn freundlich aufnähmen. Der Codex D löscht nun alle Verbindungen zu der Hausgemeinde von Priska und Aquila, indem er in Ephesus Männer aus Korinth auftreten läßt, die Apollos auffordern, mit ihnen zu kommen. Die Epheser schreiben dann zustimmend ihren Empfehlungsbrief, der ja eigentlich nicht mehr nötig ist, wenn Apollos mit Mitgliedern der Gemeinde aus Korinth dorthin reist. Es ist nicht mehr von Hausgemeinden die Rede, sondern von „Korinthern" und „Ephesern", und schon gar nicht von Priska und Aquila. Dabei werden sie als Leiterin und Leiter der Gemeinde den Empfehlungsbrief wohl selbst geschrieben haben.

Warum aber sollte hier jede Erinnerung an die Herkunft des Briefes getilgt werden? Harnack folgert daraus: Wenn man sich so intensiv bemüht hat, zu verschweigen, daß ein solcher Brief von einer Frau verfaßt worden sein könnte, dann muß es sich um einen wichtigen Brief gehandelt haben. Er stellt die These auf, daß es sich um den Hebräer-Brief gehandelt haben müsse, dessen Verfasser oder Verfasserin unbekannt ist. Diese Hypothese ist bis heute weder bestätigt noch widerlegt worden. Aber unabhängig von der Richtigkeit dieser Hypothese zeigt Harnacks Analyse die starke Tendenz in der Überlieferung der heiligen Schriften, Frauen zu verschweigen und unsichtbar zu machen, so daß wir fragen können, wie oft das Verschweigen tatsächlich gelungen sein könnte. Andererseits zeigt sie aber auch, wie historisch-kritische Arbeit wenigstens stellenweise diesen Prozeß rückgängig machen kann.

In der Grußliste von Röm 16 wird als erste Phöbe genannt, die der Gemeinde, die den Brief empfängt, besonders empfohlen wird. Vermutlich war sie diejenige, die den Brief überbrachte, denn es war üblich, mit einem solchen Empfehlungsschreiben zu reisen. Von Phöbe wird gesagt, daß sie „diakonos" der Gemeinde in Kenchreä bei Korinth gewesen sei. Die deutschen Bibelübersetzungen nennen sie nicht „Diakon" oder „Diakonin", sondern „Dienerin" oder „die im Dienst der Gemeinde von Kenchreä steht". Sie wird im Text des Briefes noch „Schwester" genannt und „prostatis", was Beistand oder Hilfe bedeutet. Auch dieser Titel wird im Deutschen häufig in einen verbal konstruierten Satz aufgelöst: „sie hat vielen beigestanden/geholfen", u.a. auch Paulus selbst.

Was also ist gemeint mit diesen verschiedenen Bezeichnungen? Was war Phöbe? Die drei Anreden bzw. Titel deuten darauf hin, daß Phoebe in der Gemeinde von Kenchreä eine hervorragende Rolle gespielt hat; die Titel „diakonos tes ekklesias" und „prostatis" lassen eine amtliche, leitende Funktion vermuten.

Im ersten Timotheusbrief (3,4; 5,17) wird das Wort „proistemi", von dem sich „prostatis" herleitet, eindeutig im Sinne einer leitenden Funktion gebraucht – es wird nämlich von Amtsträgern gesprochen, die der Gemeinde und ihrem Hause vorstehen (proistemi). Doch stammt dieser Brief aus einer sehr viel späteren Zeit als die echten paulinischen Briefe, aus einer Zeit nämlich, in der sich bereits eine Ämterstruktur entwickelt hatte und in der die Gemeinden nach dem Vorbild des patriarchalen Haushaltes organisiert werden sollten. Gerade an der Stelle 1 Tim 3,4 wird dies sehr deutlich. Es ist also sehr fraglich, ob das Verständnis von „proistemi" im 1. Timotheusbrief auf die Bezeichnung Phöbes übertragen werden kann. Anders sieht es dagegen aus bei einer Parallelstelle im ersten Thessalonicherbrief, dem ersten Paulusbrief und ältesten Dokument des Zweiten Testaments. Paulus fordert dort die Gemeinde auf, die „Brüder" (kann aufgrund der androzentrischen Sprache „Brüder und Schwestern" heißen), die leitende Funktionen wahrnehmen, anzuerkennen und auf ihre Ermahnungen zu hören. Ermahnen=proistemi gehört also zu der Leitungsaufgabe.

Vielleicht war Phöbe also Leiterin der Gemeinde in Kenchreä und hat Paulus ermahnt – ganz sicher werden wir es allerdings nicht herausbekommen. Feministische Exegetinnen, wie Elisabeth Schüssler Fiorenza, deuten Röm 16,1 so, daß von Phoebe als Diakonin in leitender Aufgabe die Rede sei. Ihre Tätigkeit erstrecke sich auf die Führung der Gemeinde und auf die Mission (daher der Besuch der anderen Gemeinde und der Empfehlungsbrief). Susanne Heine schränkt dagegen ein, daß zwar vieles für diese Lesart spreche, der Nachweis aber nicht eindeutig geführt werden könne. Wer eine androzentrische Lesart bevorzuge, nach der Phöbe ihr Leben im Dienst des Herrn und der Gemeinde in Kenchreä ohne Leitungsfunktionen verbracht habe, könne auch für diese Argumente finden. Allerdings sei, so Heine, auch etwas gewonnen, wenn nachgewiesen werden könne, daß eine androzentrische Lesart nicht sicherer sei als die feministische.

Verwendete Literatur:

BROOTEN Bernadette, Junia... hervorragend unter den Aposteln (Röm 16,7), in: MOLTMANN-WENDEL Elisabeth (Hg.), Frauenbefreiung. Biblische und theologische Argumente, 4. veränd. Aufl., München 1986, 148–151

Feministisch gelesen. Ausgewählte Bibeltexte für Gruppen und Gemeinden, 2 Bde., hg. v. Eva Renate Schmidt u.a., Stuttgart 1988 u. 1989

HARNACK Adolf v., Probabilia über die Adresse und den Verfasser des Hebräerbriefes, in: Zeitschrift für die neutestamentliche Wissenschaft 1 (1900) 16–41

HEINE Susanne, Frauen der frühen Christenheit. Zur historischen Kritik einer Feministischen Theologie, 2. Aufl., Göttingen 1987

HEINE Susanne, Paulus, die Frauen und die Wirkungsgeschichte, in: STRAUB Veronika (Hg.), Auch wir sind die Kirche. Frauen in der Kirche zwischen Tradition und Aufbruch, München 1991, 11–34

HEINE Susanne, Selig durch Kindergebären (1 Tim 2,15)? Die verschwundenen Frauen der frühen Christenheit, in: WACKER Marie-Theres (Hg.), Feministische Theologie. Disziplinen, Schwerpunkte, Richtungen, Düsseldorf 1988, 59–79

SCHÜSSLER FIORENZA Elisabeth, Die Frauen in den vorpaulinischen und paulinischen Gemeinden, in: BROOTEN Bernadette/GREINACHER Norbert (Hg.), Frauen in der Männerkirche, München-Mainz 1982, 122–140

SCHÜSSLER FIORENZA; Elisabeth, Phoebe. Diakon im Dienste des Evangeliums, in: Bibel heute (1984) H. 3, 162–163

SCHÜSSLER FIORENZA Elisabeth, Zu ihrem Gedächtnis... Eine feministische Rekonstruktion der christlichen Ursprünge, München–Mainz 1988, bes. 205–254

Weitere Literatur:

ALBRECHT Ruth, Art. Apostelin/Jüngerin, in: Wörterbuch des Christentums, hg. v. Elisabeth Gössmann u.a., Gütersloh 1991, 24–28

BROOTEN Bernadette, Jewish Women's History in the Roman Period. A Task for Christian Theology, in: Harvard Theological Review 79 (1986) 22–30

BROOTEN Bernadette, Jüdinnen zur Zeit Jesu, in: dies./GREINACHER Norbert (Hg.), Frauen in der Männerkirche, München–Mainz 1982, 141–148

SCHOTTROFF Luise, „Anführerinnen der Gläubigkeit" oder „einige andächtige Weiber". Frauengruppen als Trägerinnen jüdischer und christlicher Religion im ersten Jahrhundert n. Chr., in: SCHAUMBERGER Christine (Hg.), Weil wir nicht vergessen wollen... Zu einer Feministischen Theologie im deutschen Kontext, Münster 1987, 73–87

SCHÜSSLER FIORENZA Elisabeth, Word, Spirit and Power. Women in Early Christian Communities, in: RUETHER Rosemary/McLAUGHLIN Eleanor (Hg.), Women of Spirit. Female Leadership in the Jewish and Christian Tradition, New York 1979, 29–70

Vorschlag für Seminare und Arbeitsgruppen:

– Lektüre und Diskussion von BROOTEN Bernadette, Junia... hervorragend unter den Aposteln (Röm 16,7), in: MOLTMANN-WENDEL Elisabeth (Hg.), Frauenbefreiung. Biblische und theologische Argumente, 4. veränd. Aufl., München 1986, 148–151

– Brief an Phöbe, in: Feministisch gelesen, Bd. 2, hg. v. Eva-Renate Schmidt u.a., Stuttgart 1989, 220–22

Frauengestalten des Zweiten Testaments und Frauen der frühen Christenheit wieder- oder neu zu entdecken, ist *eine* Aufgabe feministischer Forschung. Eine andere besteht darin, frauenfeindliche Traditionen innerhalb des Zweiten Testamentes aufzuspüren, zu benennen und zu kritisieren. Eine besondere Bedeutung gewinnen in diesem Zusammenhang die sog. Haustafeln in der Briefliteratur des Zweiten Testaments, weil in ihnen Frauen dazu aufgefordert werden, sich ihren Männern unterzuordnen.

Im Kolosserbrief, im Epheserbrief – beides Briefe, die nicht von Paulus selbst, sondern aus einer späteren Zeit stammen – und im ersten Petrusbrief finden wir solche Haustafeln. Die Haustafel im Kolosserbrief ist die kürzeste von ihnen; an ihr läßt sich gut das Grundmodell einer Haustafel ablesen. Sie besteht aus Ermahnungen, die sich wechselseitig an Frauen und Männer, Kinder und Väter sowie Sklaven/Sklavinnen und Herren richten und ihre Beziehungen zueinander ansprechen. Die jeweils Erstgenannten werden ermahnt, sich ihrem Gegenüber zu unterwerfen und gehorsam zu sein. Die Übergeordneten werden dazu aufgefordert, sich angemessen zu verhalten, d.h. die Männer sollen ihre Frauen lieben und die Väter ihre Kinder nicht erbittern. Der Verfasser des Kolosserbriefs war allerdings wohl weniger an dem Verhältnis von Ehefrauen und Ehemännern interessiert als an der Beziehung zwischen Sklaven und Herren, denn nur diese Ermahnung wird im Text weiter ausgeführt.

Demgegenüber betont die Haustafel in 1 Petr 2,11–3,12 nur die Pflichten, die den untergeordneten Gliedern zukommen. So sollen die Sklaven und Sklavinnen auch ungerechten Herren gehorsam sein und Frauen sich ihren Ehemännern unterordnen, auch wenn diese nicht gläubig sind. Denn wenn sie diesen gehorchen, d.h. sich einer vorgeschriebenen Ordnung fügen, dann können sie ihre Männer vielleicht für das Christentum gewinnen.

In der Haustafel im Epheserbrief (5,21–6,9) erscheinen wieder alle drei Paare, die ermahnt werden. Die besondere Aufmerksamkeit gilt jedoch der Beziehung zwischen Ehefrauen und -männern, die theologisch ausgedeutet wird. Die Beziehung zwischen Christus und der Kirche wird zum Vorbild für die christliche Ehe: So wie Christus der Bräutigam und die Kirche die Braut ist, und so wie Christus das Haupt und die Kirche der Leib ist, so ist der Mann das Haupt der Frau. Die Unterwerfung der Frau unter ihren Mann entspricht also der religiösen Unterwerfung der

Kirche unter Christus als ihren Herrn. Allerdings soll der Mann seine Frau auch so lieben, wie Christus die Kirche liebt, d.h. die Liebe des Mannes zu seiner Frau soll der vorbildlichen Liebe Christi zu seiner Kirche entsprechen.

Was ist der Sinn dieser Haustafeln, warum stehen sie im Zweiten Testament? Entspricht es dem Willen Jesu, daß Frauen sich ihren Ehemännern unterordnen sollen? Die Mehrheit der Exegetinnen und Exegeten vertritt heute die Meinung, daß der Sinn dieser Haustafeln darin bestand, die patriarchale Familienordnung zu christianisieren, und daß die Form der Haustafel aus dem kulturellen Umfeld entnommen wurde. Darüber hinaus bestand in dieser Zeit der frühen Kirche das Interesse, die Ordnung der Gemeinden ebenfalls an die Organisation des patriarchalen Haushalts anzulehnen, d.h. so wie der pater familias seinem Haushalt vorstand, so leitete der Amtsträger die Gemeinde. Elisabeth Schüssler Fiorenza nennt zwei Gründe für diese Entwicklung in den Gemeinden. Zum einen versuchten die Christen zu beweisen, daß sie keine Aufrührer seien, die die patriarchale Ordnung von Familie und Staat in Frage stellten. Zum andern sollte dem Einfluß asketischer Gruppen entgegengewirkt werden, in denen Frauen ebenso wie in den frühen Gemeinden leitende Funktionen wahrnehmen konnten.

Theologisch besteht bei den Haustafeln dann ein besonderes Problem, wenn die Unterordnung der Frauen unter ihre Männer christologisch begründet wird. Denn das Verhältnis zwischen Christus und der Kirche als Erlöser und Gemeinschaft der Erlösten ist kein Verhältnis zwischen Gleichen. Die Aufforderung an die Männer, ihre Frauen so zu lieben wie Christus die Kirche, sprengt zwar den Rahmen der patriarchalen Familienordnung, doch werden nur die Männer angesprochen. Eine Liebe, wie Christus sie für die Kirche hat, kann sehr wohl Vorbild für eine christliche Ehe sein, dann aber für beide Ehepartner. So schreibt Schüssler Fiorenza: „Man könnte sagen, daß die an den Mann gerichteten Ermahnungen deutlich aussprechen, was es heißt, als Christ in einer Ehe zu leben, während die an die Frau gerichteten auf dem richtigen sozialen Rollenverhalten der Frau bestehen." (Schüssler Fiorenza, Ehe 22–24).

Für die ekklesiologische Reflexion bedeutet dies allerdings, daß das Bild der Ehe heute nicht mehr geeignet ist, das Verhältnis zwischen Christus und der Kirche zu symbolisieren, weil in dieser Beziehung auch dann, wenn sie nicht als Unterwerfung oder Unterordnung gedacht wird, eine Ungleichheit bleibt, die nicht mit der Geschlechterdifferenz verglichen werden kann.

Verwendete Literatur:

KÄHLER Else, 1 Petrus 3,1–7: Hat diese Haustafel heute Bedeutung?, in: Feministisch gelesen. Ausgewählte Texte für Gruppen und Gemeinden, hg. v. Eva Renate Schmidt u.a., Bd. 2, Stuttgart 1989, 251–257

HEINE Susanne, Selig durch Kindergebären (1 Tim 2,15)? Die verschwundenen Frauen der frühen Christenheit, in: WACKER Marie-Theres (Hg.), Theologie feministisch. Disziplinen, Schwerpunkte, Richtungen, Düsseldorf 1988, 59–79

SCHOTTROFF Luise, Lydias ungeduldige Schwestern. Feministische Sozialgeschichte des frühen Christentums, Gütersloh 1994, 104–119

SCHÜSSLER FIORENZA Elisabeth, Ehe und Jüngerschaft, in: MOLTMANN-WENDEL Elisabeth (Hg.), Frauenbefreiung. Biblische und theologische Argumente, 4. veränd. Aufl., München 1986, 220–227

SCHÜSSLER FIORENZA Elisabeth, Zu ihrem Gedächtnis. Eine feministisch-theologische Rekonstruktion der christlichen Ursprünge, München–Mainz 1988, 305–342

Weitere Literatur:

GIELEN Marlis, Tradition und Theologie neutestamentlicher Haustafelethik. Ein Beitrag zur Frage einer christlichen Auseinandersetzung mit gesellschaftlichen Normen, Frankfurt/M. 1990

KÄHLER Else, „Die Unterordnung der Frau im Neuen Testament", in: Zeitschrift für evangelische Ethik (1959) 1–13

KÜCHLER Max, Schweigen, Schmuck und Schleier. Drei neutestamentliche Vorschriften zur Verdrängung der Frauen auf dem Hintergrund einer frauenfeindlichen Exegese des Alten Testaments im antiken Judentum, Fribourg-Göttingen 1986

THRAEDE Klaus, Zum historischen Hintergrund der „Haustafeln" des NT, in: DASSMANN Ernst/FRANK Karl Suso (Hg.), Pietas. Festschrift für Bernhard Kötting, Münster 1980

Vorschlag für Seminare und Arbeitsgruppen:

Entwurf einer Predigt zum Familiensonntag über die Haustafel im Kolosser-Brief

Die Frage des Kanons

Das Nebeneinander von befreienden und unterdrückenden Texten und Traditionen innerhalb des Zweiten Testaments führt uns zu der Frage nach der Verbindlichkeit der einzelnen Schriften, d.h. zum Problem des

Kanons. Im Kapitel über die Feministische Hermeneutik ist diese Frage bereits angesprochen worden und soll hier noch einmal unter historischem Aspekt betrachtet werden:

Der zweittestamentliche Kanon besteht aus 27 einzelnen Schriften, die als verbindlich für den Glauben der Kirche angesehen werden. Bereits dies ist für bestimmte feministisch-theologische Richtungen keine Selbstverständlichkeit mehr. Betrachten wir die Entstehungsgeschichte des Kanons, fällt auf, daß der Prozeß der Kanonbildung sich über Jahrhunderte erstreckte, sehr kompliziert war und daß die Kriterien für die Kanonisierung bestimmter Schriften und den Ausschluß anderer niemals eindeutig festgelegt wurden (dies gilt im übrigen auch auf jüdischer Seite für den Kanon der Hebräischen Bibel). Welche Schriften als verbindlich für die Kirche angesehen wurden, war also in der Frühzeit der Kirche keineswegs selbstverständlich. Auch der Text der einzelnen Schriften galt zunächst nicht als unantastbar, so daß in der Überlieferung der Schriften zahlreiche Änderungen und Redaktionen vorgenommen wurden. Andererseits war die Herausbildung des Kanons auch nicht willkürlich, denn ein großer Teil der Schriften des Zweiten Testaments galt schon recht früh als normativ. Schon im ersten Jh. wurden die Briefe des Paulus gesammelt; die Evangelien, die Paulusbriefe, die Apostelgeschichte und der erste Petrus- und der erste Johannesbrief waren bereits im 2. Jh. unumstritten; keine Einigkeit herrschte über den Charakter des Hebräerbriefs, des Jakobusbriefs, des 2. Petrusbriefs, des 2. und 3. Johannesbriefs, des Judasbriefs sowie der Offenbarung des Johannes, aber auch über die zahlreichen anderen Schriften, die im 2. Jh. unter dem Namen verschiedener Apostel geschrieben wurden. Differenzen bestanden auch zwischen der Ost- und der Westkirche, die aber gegen Ende des 4. Jh. aufgehoben waren. Zu diesem Zeitpunkt erkannten sowohl die Kirche des Westens als auch des Ostens die 27 Schriften des Zweiten Testaments als kanonisch an. Die nicht anerkannten Schriften behielten aber oft noch lange Zeit ihre Bedeutung.

Notwendig wurde die Kanonbildung, um aus der Fülle von Schriften, die alle beanspruchten, die wahre Botschaft Jesu Christi zu enthalten und auszulegen, auszuwählen und sich gegen Lehren abzugrenzen, die mit der Botschaft Jesu Christi unvereinbar erschienen. Für die feministische Perspektive besteht jedoch das Problem, daß die Auswahl von Schriften vermutlich ausschließlich von Männern vorgenommen wurde und die Festlegung des Kanons in einer Zeit stattfand, die zunehmend frauenfeindliche Tendenzen aufwies. So verlief innerhalb der Kirche der Prozeß der

Kanonbildung parallel zu dem Bemühen, Frauen aus den Ämtern zu verdrängen und die Frauen der ersten Stunde zu verschweigen oder zu marginalisieren. Bereits in den Handschriften einzelner Schriften läßt sich ja, wie wir bereits bei Priska und Aquila gesehen haben, eine Tendenz erkennen, die Bedeutung und die Rolle von Frauen in den ersten Gemeinden zu verschweigen oder zu verfälschen. Elisabeth Schüssler Fiorenza verbindet diese beiden Entwicklungen nun so unmittelbar miteinander, daß der Eindruck entsteht, Sinn und Zweck der Kanonbildung sei gewesen, Frauen aus leitenden Funktionen auszuschließen. Für sie ist der Kanon letztlich „ein Dokument der ‚historischen Sieger'" (Schüssler Fiorenza, Gedächtnis 91). Aufgabe feministischer Kritik wäre dann, die Festlegung des biblischen Kanons nicht als gegeben hinzunehmen.

Es gab und gibt immer wieder Versuche, einen „weiblichen" Kanon der Heiligen Schrift zu bilden – einer der frühesten dürfte die von Elizabeth Cady Stanton im letzten Jahrhundert zusammengestellte Woman's Bible sein, die alle Texte verwirft, die zur Unterdrückung von Frauen eingesetzt wurden. Zentrale Bedeutung für die kirchliche Frauenbewegung, die Kämpfe für die Ordination von Frauen und für die Frauen-Kirche hat die Taufformel in Gal 3,26–28, die die Unterschiede zwischen Juden und Griechen, Sklaven und Freien, Männern und Frauen durch die Taufe aufgehoben sein läßt. Diese Gleichheit und Gleichstellung von Frauen und Männern, die nicht nur „geistlich" verstanden werden dürfe, sondern auf soziale Verwirklichung dränge, ist sozusagen zu einem feministischen Kanon im Kanon, zur Mitte der Schrift in feministischer Perspektive geworden, an der auch andere Traditionen des Zweiten Testaments gemessen werden können.

Dieses Problem des Kanons im Kanon ist in der Bibelwissenschaft sehr intensiv diskutiert worden angesichts des vielfältigen und vielstimmigen Zeugnisses der biblischen Schriften, die ja durchaus widersprüchlich sein können. Die Kernfrage dieser Debatte lautete, ob es auch eine theologische Sachkritik gegenüber einzelnen biblischen Zeugnissen geben dürfe – hier konvergiert also die feministische Fragestellung mit der nicht-feministischen Diskussion. Die Möglichkeit für eine solche Kritik ist dadurch gegeben, daß noch einmal zwischen der Heiligen Schrift und dem Wort Gottes unterschieden wird. Unbeschadet ihrer Verbindlichkeit, ist die Schrift nicht identisch mit dem Wort Gottes, sondern bereits eine Ant-Wort auf das Wort, auf die Selbstmitteilung Gottes. Andererseits legt die Kirche sich in der Kanonbildung und je aktuell fest, wie angemessen von Gott gesprochen werden kann. Die Heilige Schrift ist dann als solche nicht mehr relativierbar – „was schriftwidrig ist, das kann nicht als sachgemäßes Reden von Gott, als authentisches Zeugnis gelten, auch wenn es sich auf ein unmittelbares Innewerden des Gotteswortes oder auf vernünftige Erkenntnisse beruft" (Werbick 17). Nur so ist es möglich, im Namen der Schrift bestimmte biblische und kirchliche Traditionen zu kritisieren, z.B. die Frauenfeindlichkeit.

Wenn der Kanon also auch die Möglichkeit zu einer feministischen Kritik kirchlicher Praxis in Geschichte und Gegenwart bietet, ist es zu platt, ihn als bloßes Dokument der historischen Sieger zu charakterisieren bzw. gegen seine Notwendigkeit grundsätzlich zu polemisieren. Schüssler Fiorenza räumt dies auch an anderer Stelle ein, wenn sie schreibt, daß der Kanon nicht nur die untergeordnete Stellung von Frauen im Christentum verfestigt habe, sondern auch die Funktion wahrnehme, genau dies theologisch zu kritisieren.

Verwendete Literatur:

LIMBECK Meinrad, Art. Kanon, in: Wörterbuch des Christentums, hg. v. Volker Drehsen u.a., Gütersloh–Zürich 1988, 585–587
SCHÜSSLER FIORENZA Elisabeth, Brot statt Steine. Die Herausforderung einer feministischen Interpretation der Bibel, Fribourg–Münster 1988
SCHÜSSLER FIORENZA Elisabeth, Zu ihrem Gedächtnis. Eine feministisch-theologische Rekonstruktion der christlichen Ursprünge, München–Mainz 1988, 71–103, bes. 87–93, 255–295
WERBICK Jürgen, Prolegomena, in: Handbuch der Dogmatik, hg. v. Theodor Schneider, Bd. 1, Düsseldorf 1992, 1–48

Weitere Literatur:

BÜHRIG Marga, Galater 3,26–28: Eine Gemeinschaft der Wechselseitigkeit, in: Feministisch gelesen. Ausgewählte Bibeltexte für Gruppen und Gemeinden, Bd. 2, Stuttgart 1989, 231–237
CADY STANTON Elizabeth (Hg.), The Original Feminist Attack on the Bible. The Women's Bible, Faksimile-Ausg., New York 1974
CANNON Katie G., Womanist Perspectival Discourse and Canon Formation, in: Journal of Feminist Studies in Religion 9 (1993) H.1/2, 29–37
KÄSEMANN Ernst (Hg.), Das Neue Testament als Kanon. Dokumentation und kritische Analyse zur gegenwärtigen Diskussion, Göttingen 1970 (darin bes. die Beiträge von Ernst Käsemann und Hans Küng)

Vorschlag für Seminare und Arbeitsgruppen:

Vergleich der feministisch-theologischen Diskussion um den Kanon mit der Debatte um den sogenannten Frühkatholizismus
vgl. SCHERZBERG Lucia, Sünde und Gnade in der Feministischen Theologie, 2. Aufl. Mainz 1992, 207–210

10. Kapitel
Feministisch-historische Kritik an der Kirchengeschichtsschreibung

Bezogen auf die Kirchengeschichte und die Kirchengeschichtsschreibung, richtet sich das feministische Interesse darauf, Frauen in der Geschichte der Kirche zu entdecken, ihnen zur Geltung zu verhelfen oder bereits bekannte aus einer anderen Perspektive als der androzentrischen zu betrachten, ebenso, das „ganz normale" Leben von Frauen während der verschiedenen Epochen der Kirchengeschichte zu erforschen. Historische Gestalten und Ereignisse sollen auf heutige Lebenskontexte von Frauen hin transparent gemacht werden. Ebenso gehen feministische Kirchenhistorikerinnen der Frage nach, warum Frauen innerhalb der Kirche immer wieder unterdrückt, marginalisiert und diskriminiert worden sind. Ähnlich wie bei der feministisch-historischen Kritik der Bibel wird dies brisant, wenn zur Debatte steht, ob oder inwieweit die kirchliche *Tradition* selbst frauenfeindlich ist. Hier wird das Gebiet des Streng-Historischen immer wieder von systematisch-theologischen Fragestellungen berührt, z.B. nach dem Verhältnis von Schrift und Tradition, dem Kirchenbegriff oder dem Amtsverständnis.

Da es nicht möglich ist, hier eine Feministische Kirchengeschichte in nuce zu entwerfen, sollen Beispiele feministischer historischer Forschung, verteilt über die geschichtlichen Epochen der Antike, des Früh- und des Hochmittelalters, der Frühen Neuzeit und der Neueren Geschichte vorgestellt werden.

Die Rolle der Frauen in der Alten Kirche

Mit dieser Frage befaßt sich ausführlich eine Studie von Anne Jensen. Sie untersucht zunächst vier Kirchengeschichten, die in der Antike geschrieben wurden und die über verschiedene Epochen berichten. Das Ergebnis lautet, daß Frauen zunehmend aus dem Blick der betreffenden Kirchengeschichtsschreiber verschwinden. Eusebius, der Bischof von Cäsarea (gest. 339), der eine Kirchengeschichte über die ersten drei Jahrhunderte bis zur Konstantinischen Wende geschrieben hat, berichtet nichts über die Apostelinnen des Urchristentums, wohl aber über etliche Frauen, die Opfer der Christen-Verfolgungen wurden. Die Kirchengeschichtsschreiber, die über das Jahrhundert nach der Konstantinischen Wende berichten (Sokrates, Sozomenos, Theodoret), schreiben fast nichts mehr über Frauen, mit Ausnahme der kirchlich anerkannten Gruppen der Witwen und der Diakoninnen als ordinierten Amtsträgerinnen. Die Martyriumsakten, die Jensen als weitere Quellen heranzieht, bestätigen das Bild vieler bedeutender Martyrinnen, die höchstes Ansehen in den Gemeinden genossen, wie Felicitas und Perpetua aus Karthago und die Sklavin Blandina in Lyon. Im Martyrium standen Frauen und Männer, Sklavinnen und Sklaven neben Herrinnen und Herren als Ebenbürtige nebeneinander und als Repräsentanten/innen Jesu Christi.

In den prophetischen Traditionen spielten Frauen ebenfalls eine wichtige Rolle. Die Bewegung der Neuen Prophetie, die im 2. Jahrhundert aufkam, wurde entscheidend von zwei Prophetinnen, Prisca und Maximilla, initiiert und geprägt. In der androzentrischen Kirchengeschichtsschreibung ist diese Bewegung unter dem Namen „Montanismus" bekannt, der zweifach diskriminierend ist. Zum einen wird er als Kennzeichnung einer Häresie gebraucht und unterstellt zum andern, daß die zentrale Gestalt dieser Bewegung ein Mann – Montanus – gewesen sei. Im Fall der Neuen Prophetie steht die feministische Forschung wieder vor dem Problem, daß die Auseinandersetzung um die Bedeutung der Prophetie und die Kompetenzstreitigkeiten zwischen Prophetie und kirchlichem Amt parallel zur Zurückdrängung von Frauen aus der Lehrtätigkeit erfolgt ist. Die Charismatikerinnen und Charismatiker standen in der Frühzeit der Neuen Prophetie im Ansehen deutlich über den kirchlichen Amtsträgern. Gleichzeitig gab es ein berechtigtes Interesse der Gesamtkirche, Kriterien zu entwickeln, um die Fülle von Einzeloffenbarungen auch überprüfen zu können.

Frauen als Lehrende gab es auch innerhalb der christlichen Gnosis. Die bedeutendste Theologin unter ihnen war sicherlich die Jungfrau und Prophetin Philumene, die in Rom etliche Anhänger und Anhängerinnen Markions[16], darunter den Markionschüler Apelles, für ihre Lehre gewin-

---

[16] Markion war einer der größten Theologen des 2. Jh., der nach seiner Exkommunikation (144) eine eigene Kirche gründete, die bis ins 6. Jh. bestand. Sein theologisches System ist von einem strikten Dualismus geprägt: Gesetz und Evangelium, Schöpfung und Erlösung fallen auseinander, Erstes und Zweites Testament werden auseinandergerissen.

nen konnte. Philumene war eine typische Vertreterin des hochgebildeten hellenistischen Christentums. Kennzeichen ihres theologischen Systems waren Rationalität und Realismus. Sie suchte nach einem Weg, die Botschaft Jesu, wie sie in der Sprache der Bibel erschien, mit dem religiöskulturellen Erbe des Hellenismus zusammenzubringen.

Zwei Jahrhunderte später finden wir entgegen der Tendenz der antiken Kirchengeschichtsschreibung, Frauen in ihrer Bedeutung für die Kirche herabzumindern, immer noch eine ganze Anzahl bedeutender Frauen. In Rom hat eine Dichterin und Theologin mit Namen Faltonia Betitia Proba (gest. 370 n. Chr.) ein bedeutendes theologisches Werk geschaffen – eine Heilsgeschichte, die in Form eines Centos, d.i. ein „Flickgedicht", aus Versen des Dichters Vergil komponiert wurde. Der Kirchenvater Hieronymus wurde von einem Kreis gebildeter, einflußreicher Römerinnen theologisch beraten – diese dürften auch an der lateinischen Bibelübersetzung, der Vulgata, beteiligt gewesen sein. Die Kirchenväter Basilius von Cäsarea und Gregor von Nyssa verdankten wichtige Inspirationen sowohl für die dogmatische Lehre als auch für die asketische Lebensführung ihrer Schwester Makrina.

Dies sind nur einige Namen, die nahelegen, daß die Zurückdrängung von Frauen und das Bemühen, ihre Aktivitäten zu beschränken, zunächst hauptsächlich auf dem Papier stattgefunden hat – in der Praxis wirkte sich dies nur sehr langsam aus. Dies betraf allerdings nur noch die Frauen der Oberschicht der römischen Gesellschaft, denn Sklavinnen in leitenden Funktionen gab es zu dieser Zeit nicht mehr. Eine echte Gleichstellung im Sinne von Gal 3,28 finden wir nur noch in den asketischen Gruppen.

Zwei Punkte seien noch angesprochen: das asketische Ideal als befreiende Lebensalternative für Frauen und das Amt der Diakoninnen:

Besonders die US-amerikanische feministisch-theologische Forschung hat den emanzipativen Charakter des antiken christlichen Enthaltsamkeitsideals betont. Jungfräulichkeit erscheint hier als Befreiung und Autonomie. Wie kommt es zu dieser Sichtweise?

Für Markion war das Erste Testament keine Quelle christlicher Offenbarung. Der Gott des Ersten Testaments ist der Schöpfer der Materie und Prinzip des Bösen; der Gott des Zweiten Testaments der nur gütige Gott der Liebe. Markion stellte als erster einen Kanon der Schriften des Zweiten Testaments zusammen, der ein redigiertes Lukasevangelium und zehn Paulusbriefe enthielt. Besonders mit Markion beschäftigt hat sich der evangelische liberale Theologe Adolf v. Harnack, der in ihm den ersten Protestanten und Vollender des Paulus sah.

Heiratsunwillige Jungfrauen und ehemüde Gattinnen bzw. Witwen waren in der frühen Christenheit keine seltene Erscheinung. Der Verzicht auf Ehe und Sexualität bedeutete einen Bruch mit der traditionellen Frauenrolle und eröffnete den Frauen andere Lebensformen und Tätigkeitsfelder. Verbreitet war auch das Zusammenleben von Paaren in einer partnerschaftlichen Bindung mit dem Verzicht auf sexuelle Beziehungen. Die kirchlichen Vorschriften schränkten allerdings bald diese Freiheit ein, indem das asketische Leben von Frauen später nur noch hinter Klostermauern stattfinden durfte und Frauen von der Verkündigung ausgeschlossen wurden. Dennoch behielt das asketische Leben als alternative Lebensform weiterhin große Anziehungskraft.

Anne Jensen gibt zu bedenken, daß der emanzipatorische Aspekt dieser Lebensweise in jedem Fall hervorgehoben werden muß, doch andererseits die negativen Folgen für Frauen nicht übersehen werden dürfen. Und zwar weniger für die Frauen der damaligen Zeit, sondern für Frauen und Männer späterer Zeiten bis heute. Denn in ideologischer Verzerrung sei die relative Gleichstellung asketisch lebender Frauen mit einer Abwertung von Ehe, Sexualität und dem Leben in der Welt verbunden worden. Dies habe langfristig wohl mehr Schaden verursacht als durch die alternative asketische Lebensform gewonnen worden sei.

Im dritten Jh., der Zeit also, in der die kirchlichen Ämter sich strukturiert hatten, gibt es den Diakonat als kirchliches Amt – Presbyter und Diakone stehen dem Bischof zur Seite, wobei unter den Diakonen auch Diakoninnen zu finden sind. Diakonat und Presbyterat waren ursprünglich zwei voneinander unabhängige Ämter; die Unterordnung des Diakonats ist erst eine spätere Entwicklung. Bezeugt sind sie das erste Mal in der syrischen Schrift der Didaskalia (Lehre der Apostel). Aufgabe der Diakoninnen war es, die weiblichen Katechumenen zu unterrichten und den größten Teil des Taufritus bei Frauen durchzuführen (Entkleiden, Salben des Körpers, Untertauchen und Bekleiden mit dem weißen Gewand). Weiterhin gehörten zu ihren Aufgaben der Besuch von Kranken, die Krankenkommunion und Handauflegung.

Die Diakoninnen hatten den gleichen Rang wie die Diakone, und sie erhielten die gleiche Weihe. Die Ordinationsformel für die Diakoninnen in den Ostkirchen weist alle Elemente einer „höheren Weihe" auf – die Diakonin gehörte also zum Klerus, wenn auch zum untersten Rang. Die Ostkirchen haben bis ins Mittelalter hinein Frauen zu Diakoninnen ordiniert, in der westlichen Kirche ist kein weiblicher Diakonat entwickelt worden.

Daß es das Amt der Diakonin gab, ist weniger darauf zurückzuführen, daß den Frauen die Teilhabe am kirchlichen Amt ermöglicht werden sollte, sondern hatte eher praktische Gründe. Seelsorge an Frauen war für Männer oft schwierig auszuüben, da sie keinen Zugang zu Frauengemächern hatten und die Salbung von Frauen durch Männer bei der Taufe wohl zunehmend als unschicklich angesehen wurde. So bestand die Neigung, den weiblichen Diakonat als Amt von Frauen für Frauen zu verstehen. Die Konsequenz war, daß die Diakoninnen immer mehr an Bedeutung verloren, als die Erwachsenentaufe immer seltener wurde.

Insofern bleibt die Tradition des weiblichen Diakonats aus feministischer Perspektive zwiespältig. Einerseits gab es, historisch gesichert, eine Partizipation von Frauen am kirchlichen Amt – dies ist wichtig für Frauen in denjenigen Kirchen, die sehr stark an der Tradition orientiert sind –, andererseits bedeuteten die kirchliche Reglementierung des Diakonats und die untergeordnete Funktion der Diakoninnen gegenüber der Praxis der frühen Gemeinden bereits einen Rückschritt.

Verwendete Literatur:

ALBRECHT Ruth, Das Leben der heiligen Makrina auf dem Hintergrund der Thekla-Traditionen. Studien zu den Ursprüngen des weiblichen Mönchtums im 4. Jahrhundert in Kleinasien, Göttingen 1986

ALBRECHT Ruth, Wir gedenken der Frauen, der bekannten wie der namenlosen. Feministische Kirchengeschichtsschreibung, in: SCHAUMBERGER Christine/MAASSEN Monika (Hg.), Handbuch Feministische Theologie, Münster 1986, 312–322

JENSEN Anne, Die ersten Christinnen der Spätantike, in: STRAUB Veronika (Hg.), Auch wir sind die Kirche. Frauen in der Kirche zwischen Tradition und Aufbruch, München 1991, 35–58

JENSEN Anne, Faltonia Betitia Proba – eine Kirchenlehrerin der Spätantike, in: PISSAREK-HUDELIST Herlinde/SCHOTTROFF Luise (Hg.), Mit allen Sinnen glauben. Feministische Theologie unterwegs, Gütersloh 1991, 84–94

JENSEN Anne, Gottes selbstbewußte Töchter. Frauenemanzipation im frühen Christentum?, Freiburg 1992

JENSEN Anne, Philumene. Auf der Suche nach Vergeistigung, in: WALTER Karin (Hg.), Sanft und rebellisch. Mütter der Christenheit, Freiburg 1990, 21–232

THIERMEYER Abraham-Andreas, Der Diakonat der Frau. Liturgiegeschichtliche Kontexte und Folgerungen, in: Tübinger Theologische Quartalsschrift 173 (1993) 226–236

Weitere Literatur:

ANSORGE Dirk, Der Diakonat der Frau. Zum gegenwärtigen Forschungsstand, in: BERGER Teresa/GERHARDS Albert (Hg.), Liturgie und Frauenfrage. Ein Beitrag zur Frauenforschung aus liturgiewissenschaftlicher Sicht, St. Ottilien 1990, 31–65

ASPEGREN Kerstin, The Male Woman. A Feminine Ideal in the Early Church, hg. v. René Kieffer, Stockholm 1990

BØRRESEN Kari Elisabeth/VOGT Kari, Women's Studies of the Christian and Islamic Traditions. Ancient, Medieval and Renaissance Foremothers, Dordrecht 1993

BURRUS Virginia, Word and Flesh. The Bodies and Sexuality of Ascetic Women in Christian Antiquity, in: Journal of Feminist Studies in Religion 10 (1994) H. 1, 27–51

CLARK Elizabeth A., Ascetic Piety and Women's Faith. Essays on Late Ancient Christianity, Lewiston–New York–Ontario 1986

CLARK Elizabeth A., The Life of Melania the Younger, New York 1984

FROHNHOFEN Herbert, Weibliche Diakone in der frühen Kirche, in: Stimmen der Zeit 204 (1986) 269–278

MARTIMORT Aimé Georges, Les diaconesses. Essai historique, Rom 1982

MAZZUCCO Clementina, E fui fatta maschio. La donna nel Cristianesimo primitivo (secoli I–III), Florenz 1989

RUETHER Rosemary Radford, Misogynism and Virginal Feminism in the Fathers of the Church, in: dies. (Hg.), Religion and Sexism. Images of Women in the Jewish and Christian Tradition, New York 1974, 150–183

RUETHER Rosemary Radford, Mothers of the Church. Ascetic Women in the Late Patristic Age, in: dies./McLAUGHLIN Eleanor (Hg.), Women of Spirit. Female Leadership in the Jewish and Christian Traditions, New York 1979, 71–98

THEODOROU Evangelos, Das Amt der Diakoninnen in der kirchlichen Tradition, in: Una Sancta 33 (1978) 162–172

VALERIO Adriana, Cristianesimo al Femminile. Donne protagonistenella storia delle chiese, Neapel 1990

WILSON-KASTNER Patricia (Hg.), A Lost Tradition. Women Writers of the Early Church, Lanham–New York–London 1981

Vorschlag für Seminare und Arbeitsgruppen:

Diskussionsfrage: Welche Konsequenzen ergeben sich aus dem Dargestellten für die Frage der Frauenordination?

Geistliche Lebensformen von Frauen im Frühmittelalter

Über das Leben von Frauen im Frühmittelalter (6./7.–10. Jh.) ist wenig bekannt, und die Quellen sind in bezug auf die Geschichte von Frauen wenig ergiebig. Kaum eine Quelle stammt von einer Frau, und die von Männern verfaßten zugänglichen Quellen lassen wenig vom Leben der Frauen erkennen. Dennoch dürfen die historische Frauenforschung und eine feministische Kirchengeschichtsschreibung sich nicht entmutigen lassen und müssen die vorhandenen Quellen, nämlich erzählende Quellen, rechtshistorische Quellen und theologisches Schrifttum auf das Verhältnis zwischen den Geschlechtern und das Leben von Frauen befragen.[17]

Die Historikerinnen und Frauenforscherinnen Petra Heidebrecht und Cordula Nolte haben geistliche Lebensformen von Frauen im frühen Mittelalter am Beispiel zweier Regeln für klösterliche Frauengemeinschaften untersucht. Es handelt sich um die Regula virginum, die von Bischof Cäsarius von Arles 512 n. Chr. verfaßt wurde, und die Institutio sanctimonialium Aquisgranensis von 816 n. Chr., die Teil des kirchlichen Reformprogramms unter Ludwig dem Frommen war und Vorschriften für die Lebensführung gottgeweihter Frauen enthielt.

Es ist wichtig zu wissen, daß das klösterliche Leben im Frühmittelalter keineswegs von einheitlichen Regeln geordnet wurde. Es gab eine Orientierung an bestimmten überlieferten Texten, die aber mehr als Hilfe denn als verbindliche Norm galten. Äbtissinnen und Äbte besaßen die Freiheit, für ihr jeweiliges Kloster das Passende auszusuchen. In der Geschichtswissenschaft wird dies als „regula mixta" bezeichnet. Die regula mixta führte dazu, daß zwischen den verschiedenen Gemeinschaften sehr große Unterschiede bestanden und oft eine klösterliche von einer nicht-klösterlichen Lebensform nicht säuberlich getrennt werden konnte.

Bis zum Ende des 6. Jh. war die Zahl der Frauenklöster relativ gering. Bischöfe gründeten die Klöster und beaufsichtigten sie. Es existierten noch keine Eigenklöster, so daß es noch keine wirtschaftlichen oder fa-

---

[17] Zu den erzählenden Quellen gehören z.B. Annalen, Chroniken, Geschichten von Klöstern und Bistümern, Herrscher- und Papstviten, die hagiographische Literatur, Briefe und Briefcorpora. Werner Affeldt nennt als besonders ergiebig für die Frage nach Geschlechterverhältnis und Frauenleben die Historiae des Bischofs Gregor v. Tours, die Viten weiblicher Heiliger aus der Merowingerzeit, die Historia ecclesiastica gentis Anglorum Bedas aus dem 8. Jhd., die Antapodosis (Buch der Vergeltung) des Bischofs Liudprand von Cremona aus dem 10. Jh. und die Chronik des Bischofs Thietmar von Merseburg vom Anfang des 11. Jh.
Quellen, die rechtliche Bräuche zum Gegenstand haben, sind die Stammesrechte (Leges barbarorum), die Rechtssetzungen fränkischer Könige (Kapitularien), die Formelbücher für Urkunden (Formulae), Urkunden und Testamente. Im Bereich des kirchlichen Rechtes sind es Synodalstatuten, Konzilsbeschlüsse, päpstliche Briefe, Sammlungen kanonischen Rechts, Bußbücher und schließlich Regeln für Nonnen und Mönche, Kanonissen und Kanoniker. Hier ist die Differenz von Rechtsnorm und Rechtswirklichkeit zu beachten, denn häufig hat die Lebenswirklichkeit von Frauen anders ausgesehen und oft günstiger, als es in den Rechtstexten erscheint.
Zum relevanten theologischen Schrifttum gehören Bibelkommentare, Predigten, Mahnschreiben, dogmatische und moraltheologische Schriften und sog. „Laienspiegel", die bestimmte Tugendvorschriften enthielten.

milienpolitischen Motive für den Adel gab, selbst Klöster zu gründen.[18]
Im 7. Jh. änderte sich dies – Eigenklöster und Doppelklöster[19] kamen
den Interessen des Adels entgegen. Da ein Doppelkloster meist von einer
Äbtissin geleitet wurde, gab dies Frauen des Adels die Möglichkeit, eine
einflußreiche Position zu erlangen. Attraktiv konnte das Klosterleben für
Frauen auch aus folgenden Gründen werden: Es eröffnete Bildungschan-
cen, versprach eine himmlische Belohnung, bot Schutz vor Gewalttätigkeit und schützte vor den negativen Aspekten von Ehe und Mutterschaft.
Frauen konnten Führungspositionen einnehmen oder in der Verwaltung
tätig werden. Innerhalb der kirchlichen Hierarchie war die Äbtissin das
einzige Amt, das Frauen bekleiden konnten, nachdem der weibliche Diakonat abgeschafft worden war. Andererseits kann bei vielen Frauen nicht
von einer freiwilligen Entscheidung zum Klosterleben die Rede sein, weil
sie bereits als Kinder eingetreten waren. Adlige Familien benutzten die
Klöster häufig genug als Verwahranstalt für unverheiratete Töchter.

Das Klosterleben von Frauen im Frühmittelalter hat bisher in der Forschung, auch in der historischen Frauenforschung, kein besonderes Interesse gefunden. Im Gegensatz dazu ist die Entwicklung des männlichen
Ordenslebens sehr gut erforscht, ebenso das weibliche Klosterleben im
Hoch- und Spätmittelalter.

Die beiden Regeln, die von den Forscherinnen untersucht werden, sind
erstmals eigens für Frauen verfaßte Regeln. Zuvor war es üblich, daß

---

[18] Im Falle eines Eigenklosters oder einer Eigenkirche beanspruchte der Grundherr, der
Kleriker oder Laie sein konnte, das Eigentumsrecht an dem betreffenden Kloster bzw. der
Kirche samt Zubehör und übte die Herrschaft aus, bestimmte also die Einsetzung von
Geistlichen oder der Äbtissinnen und Äbte. Dieses Rechtsinstitut ist sowohl auf römische
und germanische Rechtsgewohnheiten zurückzuführen als auch auf ökonomische und politische Überlegungen (z.B. in bezug auf die Kosten für Bau und Erhaltung von Klöstern
und Kirchen).

[19] In einem Doppelkloster wohnten sowohl Nonnen als auch Mönche. Räumlich und
rechtlich bildete es eine Einheit. Diese Form monastischen Lebens war vor allem in der
Ostkirche verbreitet. Dort wurde sie mehrfach verboten, bestand aber bis ins 14. Jh. hinein.
In der westlichen Kirche finden sich Doppelklöster seit dem 6. Jh. Der Mönchskonvent
hatte gegenüber den Nonnen eine dienende Funktion; die Leitung oblag in der Regel der
Äbtissin. Seit dem 9. Jh. verschwindet diese Form der Doppelklöster. Im 11. Jh. entsteht
eine neue Art Doppelkloster. In diesem Fall schließen sich die Frauenklöster bereits beste-
henden Männerklöstern an. Im 12. Jh. entstehen wiederum Doppelklöster, bei denen dem
Frauenkloster ein Mönchskonvent in dienender Funktion angegliedert wird. Zwar waren
die ostkirchlichen Verbote auch Bestandteil des westlichen Kirchenrechts, doch sind in
der Westkirche die Doppelklöster nie ausdrücklich verboten worden, sondern im Laufe
der Zeit verschwunden.

Frauenklöster die für Männer geschaffenen Regeln übernahmen. Die Regula sanctarum virginum sieht vor, daß die Frauen mit dem Klostereintritt auf allen persönlichen Besitz verzichten, so daß zwischen den einzelnen Mitgliedern völlige Gleichheit herrscht. Dem dient ebenso das Verbot, sich Mägde oder Sklavinnen zu halten, das auch für die Äbtissin gilt. Ebenso sind alle Frauen mit Ausnahme der Äbtissin und ihrer Stellvertreterin zum Dienst in Küche und Speisesaal verpflichtet. Dem Ideal der Gleichheit wird eine hierarchische Struktur gegenübergestellt, die von allen Gehorsam verlangt. Höchste Autorität innerhalb des Klosters ist die Regel selbst, der auch die Äbtissin unterworfen ist. Wenn die Äbtissin die Regel mißachtet, sind die Nonnen nicht nur zur Gehorsamsverweigerung berechtigt, sondern sogar verpflichtet. Dies ist für das Zeitalter der regula mixta sehr ungewöhnlich, da bisher die Äbte und Äbtissinnen selbst die höchste Autorität im Kloster verkörperten.

Die Regel sah Bildung für alle vor; alle sollten lesen lernen. Lesen und Schreiben standen aber ganz im Dienst der spirituellen Entwicklung, denn Mädchen, die nicht die Absicht hatten, ins Kloster einzutreten, durften nicht unterrichtet werden. In der entsprechenden Mönchsregel des Cäsarius gibt es diese Vorschrift nicht, so daß wir fragen können, ob dies ein frauenspezifisches Verbot gewesen ist.

Die Institutio sanctimonialium Aquigranensis, die einige Jahrhunderte später entstand und das Leben der Kanonissen regeln sollte, weist einige Unterschiede zu der Regula virginum auf. Sie betont weniger das Ideal der Gleichheit unter den Schwestern, sondern erlaubt, persönlichen materiellen Besitz zu behalten, und läßt zu, daß diejenigen, die es sich leisten können, eigene Mägde und Bedienstete haben. Dies und die Regelung der Ernährungsfragen, insbesondere die Menge des ausgeteilten Weines, lassen erkennen, daß diese Regel sich nun den Bedürfnissen des Adels anpaßt. Adelige Frauen sollten die Möglichkeit haben, ihren gewohnten Lebensstandard aufrechtzuerhalten. Auf Dauer entwickelte sich ein deutlicher Unterschied heraus, ob eine Frau als Kanonisse in einem adeligen Damenstift lebte oder als Nonne in einem Kloster.

Verwendete Literatur:

AFFELDT Werner, Lebensformen für Frauen im Frühmittelalter. Probleme und Perspektiven ihrer Erforschung, in: BECHER Ursula A.J./RÜSEN Jörn (Hg.), Weiblichkeit in geschichtlicher Perspektive. Fallstudien und Reflexionen zu Grundproblemen der historischen Frauenforschung, Frankfurt/M. 1988, 51–78

ANGENENDT Arnold, Das Frühmittelalter. Die abendländische Christenheit von 400–900, Stuttgart u.a. 1990

HEIDEBRECHT Petra/NOLTE Cordula, Leben im Kloster: Nonnen und Kanonissen. Geistliche Lebensformen im frühen Mittelalter, in: Becher/Rüsen, Weiblichkeit, a.a.O., 79–115

MUSCHIOL Gisela, Famula Dei – Zur Liturgie in merowingischen Frauenklöstern, Münster 1994

Weitere Literatur:

AFFELDT Werner/KUHN Annette (Hg.), Frauen in der Geschichte, Bd. VII: Interdisziplinäre Studien zur Geschichte der Frauen im Frühmittelalter. Methoden – Probleme – Ergebnisse, Düsseldorf 1986

JENSEN Anne, Art. Orden, in: Wörterbuch der Feministischen Theologie, hg. v. Elisabeth Gössmann u.a., Gütersloh 1991, 310–315

ULRICH Anna, Die Kanonissen. Ein vergangener und vergessener Stand der Kirche, in: BERGER Teresa/GERHARDS Albert (Hg.), Liturgie und Frauenfrage. Ein Beitrag zur Frauenforschung aus liturgiewissenschaftlicher Sicht, St. Ottilien 1990, 181–194

WEMPLE Suzanne Fonay, Women in Frankish Society. Marriage and the Cloister, 500 to 900, Philadelphia 1981

Vorschlag für Seminare und Arbeitsgruppen:

Einschlägige Literatur zum Frühmittelalter nach Informationen über das Leben von Frauen durchsehen.

Caterina von Siena – eine Kirchenlehrerin

Caterina von Siena gehört zu den wenigen Frauen der Kirchengeschichte, die einen gewissen Bekanntheitsgrad erreicht haben. Sie wurde 1347 in Siena geboren. Ihr Vater war Wollfärber. Ihre Mutter brachte 25 Kinder zur Welt, Caterina war das 23. 1380 starb Caterina in Rom, erst 33 Jahre alt. Heiliggesprochen wurde sie 1461. 1970 verlieh ihr Papst Paul VI. den Ehrentitel einer Kirchenlehrerin. Ihr literarisches Werk umfaßt eine große Sammlung von Briefen, unter ihnen Briefe an die Päpste Gregor XI. und Urban VI., einige Gebete und das Hauptwerk, den „Dialog. Gespräch von Gottes Vorsehung", der aus Gesprächen Caterinas mit Gott besteht.

Über Caterinas Leben erfahren wir aus ihrem Werk wenig, doch hat sie in dem Dominikaner Raimund von Capua, ihrem Beichtvater, einen Biographen gefunden, der wenige Jahre nach ihrem Tod eine ausführliche Vita verfaßte. Da die Heiligenvita eine literarische Gattung darstellt und das Interesse des Biographen darin bestand, Caterina als Heilige zu würdigen, muß selbstverständlich quellenkritisch mit dieser Vita verfahren werden. Die Kirchengeschichtlerin Ruth Albrecht hat auf einen sehr interessanten Aspekt dieser Vita Caterinas hingewiesen, nämlich den Vergleich Caterinas mit der legendären antiken Gestalt der Euphrosyne, und ihn einer feministischen Interpretation zugänglich gemacht:

Nach der von Raimund von Capua verfaßten Vita widerfährt Caterina im Alter von sechs Jahren eine Christuserscheinung in Form einer Vision. Bei diesem Ereignis wird sie nicht bei ihrem gewöhnlichen Namen gerufen, sondern mit dem Namen Euphrosyne. Euphrosyne war eine frühchristliche Heilige, deren Legende aller Wahrscheinlichkeit nach Caterina bekannt war. Raimund von Capua setzt die Verbindung von Caterina und Euphrosyne bereits in Caterinas Jugend an und will so einen Schlüssel zur Deutung von Caterinas Leben in die Hand geben.

Wer aber war Euphrosyne? Sie war die Tochter eines reichen Mannes aus Alexandrien. Um den Heiratsplänen, die ihr Vater für sie hegte, zu entgehen, verkleidete sie sich als Mann und suchte Zuflucht in einem Männerkloster. Dort soll sie um 470 n. Chr. gestorben sein. Männerkleidung anzulegen, war für sie die einzige Möglichkeit, ihren Wunsch nach einem asketischen Leben zu erfüllen. Mit der Kleidung soll also die geschlechtliche Identität symbolisiert werden. Die weibliche Identität bzw. die Geschlechtsrollenerwartungen, die an Euphrosyne gestellt werden, hindern sie daran, ein Leben in radikaler Christusnachfolge zu führen. Also bricht sie mit dieser Identität, indem sie die Kleider ablegt und männliche Kleider anzieht.

Vermutlich ist die Euphrosyne-Legende im 6./7.Jh. zusammen mit anderen Heiligenerzählungen entstanden, die alle die Verkleidung von Frauen als Männer zum Thema haben. Ihre Gestalten sind keine historischen, sondern literarische. Ihre Funktion besteht darin, eine Auseinandersetzung darüber anzuregen, welches Kleid jene tragen, d.h. welche Identität jene annehmen, die das alte Leben hinter sich gelassen haben. Wenn weibliche Gestalten männliche Kleider anlegen und eine männliche Identität annehmen, dann bedeutete dies, Grenzen zu durchbrechen, die durch die traditionellen Geschlechterrollen gesetzt waren, und die neue Schöpfung in Christus sichtbar zu machen.

Mit sieben Jahren legt Caterina, ihrem Biographen zufolge, ein privates Jungfräulichkeitsversprechen ab. Nachdem dieser Entschluß feststeht, sucht Caterina nach einer Form, in der sie ihn leben kann. Raimund von Capua berichtet, daß sie sich danach sehnt, dem Dominikanerorden, d.h. dem Männerorden, beizutreten. Denn die Dominikaner predigten und missionierten in der Öffentlichkeit, während die Dominikanerinnen in Klausur leben mußten. Während Caterina also nun erlebt, daß ihr Geschlecht im Widerspruch zu ihrem Wunsch steht, zu predigen und zu missionieren, denkt sie über die Geschichte der heiligen Euphrosyne nach mit der Überlegung, es ihr gleich zu tun. Die Parallele ist auffällig. Beide Frauen erleben den Widerspruch zwischen ihrer Berufung und der ihnen zugedachten Geschlechtsrolle. Die eine soll verheiratet werden, die andere will verkündigen und darf nicht. Caterinas Lösung, die Überwindung der Schranken, ist aber eine andere als die der Euphrosyne. Muß die eine noch eine männliche Identität annehmen, bleibt dies bei Caterina nur ein Gedankenspiel. Sie findet eine Möglichkeit, ihre Berufung zu verwirklichen, indem sie dem Dritten Orden des Dominikus, den Bußschwestern, beitritt, die nicht klausuriert leben, und indem sie die kirchliche und weltliche Politik zu ihrem Tätigkeitsfeld macht.

Allerdings ist auch der Eintritt in den Dritten Orden durch einen Wechsel der Kleider symbolisiert. Im Traum erscheint Caterina Dominikus, der ihr das Gewand der Bußschwestern entgegenhält. Mit diesem Gewand hat sie nun ihre Identität gewonnen.

Für uns kann dies folgendes bedeuten, wie Ruth Albrecht schreibt: „Wenn wir Katharina von Siena und die legendarische Gestalt Euphrosynes in unser Geschichtsbewußtsein integrieren, eröffnet sich uns die Möglichkeit, unsere eigene Suche nach dem für uns passenden Gewand und der für uns passenden Identität mit zwei Gesprächspartnerinnen fortzusetzen, die bis heute zu Grenzüberschreitungen herausfordern." (Albrecht, Kleider 109)

Verwendete Literatur:

ALBRECHT Ruth, Kleider machen Leute. Entdeckungen feministischer Kirchengeschichtsforschung am Beispiel der Katharina von Siena (1347–1380) und der Euphrosyne (5. Jh. n. Chr.), in: WACKER Marie-Theres (Hg.), Theologie feministisch. Disziplinen, Schwerpunkte, Richtungen, Düsseldorf 1988, 80–114
PERNOUD Régine, Leben der Frauen im Hochmittelalter, Pfaffenweiler 1991
SCHMIDT Margot/BAUER Dieter R. (Hg.), „Eine Höhe, über die nichts geht. Spezielle Glaubenserfahrung in der Frauenmystik?, Stuttgart–Bad Cannstatt 1986

Weitere Literatur:

BYNUM Caroline Walker, Jesus as Mother. Studies in the Spirituality of the High Middle Ages, Berkeley–Los Angeles–London 1982

ENNEN Edith, Frauen im Mittelalter, 3. Aufl., München 1987

GERL Hanna-Barbara, Caterina von Siena oder Die Sinnlichkeit der Gnade, in: WALTER Karin (Hg.), Sanft und rebellisch. Mütter der Christenheit – von Frauen neu entdeckt, Freiburg 1990, 182–194

JENSEN Anne, Art. Orden, in: Wörterbuch der Feministischen Theologie, hg. v. Elisabeth Gössmann u.a., Gütersloh 1991, 310–315

VERDON Jean, Les sources de l'histoire de la femme en Occident aux Xe–XIIIe siècles, in: Cahiers de civilisation médiévale 20 (1977) 219–251

Vorschlag für Seminare und Arbeitsgruppen:

- Informationen über Caterina von Siena zusammentragen lassen
- Diskussionsfrage: War Caterina von Siena eine „Feministin"?
- Gespräch darüber, inwieweit Geschlechtsrollenstereotypen und -erwartungen das religiöse Leben oder den Wunsch zu verkündigen behindern

Die Hexenverfolgungen der frühen Neuzeit

Kaum ein historisches Thema beschäftigt Frauenbewegung, Frauenforschung und Feministische Theologie gleichermaßen wissenschaftlich, emotional und in bezug auf die Identitätsfrage so wie die Hexenverfolgungen. Dies ist umso mehr verständlich, als in der traditionellen Kirchengeschichtsschreibung die Hexenverfolgungen oft einfach übergangen werden oder nicht deutlich wird, daß in der überwältigenden Mehrzahl Frauen von den Verfolgungen betroffen waren. So finden wir z.B. in dem bekannten Handbuch der Kirchengeschichte des katholischen Kirchengeschichtlers Hubert Jedin oder in der Ökumenischen Kirchengeschichte von Moeller und Kottje nicht den kleinsten Hinweis darauf, daß es so etwas wie Hexenprozesse gegeben hat; das Handbuch der Kirchengeschichte verfügt in seinem Register auch nicht über ein Stichwort „Hexen" oder „Hexenverfolgung". Liest man den Artikel über Hexenprozesse im Lexikon für Theologie und Kirche (2. Aufl.), kann der Eindruck entstehen, Frauen und Männer seien gleichermaßen der Hexenverfol-

137

gung ausgesetzt gewesen. Hier haben Frauenbewegung und Frauenforschung Erinnerungs- und Aufklärungsarbeit geleistet, indem sie die Hexenverfolgungen als Massentötung von Frauen durch Männer (als Gesetzgeber, Richter, Inquisitoren, Henker etc.) bezeichnet haben. Im Rahmen der Frauenbewegung sind dann allerdings neue Stereotypen entstanden, die der historischen Realität ebenfalls nicht standhalten, wie etwa das Klischee von der Hexe als der starken, widerständigen, unangepaßten und mit einem besonderen Wissen über Körper und Natur ausgestatteten Frau.

Was also wissen wir über die Hexenverfolgungen, und welche Erklärungsansätze gibt es dafür, wie es dazu kommen konnte?

1275 wurde in Toulouse eine Frau als Hexe verbrannt; die letzten bekannten Hexenprozesse fanden 1782 in Glarus in der Schweiz und 1793 in Posen statt. Zeitlich erstreckte sich die Hexenverfolgung über mehrere Jahrhunderte, räumlich über einen Großteil Europas. Am stärksten betroffen waren Frankreich, Süd- und Westdeutschland (allerdings nicht das Herzogtum Bayern!), die Schweiz, die Alpenregionen, die Beneluxländer und Schottland. Sehr gering oder gar nicht vorhanden war die Verfolgung in Osteuropa, Süditalien und Irland.

In Deutschland waren die Hexenverfolgungen ein Phänomen der Neuzeit – die Massenverfolgung begann erst nach 1560, also nach der Reformation, den Religionskriegen und Territoriumskonflikten und ihrer Lösung im Augsburger Religionsfrieden 1555. Die Verfolgungen verliefen wellenartig; sie erreichten jeweils einen Höhepunkt um 1590, um 1630 und um 1660. Gebiete mit besonders ausgeprägter Hexenverfolgung waren Lothringen, Kurtrier, das Herzogtum Westfalen, Minden, Schaumburg, der Harz, die anhaltinischen Fürstentümer, die sächsischen Herzogtümer und die Fürstbistümer Bamberg, Eichstätt und Augsburg bis zur Schweizer Grenze. Die heutige Forschung geht davon aus, daß etwa 100 000 Menschen, in der Mehrheit Frauen, nach Hexenprozessen hingerichtet worden sind. Die Dunkelziffer bleibt hoch, von Millionen von Opfern kann allerdings nicht, wie dies teilweise auch in der feministischen Literatur geschieht, gesprochen werden. Zwischen 1500 und 1660 waren 80–90 % der Opfer Frauen, vorher und nachher war der Anteil der Männer und auch von Kindern größer. Es gab auch Regionen, in denen die verfolgten Männer zeitweise in der Überzahl waren. Doch dies ändert nichts am eindeutigen Ergebnis, daß vorwiegend Frauen betroffen waren. Allerdings lassen sich keine Kriterien dafür finden, welche Frauen nun als Hexen verfolgt wurden. Grundsätzlich konnte jede zum

Opfer werden, unabhängig von Alter und sozialem Stand. Für manche Frau war die Gefahr sicherlich größer als für andere, z.B. wenn ihre Mutter bereits als Hexe verurteilt worden war. Aber es waren keineswegs nur in irgendeiner Weise auffallende Frauen, sei es durch ihr besonderes medizinisches Wissen oder durch ein besonders unangepaßtes Verhalten, die von der Verfolgung erfaßt wurden.

Wie war die kirchliche und die weltliche Gesetzgebung beschaffen, die die Hexenverfolgung ermöglichte? Welche Rolle spielte die Theologie? Sowohl im römischen als auch im germanischen Recht galt Zauberei als ein Straftatbestand. Die kirchliche Gerichtsbarkeit verhängte bis zum 13. Jh. nur kirchliche Strafen gegen Zauberei. Theologisch wurde im Mittelalter die Ansicht vertreten, Hexen habe es nie gegeben, und Hexenritte, nächtliche Luftfahrten u.ä. galten als Aberglaube. Wichtig sind in diesem Zusammenhang der canon episcopi aus dem 9. Jh. und das von dem Abt Regino von Prüm um 906 abgefaßte Handbuch für die Visitation und die Abhaltung der Send-Gerichte sowie die Äußerungen des Bischofs Burchard von Worms.

Diese Situation änderte sich erst, als Zauberei mit Ketzerei in Verbindung gebracht wurde. Papst Johannes XXII. ordnete in der Konstitution „Super illius specula" von 1326 die Zauberei der Häresie zu und unterstellte sie damit der Inquisition. Papst Innozenz IV. erlaubte 1252 den Inquisitionsgerichten die Folterung. Das abschließende Urteil und der Vollzug der Strafe blieben allerdings dem weltlichen Gericht vorbehalten. Es gab auch den Fall, daß weltliche Gerichte den gesamten Hexenprozeß durchführten. Die scholastische Theologie entwickelte eine groteske Dämonenlehre, in der es für möglich erachtet wurde, daß Frauen oder Männer Geschlechtsverkehr mit Dämonen haben könnten.

In Deutschland leitete der Inquisitor für Oberdeutschland, Heinrich Institoris, die Hexenverfolgung ein. Da er zunächst nicht die gewünschte Resonanz fand, erwirkte er bei Papst Innozenz VIII. die Bulle „Summis desiderantes affectibus", die sog. Hexenbulle von 1484, die ihn in seinem Bemühen bestätigte. 1487 veröffentlichte er den sog. Hexenhammer, den Malleus Maleficarum. Der angesehenere Kölner Inquisitor Jakob Sprenger wurde Co-Autor des Buches oder, wie heute angenommen wird, bloßes Aushängeschild. Institoris fügte dem Buch noch eine gefälschte Approbation der Theologischen Fakultät zu Köln bei und stellte die Bulle von Papst Innozenz VIII. voran. Die beiden ersten Bände des Hexenhammers behandeln das vermeintliche Treiben der Hexen, der dritte enthält Richtlinien für die Abhaltung der Hexenprozesse. Der

Schadenszauber wird auf die Schlechtigkeit der weiblichen Natur zurückgeführt. Die Frau sei diejenige, die von Natur aus weniger zum Glauben befähigt sei und deshalb in besonderer Gefahr stehe, dem Teufel zu verfallen. Dies wird mit solch unerträglichen Etymologien begründet wie der, daß das lateinische Wort für Frau = femina aus fe = fides (Glaube) und minus (weniger) bestehe. Die Femina sei also die, die weniger Glauben habe. Bis 1669 erschien der Hexenhammer in rund 30 Auflagen. Die Halsgerichtsordnung von Kaiser Karl V. von 1532, die Constitutio Criminalis Carolina, machte durch ihre Veränderung des Inquisitionsverfahrens die Bestimmungen des Hexenhammers zur Grundlage für die Hexenverfolgung durch die weltliche Gerichtsbarkeit.

Die Hexenprozesse und insbesondere die Anwendung der Folter fanden bereits zeitgenössische Kritiker. Zu ihnen zählen der calvinistische Arzt Johann Weyer, für den die meisten der als Hexen verfolgten Frauen Melancholikerinnen waren, die ärztlicher Hilfe bedurften, die Jesuiten Adam Tanner und Friedrich Spee von Langenfeld, der sich in seiner 1631 anonym veröffentlichten Cautio criminalis vor allem gegen die Folter und die Unmenschlichkeit der Hexenprozesse wandte. Christian Thomasius, Rechtsphilosoph und Vertreter der Naturrechtslehre der Aufklärung, hatte mit seiner Kritik zu Beginn des 18. Jh. großen Anteil an der Zurückdrängung der Hexenprozesse und am Verbot der Folter in Preußen (1740).

Welches waren die Ursachen der Hexenverfolgung?

Alle Versuche, die Ursachen der Hexenverfolgung zu erklären und besonders die Tatsache, warum hauptsächlich Frauen betroffen waren, bleiben bisher unbefriedigend. Viele Faktoren wirkten zusammen: die rechtlichen, theologischen und kirchlichen Bestimmungen, der verbreitete Aberglaube, wirtschaftliche und sozialpsychologische Motive zur Denunziation, die Professionalisierung im medizinischen Bereich, sexueller Sadismus etc. Für Deutschland fällt auf, daß die Höhepunkte der Verfolgungen jeweils in einer Zeit der politischen, sozialen und religiösen Umwälzungen lagen und daß die Verfolgung am stärksten in konfessionell sehr heterogenen Gebieten ausgeprägt war. Offensichtlich förderte die konfessionelle Zersplitterung einer Landschaft und die Bedrohung bzw. Abgrenzung konfessioneller Identitäten ein Klima, in dem Denunziation und Verfolgung gedeihen konnten. Beachtet werden müssen auch wirtschaftliche Veränderungen und deren Konsequenzen für die sozialen Beziehungen. Da die Gebiete, in denen in Gesamteuropa kaum Verfolgungen stattfanden, agrarisch dominierte und damit von der wirtschaftlichen

Entwicklung her betrachtet, rückständige Gebiete waren, liegt es nahe, einen Zusammenhang zwischen gesellschaftlicher Modernisierung und Hexenverfolgung zu vermuten. Leider gibt es bisher wenig Erklärungsmodelle, die das konfessionelle Problem berücksichtigen, auch die politische und wirtschaftliche Entwicklung wird allenfalls ansatzweise zu den Hexenprozessen in Beziehung gesetzt. Diese Probleme in einer umfassenden Analyse zu klären, wäre ein Desiderat nicht nur für die feministische Geschichtsforschung.

Die Bewegung und die Zusammenschlüsse sog. neuer Hexen heute sehen sich selbst in Kontinuität zu den als Hexen verfolgten Frauen. Sie verstehen Hexen als widerständige, unangepaßte Frauen, die mit einer Welt jenseits der mit den Sinnen erfaßbaren Welt vertraut sind. Die Kultur und die Solidargemeinschaft von Frauen, die durch die Verfolgungen zerstört worden sei, sollen in ihnen wieder aufleben, ebenso wie ein frauenspezifisches Wissen um den weiblichen Körper und die Vorgänge in der Natur. Doch die Geschichte der Hexenverfolgungen zeigt uns ein anderes Bild. Darüber hinaus wird in einer solchen Vorstellung von Hexen übersehen, daß jede x-beliebige Frau Opfer der Hexenverfolgung hatte werden können. Aus diesem Grund bleibt die behauptete Kontinuität zu den historischen Hexen eine zweifelhafte Wunschvorstellung.

Verwendete Literatur:

Art. Hexen, in: Lexikon für Theologie und Kirche, hg. v. Michael Buchberger, Bd. 5, 2. neubearb. Aufl. des Kirchl. Handlexikons, Freiburg 1933, 1–5

Art. Hexenprozeß, in: Lexikon für Theologie und Kirche, hg. v. Josef Höfer u. Karl Rahner, Bd. 5, 2. völlig neu bearb. Aufl., Freiburg 1960

HAUSCHILD Thomas/STASCHEN Heidi/TROSCHKE Regina, Hexen. Katalog zur Sonderausstellung „Hexen" im Hamburgischen Museum für Völkerkunde, Hochschule für bildende Künste, Hamburg 1979

HONEGGER Claudia (Hg.), Die Hexen der Neuzeit. Studien zur Sozialgeschichte eines kulturellen Deutungsmusters, Frankfurt/M. 1977

HONEGGER Claudia, Art. Hexen, in: Frauenlexikon. Traditionen, Fakten, Perspektiven, hg. v. Anneliese Lissner u.a., 2. Aufl., Freiburg 1989, 491–500

MUSCHIOL Gisela, „So sind wir schließlich alle Hexen...". Die Hexenverfolgung in Deutschland und die Rolle der Kirchen, unveröff. Vortragsms. 1991

WISSELINCK Erika, Art. Hexen, in: Wörterbuch der feministischen Theologie, hg. v. Elisabeth Gössmann u.a., Gütersloh 1991, 190–194

Weitere Literatur:

BECKER Gabriele/BOVENSCHEN Silvia u.a. (Hg.), Aus der Zeit der Verzweiflung. Zur

Genese und Aktualität des Hexenbildes, Frankfurt/M. 1977

BRAUKMANN Werner, Hexenbild und Hexenverfolgung, in: BORRIES Bodo v./ KUHN Annette/RÜSEN Jörn (Hg.), Sammelband Geschichtsdidaktik: Frau in der Geschichte I/II/III, Düsseldorf 1984, 249–267

DINZELBACHER Peter, Heilige oder Hexen? Schicksale auffälliger Frauen in Mittelalter und Frühneuzeit, Zürich 1995

SCHWAIGER Georg (Hg.), Teufelsglaube und Hexenprozesse, München 1987

WISSELINCK Erika, Hexen – warum wir so wenig von ihrer Geschichte erfahren und was davon auch noch falsch ist, München 1986

Vorschlag für Seminare und Arbeitsgruppen:

Unterrichtsreihe „Hexenbild und Hexenverfolgung" von Werner Braukmann, s.o.

Evangelische und katholische Frauenbewegung im 20. Jahrhundert

1899 wurde der Deutsch-Evangelische Frauenbund (DEF) gegründet, 1903 der Katholische Frauenbund (KFB). 1908 trat der DEF der Dachorganisation Bund Deutscher Frauenvereine (BDF) bei. Beide konfessionellen Verbände und die in ihnen organisierten Frauen verstanden sich als Teil der Frauenbewegung, und ihre Organisationsstrukturen gaben dies zu erkennen (z.B. Selbstorganisation, weibliche Leitung u.ä.). Dennoch sind sie nicht nur von der traditionellen historischen Forschung, sondern auch von der historischen Frauenforschung bisher nicht sonderlich beachtet worden. Letztere hat die katholische Frauenbewegung so gut wie gar nicht wahrgenommen und der evangelischen zumeist nur die Rolle eines Hemmschuhs in der Frauenbewegung zugesprochen.

Auch die Feministische Theologie hat bisher wenig Interesse an der Erforschung der konfessionellen Frauenbewegung gezeigt. Es gibt einige Arbeiten feministischer Theologinnen zur evangelischen Frauenbewegung, zur katholischen findet sich so gut wie keine Literatur. Dies ist um so verwunderlicher, als gerade an allen Erscheinungsformen von Frauen*bewegung* ein großes Interesse bestehen müßte, ebenso wie an der Geschichte von Frauen innerhalb der Kirchen. Doch zeigt die nähere Beschäftigung mit der historischen Frauenbewegung und insbesondere ihren konfessionellen Erscheinungsformen, wie sehr sich vieles von der

Neuen Frauenbewegung und einer heutigen feministischen Perspektive unterscheidet. Es wird sehr deutlich, wie schwierig es ist, aus der Geschichte heraus eine Identität für heute zu gewinnen.

Im folgenden soll das Verhältnis zwischen der bürgerlichen und der konfessionellen Frauenbewegung bestimmt und einige Unterschiede zwischen der katholischen und der evangelischen Frauenbewegung herausgearbeitet werden.

Gemeinsam ist beiden konfessionellen Frauenbewegungen und der bürgerlichen oder sog. gemäßigten Frauenbewegung die Verbindung der Frauenfrage mit der sozialen Frage und mit der Forderung nach Bildung. Die konfessionellen Verbände artikulierten bei ihrer Gründung zwei Ziele: zum einen, das Engagement von Frauen im sozialen Bereich zu stärken und zum andern, Frauen zu ermöglichen, sich zu wirtschaftlich und gesellschaftlich unabhängigen, selbständigen Persönlichkeiten zu entfalten. Die konfessionelle Frauenbewegung griff mit dem ersten Ziel die Anliegen der diakonischen und caritativen Arbeit der Kirchen auf, doch im Selbstverständnis fanden sich deutliche Unterschiede. So gab es im evangelischen Bereich z.B. erhebliche Differenzen zwischen dem DEF und den Kaiserswerther Diakonissen.

Das zweite Ziel war, ebenso wie in der bürgerlichen Frauenbewegung, von der ökonomischen Lage bürgerlicher Frauen vorgegeben. Seit der zweiten Hälfte des 19. Jh. waren immer mehr Frauen gezwungen, eine Erwerbstätigkeit auszuüben, um wirtschaftlich versorgt zu sein, da die Versorgung durch einen Ehemann bzw. als Unverheiratete im Haushalt von Verwandten in vielen Fällen nicht mehr gewährleistet war. Eine entsprechende Bildung und Berufsausübung ermöglichte den betreffenden Frauen nicht nur, keine wirtschaftliche Not zu leiden, sondern auch, gesellschaftlich in ihrem Stand zu verbleiben. Dabei wurde nicht propagiert, Frauen alle Berufe zu eröffnen, sondern nur diejenigen, die ihrer weiblichen Natur entsprächen, wie soziale und caritative Tätigkeiten, der Beruf der Lehrerin, der Erzieherin und auch der Juristin oder der Ärztin. Mit der bürgerlichen Frauenbewegung teilte die konfessionelle die Annahme einer unterschiedlichen Natur der Geschlechter. Unabhängig von tatsächlicher Mutterschaft galt ihr die Mütterlichkeit als *der* Ausdruck weiblichen Wesens und der Aufgabe der Frau. „Geistige Mütterlichkeit" sollte alles Wirken der Frauen auszeichnen und die gesamte Gesellschaft verändern. Diese Beschreibung der weiblichen Natur mag recht klischeehaft und reaktionär klingen, doch im damaligen Kontext verfügte sie durchaus über ein gesellschaftskritisches Moment. Denn weibliche Wärme, Emotionalität und Ganzheitlichkeit wurden ausdrücklich den männlichen Prinzipien der Konkurrenz, des Eigennutzes und der Bürokratisierung entgegengehalten sowie den Zerstörungen, die die Industrialisierung verursacht hatte. Die Frauen wurden durch die geistige Mütterlichkeit nicht auf Heim und Familie festgelegt, sondern zu einer öffentlichen Tätigkeit und Wirksamkeit, ja zu einer kulturellen Mission aufgefordert. Verbunden wurde das Interesse an Bildung, Berufstätigkeit und kultureller Mission von Frauen z.b. in der Professionalisierung der Sozialarbeit, die in dieser Zeit begann.

Die Gründung konfessioneller, kirchlich orientierter Frauenverbände, die sich als Frauenbewegung verstanden, war auch von dem Interesse getragen, die Frauen, die sich der Frauenbewegung verbunden fühlten, in den Kirchen zu halten und nicht an säkulare Organisationen zu verlieren. Nicht wenige Frauen suchten selbst nach einer Möglichkeit, wie sie ihre Sympathien für die Frauenbewegung und ihre christliche Überzeugung miteinander vereinbaren könnten. Die soziale Arbeit der zumeist bürgerlichen Frauen sollte darüber hinaus die Attraktivität der Sozialdemokratie und der sozialdemokratischen Frauenbewegung abschwächen. Doch gelang es den konfessionellen Verbänden nicht, eine Organisation für alle katholischen bzw. evangelischen Frauen zu werden. Denn die soziale und caritative Arbeit geschah im Rahmen einer gesellschaftlichen Hierarchie von oben nach unten, und im Zweifelsfall wogen Klasseninteressen stärker als die gemeinsame Konfessionszugehörigkeit. Im katholischen Bereich kann man dies z.B. an der Diskussion um die rechtliche Stellung der Dienstmädchen in bürgerlichen Haushalten ablesen.

Von der sozialdemokratischen Frauenbewegung trennten die konfessionelle Frauenbewegung Welten: Vertraten diese mit dem Prinzip der geistigen Mütterlichkeit, modern gesprochen, ein Differenz-Konzept, verfochten jene eine radikale Gleichheit der Geschlechter. Akzeptierte diese prinzipiell die bestehende gesellschaftliche Ordnung, wollte jene ihre revolutionäre Veränderung.

Auch der radikale Flügel der bürgerlichen Frauenbewegung stieß bei der evangelischen und katholischen Frauenbewegung auf Ablehnung. Dies hatte seinen Grund in dessen Haltung zur weiblichen Sexualität. Die radikale Frauenbewegung war der einzige Ort in der Frauenbewegung, an dem überhaupt über so etwas wie weibliche Sinnlichkeit und sexuelle Bedürfnisse von Frauen gesprochen werden konnte. Die Neue Ethik der radikalen Frauenbewegung umfaßte z.B. die Erleichterung der Ehescheidung, die Propagierung der freien Liebe, die Streichung des § 218 und die Gleichstellung nichtehelicher Kinder. Alle diese Forderungen waren geeignet, nicht nur die kirchlichen Frauen, sondern auch die sog. gemäßigten aus dem bürgerlichen Lager abzuschrecken.

Neuere feministische Forschungen zur radikalen Frauenbewegung weisen auf, daß diese, insbesondere der Bund für Mutterschutz, eine große Affinität zu eugenischem und rassistischem Gedankengut hatte. So zeigt sich die Ablehnung der christlichen Sexualmoral noch einmal in einem anderen Licht. Wurde diese Ablehnung auf der einen Seite damit begründet, daß die christliche Sexualmoral die Sexualität auf die Ehe beschränke und deshalb den Bedürfnissen von Frauen nach einer ungebundenen Sexualität entgegenstände, so gab es auf der anderen Seite auch eine rassistische Begründung. Die christliche Ethik habe eine „rasseverschlechternde" Wirkung; demgegenüber müsse die Neue Ethik eugenisch orientiert sein (vgl. Sauer-Burghard).

Im Bund Deutscher Frauenvereine blieben die sozialdemokratischen Organisationen bewußt ausgeschlossen, während einige Organisationen der radikalen Frauenbewegung Mitglied waren. Dem von Helene Stöcker gegründeten Bund für Mutterschutz, der die Neue Ethik vertrat, wurde dagegen (mit den Stimmen des DEF) die Aufnahme verweigert.

Die Abgrenzung von der sozialdemokratischen und der radikalen Frauenbewegung wurde von der konfessionellen Frauenbewegung zwar aus religiösen Motiven heraus begründet; doch unterschied sich ihre Ablehnung und Ausgrenzung nicht von der der übrigen bürgerlichen Frauenbewegung.

Ebenso wie die bürgerliche trat die konfessionelle Frauenbewegung nicht für das Stimmrecht für Frauen ein. Der DEF forderte zwar das kirchliche und das kommunale Wahlrecht mit der Begründung, daß die (kirchliche und die kommunale) Gemeinde als „erweiterte Familien" ein genuiner Wirkungsbereich von Frauen und so ihr Mitspracherecht dringend erforderlich sei. Das allgemeine politische Wahlrecht durchzusetzen, galt als nicht opportun, weil man befürchtete, daß dann „staatsfeindliche" Parteien gestärkt würden. Die Ironie der Geschichte zeigte sich aber später darin, daß die Sozialdemokratie zwar 1918 das Frauenstimmrecht durchsetzte, die konservativen Parteien aber, und darunter vor allem das Zentrum, überdurchschnittlich viele Stimmen von Frauen erhielten. (s.u.)

Überhaupt war die Haltung der bürgerlichen Frauenbewegung gegenüber Staat und Gesellschaft eher von einer ausgesprochenen Pflicht-Begeisterung gekennzeichnet als von der Forderung nach staatsbürgerlichen Rechten. Ihren traurigen Höhepunkt fand diese Einstellung im Ersten

Weltkrieg, in dem die bürgerliche Frauenbewegung und mit ihr die katholischen und evangelischen Frauen ihr oberstes Ziel darin sahen, nicht den Interessen von Frauen, sondern der Nation zu dienen. Die kirchlichen Verbände schlossen sich dem Nationalen Frauendienst an, der eine generalstabsmäßig geplante Wohlfahrtsarbeit durchführte und in dem alle konfessionellen, internationalistischen oder feministischen Interessen auf dem Altar der Nation geopfert wurden.

Die Berührungspunkte der konfessionellen Frauenbewegung mit der gemäßigten bürgerlichen Frauenbewegung sind also so zahlreich und die Positionen so übereinstimmend, daß wir fragen müssen, was nun das „Katholische" bzw. das „Evangelische" an den konfessionellen Bewegungen gewesen sein soll. Dabei ergeben sich auch einige interessante Unterschiede zwischen den Konfessionen.

Dem Katholischen Frauenbund galt das „Katholische" als der Grundpfeiler der katholischen Frauenbewegung. Dabei berief man sich sehr häufig auf die „katholische Weltanschauung", ohne genauer zu erklären, was dies nun eigentlich bedeutete oder worin man sich hier nun genau von der bürgerlichen Frauenbewegung unterschied. Moralische Aussagen, die mit der katholischen Weltanschauung begründet wurden, wie z.B. der Widerstand gegen die Neue Ethik, spiegelten hauptsächlich die herrschende bürgerliche Moral wieder und wären auch ohne eine religiöse Begründung ausgekommen. Es scheint so, als sei die katholische Weltanschauung weniger mit bestimmten *Glaubensinhalten* verbunden worden als vielmehr mit der Loyalität zur katholischen Kirche, einer Anerkennung ihrer Autorität und mit einer bestimmten sozialen Identität. Das unterscheidende Element zur religiös indifferenten bürgerlichen Frauenbewegung wäre dann nicht ein theologisch reflektierter christlicher Glaube, sondern eine kirchlich-konfessionelle Identität. Diese wog im Konfliktfall schwerer als die Verbundenheit mit der Frauenbewegung als ganzer, brach also die Frauensolidarität.

Die evangelische Frauenbewegung verstand sich als christlicher Teil der Frauenbewegung, der sich am Evangelium orientierte, in dem Gottes Wort geoffenbart sei. An diesem fand die Frauenbewegung ihr Ziel und ihre Schranken. Die Sittenvorschriften der Bibel wären aber aus ihrem Kontext heraus zu verstehen, also zeitgebunden, und ständen der Teilnahme der Frauen am modernen Leben nicht entgegen. Höchstes Ziel der evangelischen Frauenbewegung war die Frau als sittlich reife Persönlichkeit. Eine solche werde sie durch die Bildung eines christlichen Gewissens, dem allein sie in ihren Handlungen verantwortlich sei. Erlangt werde ein solches Gewissen durch die Selbstzucht. Zur Aufgabe der Frauen als ganzheitlicher, sittlich verantwortlicher Persönlichkeiten gehöre es auch, den Männern dieses ganzheitliche Persönlichkeitsideal vor Augen zu führen und sie auf das moralische Niveau der Frauen zu heben.

Im politischen Feld setzte sich weder die evangelische noch die katholische Frauenbewegung für das Stimmrecht für Frauen oder für politische Betätigung von Frauen ein. Doch als die Einführung des Wahlrechts absehbar wurde, waren die konfessionellen Frauenverbände nicht unvorbereitet. Die zurückhaltende Einstellung wich einer parteipolitischen Orientierung der katholischen Frauen am Zentrum und der evangelischen Frauen an der Deutschnationalen Volkspartei (DNVP). So brachte die Beteiligung von Frauen an den Wahlen zunächst auch den konservativen Parteien Gewinne, insbesondere dem Zentrum. Der Anteil der Wählerinnen lag beim Zentrum deutlich über dem der Wähler, wohingegen die Sozialdemokratie und die Kommunistische Partei mehr Stimmen von Männern als von Frauen erhielten. In katholischen Gebieten wurde darüber hinaus eine größere Differenz zwischen den Voten von Frauen und Männern als in protestantischen festgestellt. Die ersten weiblichen Abgeordneten kamen überwiegend aus den Verbänden.

Ein weiterer Unterschied zwischen katholischer und evangelischer Frauenbewegung besteht hinsichtlich des Nationalismus. Für die Zeit des Ersten Weltkrieges dürfte der Grad der Nationalisierung und der Identifizierung mit nationalen Zielen in etwa gleich gewesen sein. Doch wurde nach der Novemberrevolution von 1918 der Nationalismus für den Deutsch-Evangelischen Frauenverband ein konstitutives Element, das an die Stelle der Identifikation mit der Frauenbewegung und ihren Zielen trat. Nationale Interessen standen allemal über der Gemeinsamkeit und Solidarität aller Frauen. Die Nation als Symbol und die Loyalität gegenüber nationalen Interessen nahm nun in der evangelischen Frauenbewegung den Platz ein, den in der katholischen Frauenbewegung die Kirche innehatte, denn im Konfliktfall standen die Autorität der Kirche und die Treue zur Kirche allemal über der Frauensolidarität.

So bieten die evangelische und die katholische Frauenbewegung im frühen 20. Jahrhundert ein recht schillerndes Bild. Auf der einen Seite kann ihnen nicht abgesprochen werden, ein Teil der Frauenbewegung zu sein, auf der anderen Seite ist die Skepsis auf seiten der säkularen Frauenbewegung und der feministischen Forschung gegen die Bindung der katholischen Frauenbewegung an die Kirche und der evangelischen an einen nationalen Konservativismus zumindest verständlich. Doch zeigt der Blick auf die bürgerliche Frauenbewegung, daß auch sie aus der Perspektive eines heutigen Feminismus ambivalent erscheinen muß.

Verwendete Literatur:

KAUFMANN Doris, Frauen zwischen Aufbruch und Reaktion. Protestantische Frauenbewegung in der ersten Hälfte des 20. Jahrhunderts, München 1988

KAUFMANN Doris, Die Ehre des Vaterlandes und die Ehre der Frauen oder der Kampf an der äußeren und inneren Front. Der Deutsch-Evangelische Frauenbund im Übergang vom Kaiserreich zur Weimarer Republik, in: EvTh 46 (1986) 277–292

MOLTMANN-WENDEL Elisabeth, Christentum und Frauenbewegung in Deutschland, in: dies. (Hg.), Frauenbefreiung. Biblische und theologische Argumente, 4., veränd. Aufl., München 1986, 13–77

SAUER-BURGHARD Brunhilde, Frauenbefreiung und „Rassenveredelung". Eugenisches und rassehygienisches Gedankengut im feministischen Diskurs der historischen radikalen Frauenbewegung, in: beiträge zur feministischen theorie und praxis 17 (1994) H. 38, 131–144

SCHERZBERG Lucia, Die katholische Frauenbewegung im Kaiserreich, in: LOTH Wilfried (Hg.), Deutscher Katholizismus im Umbruch zur Moderne, Stuttgart u.a. 1991, 143–163

ZURLINDEN-LIEDHEGENER Astrid, Möglichkeiten und Grenzen der katholischen Frauenbewegung. Das Frauenbild der katholischen Frauenbewegung im Spiegel der Zeitschrift „Die Christliche Frau" (1902–1918), Dipl.arb. Münster 1989 (zugänglich über: Bibliothek „Feministische Theologie" an der Kath.-Theol. Fakultät in Münster)

Weitere Literatur:

BIELER Andrea, Konstruktionen des Weiblichen. Die Theologin Anna Paulsen im Spannungsfeld bürgerlicher Frauenbewegung der Weimarer Republik und nationalsozialistischer Weiblichkeitsmythen, Gütersloh 1994

Frauenforschungsprojekt zur Geschichte der Theologinnen, Göttingen, „Darum wagt es Schwestern…". Zur Geschichte evangelischer Theologinnen in Deutschland, Neukirchen–Vluyn 1994

KAUFMANN Doris, Vom Vaterland zum Mutterland. Frauen im katholischen Milieu der Weimarer Republik, in: HAUSEN Karin (Hg.), Frauen suchen ihre Geschichte. Historische Studien zum 19. und 20. Jahrhundert, München 1982, 250–275

SACK Birgit, Katholische Frauenbewegung, katholische Jugendbewegung und Politik in der Weimarer Republik: Standorte, Handlungsspielräume und Grenzen im Kontext des Generationenkonflikts, in: GÖTZ VON OLENHUSEN Irmtraut (Hg.)

Vorschlag für Seminare und Arbeitsgruppen:

Kopiervorlage: Das Frauenstimmrecht im Deutschen Reichstag, in: Die Christliche Frau 12 (1913/14) 211–213

III: Feministisch-theologische Kritik

Feministische Sprachkritik und feministisch-historische Kritik weisen an vielen Stellen bereits über ihren je eigenen Gegenstand hinaus auf systematisch-theologische Fragestellungen und Probleme. Feministische Kritik zielt also auf das Herz der Theologie und das Zentrum des Glaubens, die Beziehung zu Gott. So führt z.B. die Diskussion um Gottesbilder und um das Symbol der Göttin zu der Frage, wie sich eine Feministische Theologie zu dem Ein-Gott-Glauben der jüdischen und christlichen Tradition verhält. Auch die traditionelle Christologie wird von vielen feministischen Theologinnen skeptisch betrachtet. Die Rede vom Geist Gottes, die Pneumatologie, bedeutet dagegen für manche feministische Theologin einen Hoffnungsschimmer für die Chance, eine weiblich geprägte Rede von Gott zu entwickeln.

Feministisch-*theologische* Kritik beleuchtet daher die bisher erschlossenen zentralen Fragen Feministischer Theologie noch einmal im Licht systematisch-theologischer Begrifflichkeit. So gibt sie feministisch-theologischer Arbeit einen Rahmen und eröffnet gegenüber der traditionellen Theologie neue Horizonte.

11. Kapitel
Das feministisch-theologische Problem mit
dem Monotheismus

Das Bekenntnis zu dem (!) einzigen Gott ist *die* Glaubensaussage Israels und der Kirche sowie ihr wichtigstes Identitätsmerkmal. Wenn Feministische Theologie sich also mit dem Monotheismus auseinandersetzt, fragt sie gleichzeitig nach ihren eigenen jüdischen und christlichen Wurzeln und nach der Kontinuität, in der sie zu dieser Tradition steht.

Woher kommt nun das feministische Problem mit dem Monotheismus? Wenn der (!) einzige Gott männlich gedacht und angesprochen wird, wie dies in der christlichen und der jüdischen Tradition überwiegend geschieht, bleibt wenig Raum für eine weibliche Rede oder eine weibliche Vorstellung von Gott. Darüber hinaus hatte die Entwicklung des Monotheismus in Israel, wie wir bereits erörtert haben, die Konsequenz, daß die Verehrung von Göttinnen mit einem Tabu belegt wurde. Diese Göttin-Traditionen haben sich für den Gottesglauben des Ersten Testaments als unhaltbar herausgestellt. Dieser Tatsache muß sich eine systematisch reflektierende Feministische Theologie stellen. Allerdings dürfen nicht vorschnell Konsequenzen gezogen werden: Es gilt also, weder diesen Tatbestand zu beschönigen noch den Monotheismus oder gar das Judentum als schuldig am Verschwinden der Göttin zu erklären.

In dieser Frage trifft sich der feministische Vorbehalt mit einer zeitgenössischen philosophischen Kritik am Monotheismus. Galt der Monotheismus lange Zeit als die entscheidende Errungenschaft für die kulturelle Entwicklung des Abendlandes, so erscheint er in dieser Kritik als die Ursache der gegenwärtigen globalen Krise. Denn er leiste einem totalitären Einheitsdenken Vorschub, er trenne dualistisch Gott vom Menschen und von der Welt und fördere die Gewaltausübung. Der Absolutheitsanspruch des Christentums und die Geschichte der Gewalt, die damit verbunden sei, sei letztlich auf das Alte Testament zurückzuführen, auf diejenigen Texte, die von Rache, Krieg und Gewalttaten im Namen Gottes sprächen. An die Stelle des Monotheismus müsse eine pluralistische Vielfalt von Mythen treten – eine Poly-Mythie –, und der dualistische Weltbegriff müsse durch eine erdverbundene Spiritualität abgelöst werden, in der Welt und Kosmos als göttlich gälten.

Viele feministische Theologinnen betrachten die Verachtung von Frauen und die Gewalt gegen Frauen als eine Form der allgemeinen patriarchalen Naturzerstörung und Leibfeindlichkeit. Mary Daly sieht einen unmittelbaren Zusammenhang zwischen dem Glauben an einen einzigen männlichen Gott und der Gewalt gegen Frauen. Denn wenn Gott männlich sei, werde das Männliche zu Gott, und die Unterordnung und Minderbewertung von Frauen sei damit religiös festgeschrieben. Auch die feministischen Theologinnen, die Mary Daly hier nicht folgen, plädieren für eine Form des Monotheismus, die nicht ausgrenzend ist – für einen inklusiven Monotheismus, wie Judith Plaskow dies genannt hat.

Auf scharfe Kritik ist inzwischen der offene oder versteckte Antijudaismus der monotheismuskritischen Positionen gestoßen. Wenn der Glaube an den einzigen Gott, wie er in Israel entstand, an der gegenwärtigen globalen Krise oder an der Verdrängung des Weiblichen aus dem Gottesbild schuld sein soll, erinnert dies doch sehr stark an „klassische" antisemitische Schuldzuweisungen an „die Juden". Und wird das Judentum als verantwortlich für den Tod der Göttin bezeichnet, lebt der alte christliche antijudaistische Vorwurf des Gottesmordes im feministischen Gewand wieder auf. Es ist folglich äußerste Sensibilität geboten, wenn christliche feministische Theologinnen sich mit der Monotheismusfrage auseinandersetzen. Dies darf nicht als Denkverbot mißverstanden werden, denn auch innerhalb der jüdischen Feministischen Theologie hat eine Diskussion um die problematischen Aspekte des Monotheismus begonnen.

Feministische Theologie muß sich exegetisch und religionsgeschichtlich damit beschäftigen, wann, wie, wo und unter welchen Bedingungen sich die Verehrung von JHWH allein entwickelt und durchgesetzt hat. Dies gilt vor allem für den umstrittenen Zeitpunkt und die Trägergruppe der JHWH-allein-Verehrung. Wenn die Verehrung von JHWH allein zunächst von kleineren Gruppen in Israel vertreten wurde und sich schubweise verbreitete, dann hat es möglicherweise eine israelitische Religion gegeben, die nicht allein an JHWH gebunden war. Das Bekenntnis zu JHWH allein wäre dann das Ergebnis eines langen Prozesses im Innern Israels selbst. Diese von Exegeten vertretene Theorie kommt dem spezifischen Interesse feministischer Theologinnen mehr entgegen als die von anderen Exegeten entwickelte Theorie, daß das Bekenntnis zu dem einzigen Gott bereits sehr früh und auf einer breiten Basis in Israel entstanden sei. Die erstgenannte Perspektive läßt feministischen Theologinnen mehr Raum, nach der Verehrung weiblicher Gottheiten zu fragen oder nach der Rolle, die Frauen im kultischen Bereich spielten u.ä.m. Die mögliche Verehrung einer Göttin in Israel wäre dann nicht von vornherein nur negativ besetzt als Götzendienst, der ausgerottet werden müsse. Voraussetzung dafür, diese Theorie produktiv zu nutzen, ist allerdings, daß nicht umgekehrt die Ausbreitung der JHWH-allein-Verehrung als Negativgeschichte gekennzeichnet wird.

Trotz allem aber bleibt das Ergebnis: Die Verehrung einer Göttin, vor allem im Sinne einer Erd- und Vegetationsgöttin, ist für den Gottesglauben des Ersten Testaments nicht tragbar gewesen. Wir können nicht legitimerweise von der Erde oder der Natur als Weiblich-Göttlichem sprechen, weil Erde und Natur zu den *Geschöpfen* Gottes gehören.

Dennoch kennt das Erste Testament Möglichkeiten einer weiblichen Gottesrede. Da ist zunächst die Mutter-Metaphorik für JHWH, die selbst dort erscheint, wo – wie bei Hosea – entschieden gegen die Verehrung der Göttin gekämpft wird. Z.B. haben Helen Schüngel-Straumann an Hos 11 und Erich Zenger an Ps 131 gezeigt, wie JHWH als stillende Mutter dargestellt wird.[20]

In der weiblichen Personifikation der Weisheit erkennt Israel Gott im Bild einer Frau. In einer Zeit, als die Diskussion um die Verehrung JHWHs allein abgeschlossen ist, wird die weibliche Gestalt der Weisheit nicht mehr als Bedrohung des Ein-Gott-Glaubens, sondern als dessen Bereicherung empfunden. So kann die Weisheit und ihre Einbindung in den Ein-Gott-Glauben vielleicht ein Vorbild dafür sein, wie ein inklusiver, nicht ausgrenzender Monotheismus aussehen könnte.

Auch die prophetische Tradition ist trotz ihrer vehementen Göttin-Kritik für feministische Theologinnen nicht einfach beiseite zu legen. Denn gerade an ihr zeigt sich, daß der biblische Ein-Gott-Glaube nicht mit einem totalitären Einheitsdenken verbunden ist, sondern mit dem Einsatz für Gerechtigkeit. Der eine Gott ist solidarisch mit den Leidenden und mit den Toten, den Opfern der Geschichte, und steht für eine Vision von Gerechtigkeit – alles Anliegen, die Feministischer Theologie am Herzen liegen.

---

[20] Vgl. Hos 11,3–4: Dabei war ich es doch, der Efraim gestillt hat, indem ich ihn auf meine Arme nahm … Und ich war für sie wie solche, die einen Säugling an ihren Busen heben, und ich neigte mich zu ihm, um ihm zu essen zu geben. (Übersetzung v. H. Schüngel-Straumann)
Ps 131,2: Ich habe ruhig und still werden lassen meine Seele (an dir): wie das gestillte Kind an seiner Mutter, wie das gestillte Kind an mir ist meine Seele geworden. (Übersetzung von E. Zenger)

Die Monotheismus-Debatte führt uns zu der Frage nach den Möglichkeiten und Grenzen unserer Bilder von Gott. Denn der biblische Ein-Gott-Glaube ist untrennbar mit dem Bilderverbot verbunden. Das Bilderverbot soll Israel davor bewahren, fremde Götter zu verehren. Gleichzeitig verweist es darauf, daß Gott unverfügbar ist, und es schützt diejenigen Bilder für Gott, die die biblischen Schriften benutzen. Denn gerade das Erste Testament ist ja voll von Bildern – Metaphern, Symbolen, Bildreden. Widerspricht sich die Bibel hier selbst?

Die Exegeten Jürgen Ebach und Erich Zenger betonen, daß beim Bilderverbot der Akzent nicht auf dem Bild, sondern auf dem Bilder*machen* liegt. Es gibt einen Unterschied zwischen den Bildern, die angefertigt werden, und denjenigen, die von selbst kommen.

Maßstab aller Gottesbilder des Ersten Testaments ist die Offenbarung Gottes am Sinai. Niemand kann das Angesicht Gottes sehen, vielmehr sind das Hören und das Tun die „Sinne", mit denen Gott erkannt werden kann. Die sichtbaren Elemente der Gotteserscheinung am Sinai – Gewitter, Wolken, Feuer, Rauch und Beben der Erde – verdichten sich in der *Stimme*, mit der Gott zu Mose spricht. Zenger spricht daher von den vielen Bildern der Theophanie als einem „Hör-Bild".

Diese Hörbilder vom Sinai machen klar: Alle Bilder von Gott sind nur wahr im Zusammenhang mit dem Wort, d.h. mit den biblischen Geschichten, in deren Kontext sie entstanden. Die Bilder, die Gottes Gegenwart am Sinai anzeigen, müssen also im Kontext des Exodus, der Befreiung aus Ägypten, gedeutet werden.

Das Bilderverbot und die Hör-Bilder am Fuß des Sinai sind für die Feministische Theologie deshalb so wichtig, weil sie die Vergötzung des Männlichen offenbar machen und als eine Projektion entlarven. Alle männlichen Bilder von Gott (und natürlich auch die weiblichen) sind nicht in der Lage zu sagen, wer und wie Gott ist. Immer schweben sie in der Gefahr, selbst hergestellte Bilder für Gott, d.h. Projektionen zu sein, in denen die Menschen allenfalls ihr eigenes Spiegelbild sehen.

Wichtig ist das Bilderverbot auch für die feministisch-theologische Selbstkritik. Denn das Haupt-Motiv feministischer Kritik an einseitig männlichen Gottesbildern und männlicher Gottesrede ist die mangelnde Möglichkeit von Frauen, sich selbst im Bild des Göttlichen wiederzufinden und sich damit zu identifizieren. Weibliche Gottesrede, weibliche Bilder für Gott oder das Symbol der Göttin sollen diesem Mangel abhelfen und damit zur individuellen und gesellschaftlichen Aufwertung von Frauen beitragen. Dabei wird so manches Mal in einer Weise argumentiert, als habe es nie eine Religionskritik gegeben, als habe niemals eine kritische Philosophie die Gottesbilder als menschliche Projektionen bezeichnet. Manch eine selbstkritisch argumentierende feministische Theologin hat dies erkannt, aber bisher immer nur unter Vorbehalt zu formulieren gewagt: Es sei noch zu früh für eine solche Kritik. Doch nun, nach mehr als zwanzig Jahren Feministischer Theologie, auch in Europa, sollte es nicht mehr zu früh sein, solche Fragen zu stellen:

Ist wirklich das Entscheidende über Gott gesagt, wenn ich mich als Frau (oder ein Mann als Mann) in dem Gesprochenen, in dem Bild, das verwandt wurde, wiederfinde? Oder besteht meine vermeintliche Gotteserkenntnis dann nur aus meinem Spiegelbild?

Die Religionskritik Feuerbachs bezog sich darauf, daß Gott zugesprochen würde, was eigentlich den Menschen als ihr Höchstes gehörte: absolute Selbsthabe und Selbstaktualisierung. Ziel seiner Kritik war, daß die Menschen sich ihr Eigenes von diesem Gottesbild wieder zurückholen sollten. Wenn nun feministische Theologinnen die Selbstfindung und Selbstaktualisierung von Frauen im Gottesbild ausdrücken wollen oder gar von der Veränderung des Gottesbildes abhängig machen, dann kehren sie den Prozeß, den Feuerbach initiieren wollte, wieder um. Sie projizieren wieder das, was eigentlich ihnen selbst gehört, auf ein imaginäres Göttliches. Dies kommt einer Re-Mythologisierung gleich. Um sie selbst zu werden, ihr Menschenrecht, Gerechtigkeit und physische und psychische Integrität einzuklagen, brauchen Frauen keine Göttin und kein irgendwie weibliches Gottesbild – dazu brauchen sie überhaupt kein Gottesbild. Eine Re-Mythologisierung trägt vielmehr dazu bei, daß gesellschaftliche Probleme und Konfliktfelder nicht politisch bearbeitet und gelöst werden, sondern in den religiösen Bereich verschoben werden. Konkret: Zur gesellschaftlichen Aufwertung von Frauen tragen eine Quotenregelung und die konsequente Förderung von Frauen in allen Bereichen mehr bei als alles Herumexperimentieren mit weiblichen Gottesbildern.

Den Gegnern Feministischer Theologie, die sich bei solchen Worten schon die Hände reiben, sei an dieser Stelle nochmals deutlich gesagt, daß das Bilderverbot und der Projektionsverdacht mit noch größerer Wucht alle männlichen Vergötzungen Gottes treffen: Gott ist kein Mann, kein Vater, kein König, kein Richter, kein Herrscher, kein Ehemann und was es an männlichen Bildern sonst gibt. Wer auch nur den Anschein erweckt, Gott sei in irgendeiner Weise männlich, betreibt Götzendienst oder leistet ihm Vorschub.

Genügt nun aber der Verweis auf das Bilderverbot für die feministische Kritik der Gottesbilder? Oder bleibt dann alles nur beim alten, weil viele dem sicher zustimmen und weiter die alten männlichen Gottesbilder gebrauchen werden? Die Aufgabe einer feministischen Theo-logie im eigentlichen Sinne des Wortes wäre, so von Gott zu sprechen, daß Begegnung mit Gott und Erkenntnis Gottes, und zwar von Frauen und Männern, sowohl ausgedrückt als auch ermöglicht wird. Dazu bedarf es der metaphorischen Rede.

Der Dogmatiker Jürgen Werbick hat sich intensiv mit der metaphorischen Rede von Gott auseinandergesetzt. Er definiert eine Metapher so, daß einem Subjekt ein Prädikat zugeordnet wird, das auf den ersten Blick gar nicht zu ihm zu passen scheint. Daraus entsteht eine Irritation, die dazu auffordert, herauszufinden, warum die metaphorische Bezeichnung vielleicht doch stimmig ist. Hinter jeder Metapher stehen Erfahrungen und eine bestimmte Geschichte, die zu der gewählten Bezeichnung geführt und diese als die angemessene haben erkennen lassen. Da Metaphern uns nicht für alle Zeiten festlegen, können sich zu einem anderen Zeitpunkt andere Metaphern als treffender erweisen.

Gott-Metaphern sind also keineswegs unmittelbar einleuchtend oder selbstverständlich, sondern verbinden Unverträgliches mit Gott. Wenn sie unmittelbar eingängig und verständlich erscheinen, ist sogar höchstes Mißtrauen geboten, denn in einem solchen Bild, das keine Spannung mehr enthält, wird Gott gerade nicht verstanden. Nur wenn die Unverträglichkeit der Bezeichnung mit Gott selbst wahrgenommen wird, öffnet sich eine Tür zu wirklicher Gotteserkenntnis. Nicht das Bild selbst ist das Medium der Gotteserkenntnis, sondern die Spannung, die die Metapher dadurch erzeugt, daß sie eigentlich unpassend ist. Am Ende eines solchen Erkenntnisprozesses steht das Verstehen dessen, worin das in der Metapher Gesagte Gott entspricht.

Metaphern für Gott können auch mißverständlich sein oder in die falsche Richtung weisen. Deshalb ist es die Aufgabe der Theologie, an den Gott-Metaphern zu arbeiten, sie zu überprüfen und ggf. zu korrigieren. Dies geschieht mit Hilfe eines begrifflichen Instrumentariums. Die Metaphern sollen also nicht in Begriffe überführt werden, sondern die theologischen Begriffe sind lediglich ein Hilfsmittel.

Diese eher theoretischen Ausführungen werden für Feministische Theologie praktisch, wenn sie auf weibliche und männliche Metaphern für Gott angewandt werden. Ich möchte dies am Beispiel der Mutter- und der Vater-Metapher für Gott ausführen:

Gott „Mutter" zu nennen, erzeugt im doppelten Sinne eine semantische Unverträglichkeit – zum einen, weil wir an männliche Bezeichnungen für Gott mehr gewöhnt sind als an weibliche, zum andern, weil Gott menschlich gedacht wird. Eine menschliche Mutter ist aber kein perfektes Wesen, das nur aus Liebe, Güte, Zuwendung, Geborgenheit, Nähren und ähnlichen positiv besetzten Verhaltensweisen besteht. Menschliches Mutter-Sein ist allemal auch geprägt von Ungeduld, Überforderung, negativen Gefühlen gegenüber dem Kind, Überbehütung oder Vernachlässigung u.ä. Die Ambivalenz des Mutterbildes wird auch dann deutlich, wenn Frauen dieses Bild für Gott spontan ablehnen, weil sie das gespannte Verhältnis zu ihrer eigenen Mutter nicht in ihr Gottesbild hineintragen wollen. Gerade diese Spannung aber könnte zum Medium eines neuen Gott-Verstehens werden. Wichtig sind die Geschichten, die von Müttern und von Töchtern (und auch Söhnen) erzählt werden können, die das Mutter-Sein oder das Tochter-Sein in Beziehung zu ihrem Gottesverhältnis bringen. So kennt das Erste Testament, wie wir bereits gesehen haben, Mutter-Metaphern für Gott, die auf dem Hintergrund solcher Geschichten transparent werden, wie z.B. das Gestillt-Sein der Seele an Gott.

Für die Vater-Metapher muß die semantische Unverträglichkeit erst einmal wieder ins Bewußtsein rücken, weil wir so an dieses Bild gewöhnt sind, daß es eigentlich nichts mehr sagt. Nichts ist dazu geeigneter als die feministische Kritik. Denn durch sie wird das Vaterbild für Gott aus seiner scheinbaren Selbstverständlichkeit gerissen. Die Unverträglichkeit sieht dann so aus: Gott ist (wie ein) Vater, *obwohl* Väter ihre Kinder mißhandeln, vergewaltigen, sexuell mißbrauchen. Gott ist Vater, *obwohl* Väter für ihre Kinder abwesend sind, obwohl Männer sich vor ihrer Aufgabe als Väter und Partner drücken. Gott ist Vater, *obwohl* Väter ihre ökonomische Überlegenheit ausnutzen, Frauen und Kinder in Abhängigkeit zu halten.

Wenn es gelingt, diese Unverträglichkeit der Vater-Metapher mit Gott nicht nur in feministischen Kreisen wiederzuentdecken, wäre schon viel gewonnen. Theologie, Liturgie und kirchliche Sprache sollten in bezug auf die Vater-Metapher zwar nicht die Geschichten von Gottes Zuwendung und Sorge vergessen, die in den biblischen Schriften zu dieser Metapher geführt haben – sie sollten aber wesentlich zurückhaltender mit dem Vaterbild umgehen, als dies bis heute geschieht.

Die Besinnung auf den metaphorischen Charakter aller Rede von Gott hilft ebenfalls dabei, theologische Kurzschlüsse zu vermeiden. So kann man bei Theologen wie Karl Barth, Wolfhart Pannenberg oder Balthasar Fischer lesen, daß die Vater- und die Mutterbezeichnung für Gott wesentlich unterschieden seien. „Vater" sei als Eigenname Gottes und der ersten trinitarischen Person zu verstehen bzw. gehöre zum Wesen Gottes. In der feministischen Forderung, die Vateranrede Gottes durch „Mutter" zu ersetzen, würden religiöse Vorstellungen naiv als bloße Funktion sozialer Verhältnisse vorausgesetzt. (Pannenberg) Eine solche Argumentation übersieht den metaphorischen Charakter, der auch den trinitarischen Bezeichnungen eignet, und verdunkelt die Gotteserkenntnis, weil die Spannung zwischen der Bezeichnung „Vater" und Gott selbst nicht mehr gesehen und artikuliert werden kann.

Für eine feministisch-theologische Auseinandersetzung mit der Trinitätslehre dürfte dieser Gedanke von den den Grundbegriffen der Trinität zugrundeliegenden Metaphern wegweisend sein. Jürgen Werbick schreibt: „Will man sie (die Metaphern; LS) als solche kenntlich machen, so kann man das unausgesprochene metaphorische ‚Wie' jeweils aussprechen und formulieren: Gott ist *wie* eine dreifache Beziehungswirklichkeit, *wie* drei Personen eines Wesens …; die drei göttlichen Personen sind füreinander (und für uns) *wie* Vater, Sohn und Heiliger Geist." (Werbick 518)

Im Rahmen dieses Buches kann eine solche Diskussion um ein feministisch-theologisches Verständnis der Trinitätslehre aber nur angeregt und noch nicht durchgeführt werden.

Verwendete Literatur:

DALY Mary, Gyn/Ökologie. Eine Meta-Ethik des radikalen Feminismus, München 1981
DALY Mary, Jenseits von Gottvater, Sohn & Co. Aufbruch zu einer Philosophie der Frauenbefreiung, 4. erw. Aufl. München 1986
FEUERBACH Ludwig, Das Wesen des Christentums, 3. Aufl. Leipzig 1849
JAKOBS Monika, Frauen auf der Suche nach dem Göttlichen. Die Gottesfrage in der Feministischen Theologie, Münster 1993
JOHNSON Elizabeth A., Ich bin die ich bin. Wenn Frauen Gott sagen, Düsseldorf 1994
KOHN-LEY Charlotte/KOROTIN Ilse (Hg.), Der feministische „Sündenfall"? Antisemitische Vorurteile in der Frauenbewegung, Wien 1994 (darin bes. die Beiträge von Susanne Heine, Susannah Heschel und Anita Natmeßnig)
PANNENBERG Wolfhart, Christentum in einer säkularisierten Welt, Freiburg 1988
PANNENBERG Wolfhart, Systematische Theologie, Bd. 1, Göttingen 1988
PLASKOW Judith, Christian Feminism and Anti-Judaism, in: Cross Currents 28 (1978) 306–309
PLASKOW Judith, Und wieder stehen wir am Sinai. Eine jüdisch-feministische Theologie, Luzern 1992
SCHÜNGEL-STRAUMANN Helen, Gott als Mutter in Hosea 11, in: ThQ 166 (1986) 119-134

SIEGELE-WENSCHKEWITZ Leonore (Hg.), Verdrängte Vergangenheit, die uns bedrängt. Feministische Theologie in der Verantwortung für die Geschichte, München 1988

WACKER Marie-Theres/ZENGER Erich (Hg.), Der eine Gott und die Göttin. Gottesvorstellungen des biblischen Israel im Horizont Feministischer Theologie, Freiburg 1991

WACKER Marie-Theres, Feministisch-theologische Blicke auf die neuere Monotheismus-Diskussion. Anstöße und Fragen, in: Wacker/Zenger a.a.O., 17–48

WERBICK Jürgen, Bilder sind Wege. Eine Gotteslehre, München 1992

WERBICK Jürgen, Trinitätslehre, in: Handbuch der Dogmatik, hg. v. Theodor Schneider, Bd. 2, Düsseldorf 1992, 481–576

ZENGER Erich, Am Fuß des Sinai. Gottesbilder des Ersten Testaments, Düsseldorf 1993

Weitere Literatur:

ARELLANO Luz Beatriz, Gotteserfahrungen von Frauen im Aufbruch einer neuen Spiritualität, in: Leidenschaft und Solidarität. Theologinnen der Dritten Welt ergreifen das Wort, Luzern 1992, 207–227

HALKES Catharina J.M., Motive für den Protest in der feministischen Theologie gegen Gott den Vater, in: Concilium 17 (1981) 256–262

HAMPSON Daphne, Theology and Feminism, Oxford 1990

HOSSFELD Frank Lothar, Du sollst dir kein Bild machen! Die Funktion des alttestamentlichen Bilderverbots, in: TrThZ 98 (1989) 81–94

McFAGUE Sally, The Body of God. An Ecological Theology, London 1993

McFAGUE Sally, Metaphorical Theology. Models of God in Religious Language, London 1983

SCHAUMBERGER Christine (Hg.), Weil wir nicht vergessen wollen … Zu einer Feministischen Theologie im deutschen Kontext, Münster 1987

SÖLLE Dorothee, Gott denken. Einführung in die Theologie, Stuttgart 1990

Vorschlag für Seminare und Arbeitsgruppen:

Textausschnitt aus: PLASKOW Judith, Und wieder stehen wir am Sinai, 180–187

12. Kapitel
Eine Feministische Christologie?

Nicht weniger zentral als die Gottesfrage ist für den christlichen Glauben und die christliche Identität das Bekenntnis zu Jesus Christus. Vielen Zeitgenossinnen und Zeitgenossen, darunter auch feministischen Theologinnen, bereiten die traditionellen christologischen Vorstellungen erhebliche intellektuelle Zweifel und emotionale Vorbehalte. Für das moderne Bewußtsein scheint es wenig plausibel, daß vor 2000 Jahren eine historische Person aufgetreten ist, die die unüberbietbare Offenbarung Gottes für alle Zeiten und Räume und die Inkarnation Gottes selbst sein soll. Im Rahmen einer multikulturellen Gesellschaft und eines Pluralismus an Lebensformen, kulturellen Ausdrucksformen und religiösen Überzeugungen wird ein Absolutheitsanspruch des Christentums unter Berufung auf die Person Jesu Christi zunehmend fragwürdig. Die Geschichte von Gewalt, Ausgrenzung und Verfolgung, die dem Christentum anhaftet, läßt die Christologie bzw. den mit ihr verbundenen Exklusivitätsanspruch nicht nur intellektuell, sondern auch moralisch bedenklich erscheinen.

Für feministische Theologinnen kommt zu all diesen Problemen hinzu, daß die unüberbietbare Selbstoffenbarung Gottes in der Person eines Mannes erfolgt sein soll. Bedeutet dies nicht, daß Göttlichkeit und Männlichkeit eine noch engere Verbindung eingehen als im Vater-Bild für Gott? Führt diese Verbindung nicht dazu, daß Frauen innerhalb einer patriarchalen und androzentrischen Kultur noch mehr abgewertet und marginalisiert werden. Denn *sie* waren und sind im Unterschied zum männlichen Geschlecht nicht fähig, das Göttliche zu repräsentieren. So hat sich in Nordamerika und Europa die frühe feministische Auseinandersetzung mit der Christologie auf das Mann-Sein Jesu konzentriert, zugespitzt in der Frage, ob ein männlicher Erlöser Frauen erlösen könne. Die beiden Pole, zwischen denen sich diese Diskussion bewegte, werden von Rosemary Radford Ruether und Mary Daly markiert.

Ruether fragt, ob Frauen Jesus als Symbol für erlösendes Person-Sein verwerfen müssen, weil er darauf beschränkt bleiben muß, eine männliche Person zu sein. Um eine Antwort zu finden, will Ruether zu dem Jesus der synoptischen Evangelien zurückgehen – zu einem Jesus also, der „gereinigt" ist von mythologischen Elementen und dogmatischer Begrifflichkeit. Dieser Jesus erscheint Ruether nun als bemerkenswert vereinbar mit dem Feminismus. Er setze die prophetische Tradition fort, indem er sich für die Armen und Marginalisierten der Gesellschaft engagiere. Frauen spielten in dieser Geschichte eine wichtige Rolle.

Das Wesentliche an Jesus ist für Ruether also sein befreiendes Handeln, sein Mann-Sein bleibt demgegenüber indifferent und unwichtig. Dabei betont Ruether, daß die historische Person Jesu nicht das einzige Symbol für Erlösung, also nicht der einzige „Christus" sei. „Christus als die erlösende Gestalt und Wort Gottes dürfe nicht ‚ein für allemal' in den historischen Jesus eingekapselt werden." (Ruether, Sexismus 169). Vielmehr könne die gesamte befreite Menschheit, die Gemeinde von Schwestern und Brüdern zum Christus-Ereignis werden.

Kommt Ruether letztlich zu dem Ergebnis, daß die Männlichkeit Jesu irrelevant sei, so rechnet Mary Daly dies zu dem, was sie die sexistische Kernsymbolik des Christentums nennt. „Wenn Gott männlich ist, ist das Männliche Gott" – so lautet ihre prägnante Kurzformel. Diese Idolatrie des Männlichen werde noch zusätzlich gesteigert, wenn eine männliche Gestalt universale Erlösung bringe. Daly, die Erlösung und Befreiung von Frauen in Anlehnung an Paul Tillich als Neues Sein beschreibt, verwirft das Christussymbol. Denn unter den Bedingungen des Patriarchats könne ein männliches Symbol nicht das Neue Sein als Befreiung von der Erbsünde des Sexismus darstellen. Die patriarchalen Mythen von Sünde und Erlösung lokalisierten das Böse am falschen Ort, wenn sie es mit Weiblichkeit gleichsetzten. Deshalb sollten beide Mythen – der von der Sünde, die durch die Frau kam und der von der Erlösung, die durch einen Mann kam – abgeschafft werden.

Die zentrale Symbolik des Christentums für unrettbar sexistisch zu halten und als Konsequenz die christlichen Kirchen zu verlassen, ist der Standpunkt eines postchristlichen religiösen Feminismus. Für diejenigen feministischen Theologinnen, die innerhalb der christlichen Kirchen bleiben und wirken möchten, kommt der postchristliche Feminismus einem ständigen Stachel im Fleisch gleich. Denn er nötigt dazu, sich darüber Rechenschaft abzulegen, ob nicht die postchristlichen Feministinnen konsequenter seien. So wirft die postchristliche Theologin Daphne Hampson Rosemary Radford Ruether vor, daß sie die Christologie und eine christliche Identität retten wolle, dies aber nur um den Preis einer weitgehenden Säkularisierung, d.h. Ent-Spiritualisierung des Christentums tun könne. Diese zeige sich darin, Christus als Symbol der erlösten

Menschheit oder einer gemeinschaftlichen befreienden Bewegung zu verstehen. Ruether könne, so Hampson, Gott nur als etwas sehen, das *innerhalb* der Geschichte wirksam sei. Schließlich falle es schwer, „ihre (Ruethers; LS) Theologie überhaupt als Theologie zu sehen, im Gegensatz zu einer bloßen politischen Aufstellung dessen, was für die Befreiung des Volkes zu tun sei" (Hampson nach Hopkins 199). Es entbehrt nicht einer gewissen Ironie, daß ausgerechnet die postchristliche Feministische Theologie und Spiritualität zur Mahnung an die Feministische Befreiungstheologie wird, die religiöse Dimension des Glaubens, das Gottes-Verhältnis im eigentlichen Sinne, nicht auszuklammern.

Doch ist dies wirklich die Alternative: entweder auf jede Christologie zu verzichten und das Christentum hinter sich zu lassen oder das Christentum scheinbar zu retten, eigentlich aber aufzulösen?

Die weitere feministisch-theologische Diskussion in der westlichen Welt hat das Problem des männlichen Erlösers hin zu einer „Beziehungs-Christologie" verlagert, wie sie z.B. von Carter Heyward entwickelt wurde. Gott ist für Heyward die „Macht in Beziehung", eine innerweltliche, kreative Kraft. In gerechten menschlichen Beziehungen ist Gott anwesend und findet Erlösung statt. In-Christus-Sein bedeute, diese Kraft zu leben. Jesus, der Mensch, ist für Heyward auch nur als Mensch denkbar, denn Gott in der Welt leibhaftig werden zu lassen, sei eine menschliche Fähigkeit. Seine Beziehung zu Gott entstamme einer freiwilligen und immer wieder neu getroffenen Entscheidung, Gott zu lieben und mit Gott zusammenzuwirken. Die Beziehung werde also durch einen moralischen Akt konstituiert. Heyward lehnt die Vorstellung einer göttlichen Natur Jesu ab und ausdrücklich damit die christologischen Entscheidungen der altkirchlichen Konzilien, weil in einem solchen Verständnis die *menschliche* Fähigkeit, mit Gott zu kooperieren, auf ein mythisches Gebilde projiziert würde. Jesus als göttlich zu denken, war, ihrer Ansicht nach, verantwortlich für den Exklusivitätsanspruch des Christentums und die Ausgrenzung all derer, die die Göttlichkeit Jesu nicht akzeptieren konnten.

Ruether und Heyward halten aber dennoch daran fest, daß in und durch Jesus etwas Besonderes und Neues geschehen ist – nur ist der Akzent im Vergleich zur traditionellen Lehre etwas verlagert. So ist nicht die Person Jesu die einzigartige, einmalige Offenbarung Gottes, sondern seine *Beziehung* zu Gott ist einzigartig und vorbildhaft für die Beziehung, die ein Mensch zu Gott haben kann.

Andere feministische Theologinnen, z.B. Elisabeth Moltmann-Wendel und Christa Mulack, stellen in ihren christologischen Überlegungen in den Vordergrund, daß Jesus nicht der einsame, beziehungslose Held sei, der immer alles schon wisse und beherrsche, sondern wichtige Elemente seiner Botschaft der Belehrung durch Frauen verdanke. Besondere Bedeutung wird der Perikope von der Syrophönizierin beigemessen, die mit Jesus diskutiert und ihn überzeugt. Christa Mulack geht noch darüber hinaus, indem sie Jesus zuschreibt, sich durch die Beziehung zu Frauen die weibliche Ethik anzueignen, die Frauen in ihrem So-Sein bestätige und Männer zur Umkehr auffordere.

Zwei schwerwiegende Probleme bringen diese Versuche einer Feministischen Christologie mit sich:

Das Bemühen, auf den Menschen Jesus, den historischen Jesus zurückzugehen, der unverzerrt von dogmatischen Fixierungen ist, führt alle diese Ansätze letztlich in die gleiche Sackgasse wie die Leben-Jesu-Forschung vor mehr als 100 Jahren.[21] Die Leben-Jesu-Forscher mußten erkennen, daß es nicht möglich war, Jesus so kennenzulernen, wie er wirklich war. Denn das, was wir von Jesus aus den biblischen Quellen wissen, ist immer mit einem Glaubensbekenntnis verwoben und bereits das Ergebnis einer theologischen Reflexion. Der historische Jesus und der Christus des Glaubens lassen sich nicht säuberlich voneinander ablösen.

So wie die Leben-Jesu-Forscher in das Bild Jesu das projizierten, was sie sehen wollten, so schaffen feministische Theologinnen ein Bild von Jesus, wie sie ihn sich wünschen: als ersten neuen Mann, als Befreier, als Beziehungs-As etc. Zweck dieser Bemühungen ist es, die eigene christliche Identität, die recht unsicher geworden ist, feministisch neu zu festigen.

Das zweite Problem, das mit dem ersten eng zusammenhängt, besteht wie in der Gottesfrage in dem offenen oder latenten Antijudaismus, der mit dem feministischen Jesus-Bild verknüpft ist. Die jüdische feministische Theologin Judith Plaskow hat diese antijudaistischen Tendenzen Feministischer Christologie bereits 1978 in einem Artikel aufgedeckt und vehement kritisiert. Denn Jesus mit den ihm zugeschriebenen positiven Eigenschaften, insbesondere seiner Frauenfreundlichkeit, erscheint als strahlender feministischer Held vor dem negativen Hintergrund des Judentums und seiner Tradition. Deren patriarchalen Charakter habe Jesus abgelehnt und überwunden.

---

[21] Hier folge ich Manuela Kalsky, die diesen Gedanken in einem Vortrag über Feministische Christologie entfaltete.

Diese Kritik löste innerhalb der christlichen Feministischen Theologie der westlichen Welt beinahe einen Erdrutsch aus, insbesondere innerhalb des befreiungstheologischen Lagers. Denn die Kritik richtete sich keineswegs nur gegen den postchristlichen Göttin-Feminismus. Und gerade in der feministischen Befreiungstheologie hatten sich die Theologinnen ja besonders für gerechte Strukturen und die Überwindung von Unterdrükkung und Ausgrenzung eingesetzt. Und nun sollten sie ihre feministisch-christliche Identität wiederum mit Hilfe der Diskriminierung von Jüdinnen und Juden gewonnen haben? Dieser Vorwurf war nicht leicht zu verkraften, um so mehr, als in jüngerer Zeit die Kritik schwarzer Frauen, lateinamerikanischer, asiatischer und afrikanischer Frauen am latenten Rassismus und der Mittelschichtfixierung der weißen, westlichen Feministischen Theologie immer lauter wurde. Dies führte in einem schmerzlichen Prozeß zu der Erkenntnis, daß es eine universale Frauenerfahrung nicht gibt, kein weltweites „Wir Frauen", sondern krasse Unterschiede in der Lebenswelt und der Wahrnehmung von Frauen. Feministische Theologie war also auf ihre eigene Kontextualität und die damit verbundenen Grenzen gestoßen.

Besonders im Rahmen der Ökumenischen Vereinigung von Dritte-Welt-Theologen und -Theologinnen (EATWOT) wurden eigene christologische Reflexionen entfaltet, die vor allem die Kontextualität betonen. Jesus Christus wird z.B. mit der Situation afrikanischer Frauen in Beziehung gebracht, und die Christologie wird auf diesem Hintergrund entwickelt. Thérèse Souga, Ordensfrau aus Kamerun, sagt, daß das Leben der meisten afrikanischen Frauen geprägt sei von Armut, Ungerechtigkeit, sexistischer Unterdrückung und einem kirchlichen Frauenbild, das die Frau in die Nähe des Teufels rücke und insbesondere die schwarze Frau und ihre Sexualität dämonisiere. Frauen gehörten zu denen, die auf der untersten Stufe der gesellschaftlichen Hierarchie ständen. Genau hier aber sei ihre besondere Verbindung zu Jesus zu suchen, denn in der Menschwerdung nehme Jesus Christus alle Formen von Schwachheit und Ungerechtigkeit auf sich. Indem Jesus von einer Frau geboren wurde und in all den Beziehungen Jesu zu Frauen, von denen die Evangelien erzählen, habe Gott das Schwache erwählt und offenbare sich in ihm. Christus sei also betroffen von der Situation, in der afrikanische Frauen lebten, und diese mache sie in bestimmter Weise christusförmig. Die Frauen könnten sich mit Jesus Christus identifizieren, und Christus erweise sich als solidarisch mit ihnen. Sie seien die Trägerinnen der Heilsbotschaft für Frauen und Männer, für ganz Afrika.

Die protestantische Theologin Louise Tappa aus Kamerun betont, daß es im Christus-Bekenntnis afrikanischer Frauen um den Christus der Geschichte und nicht den Christus der Dogmen gehe. Der Christus der Geschichte habe seine Sendung als eine Mission zu ganzheitlicher, d.h. spiritueller und materieller Befreiung verstanden. Tappa will dies am Beispiel der an Blutungen leidenden Frau aufzeigen, deren Geschichte nicht zufällig mit der Erzählung von der Tochter des Jairus verbunden sei. Sie entwirft ein Szenario, in dem folgende Personen handeln: die namenlose, als unrein geltende, sozial und ökonomisch an den Rand gedrängte Frau als die Heilsuchende, Jairus als jüdischer Amtsträger und Repräsentant des die Frau unterdrückenden Systems und Jesus als derjenige, der zwischen beiden steht und den Abgrund überwindet.

Die Botschaft Jesu an die afrikanischen Frauen laute, daß sie sich selbst als Kinder Gottes bejahen könnten. Ohne diese Bejahung sei es weder möglich, Afrika aufzubauen, noch die internationalen Beziehungen oder die Verhältnisse innerhalb der Kirchen zu verändern.

Mercy Amba Oduyoye aus Ghana, stellvertretende Generalsekretärin des Ökumenischen Rates der Kirchen, und die methodistische Theologin Elizabeth Amoah aus Ghana stellen den afrikanischen Glauben an Geister und die Rolle der Ahnen als kontextuellen Rahmen einer afrikanischen Christologie heraus. Wie sieht nun die Beziehung Jesu Christi zur Geisterwelt und zu den Ahnen aus? Ist er einer der Ahnen, der lehrt, was das Wesen des Glaubens ist? Ist er die Wiederkehr von Gottes Geist zur Erde, so wie die Ahnen in der Geburt neuer Kinder immer wiederkehren? Von besonderer Bedeutung sei ebenfalls der leidende Christus, der als mutmachender Gefährte im eigenen Leiden betrachtet werde und der zur Heilung verhelfe. In Christus seien Ganzheit, Integrität und Person-Sein von Frauen anerkannt und gesichert. „Gott hat ein menschliches Gesicht in Christus, und Gott leidet in Christus zusammen mit den Frauen Afrikas." (Oduyoye/Amoah 84f).

Virginia Fabella berichtet von verschiedenen christologischen Entwürfen asiatischer Frauen. Sie macht uns darauf aufmerksam, daß es bereits ein Problem sei, allgemein von „Asien" zu sprechen. Denn innerhalb Asiens gibt es bekanntermaßen eine Fülle von sozialen, politischen, kulturellen und religiösen Unterschieden.

Christliche Theologinnen in Asien müßten immer im Bewußtsein behalten, daß die Mehrheit der Frauen in Asien arm sei und anderen religiösen Traditionen als der christlichen angehöre. Fabella stellt zwei Beispiele christologischer Reflexion von Frauen vor: eines stammt von den Philippinen, deren Bevölkerung – untypisch für Asien – zu 92 % christlich ist, das andere aus Korea:

Der christologische Ansatz von den Philippinen unterscheidet zwischen einem Leiden, das unterdrückend sei und Frauen in vielfältiger Weise zugefügt werde, und einem aktiven Leiden, das erlösenden Wert habe. Dieses Leiden resultiere aus dem Engagement für Gerechtigkeit. Jesu Menschwerdung und seine Botschaft vom Reich Gottes seien der Höhepunkt des heilsgeschichtlichen Prozesses, auf den alles Leiden und Kämpfen und alle Hoffnung ausgerichtet seien.

Die koreanischen Theologinnen verstehen das unterdrückte und ausgebeutete Volk, den Minjung, als Subjekt der Theologie. Besonders die Frauen des Minjung seien einer mehrfachen Unterdrückung ausgesetzt, da zu der ökonomischen Ausbeutung und der politischen Unfreiheit noch die Diskriminierung der Frauen durch die konfuzianische Ethik hinzukomme. Diese Lasten und dieses Schicksal werden als „Han" bezeichnet. In der schamanischen Tradition, die in Korea sehr stark verwurzelt ist, spielen Geister, Dämonen und Götter eine große Rolle. Man glaubt, daß böse Geister von den Menschen kommen, die mit Han gestorben sind. In einem solchen Kontext kann Jesus Christus nur ein Exorzist des Han, „ein Priester des Han" sein, d.h. Heiler und Tröster. In der schamanischen Tradition wird allerdings die Vertreibung und Entwirrung von Han individuell auf die Person hin betrieben und zielt weniger auf die Veränderung sozialer Bedingungen von Han. In der christologischen Reflexion werden diese beiden Dimensionen aber explizit miteinander verbunden. Jesus Christus ist nicht nur Heiler, Exorzist, Tröster und Freund, sondern auch derjenige, der die gesellschaftliche Situation verändert.

Gemeinsam ist beiden Entwürfen, daß sie auf den Erfahrungen asiatischer Frauen gründen und von der Frage ausgehen, für wen asiatische Frauen Jesus Christus halten und wo sie ihn antreffen. Der Kampf der Frauen um ihre eigene Würde steht im größeren Kontext des Befreiungskampfes ihres unterdrückten Volkes für die Menschenwürde aller. Die biblischen Schriften gelten den Theologinnen als eine wichtige Quelle für die Artikulation des Glaubens, doch bedürften sie einer feministischen Analyse und Neu-Interpretation. Schriften anderer Religionen werden ebenfalls mit einbezogen, denn auch sie enthalten Offenbarung Gottes. Das Mann-Sein Jesu spielt in allen genannten Entwürfen keine Rolle. Es wird nicht als Problem empfunden, und die Schlußfolgerung, daß das Mann-Sein Jesu die Männlichkeit Gottes bestätige, wird abgelehnt.

Eine scharfe Kritik an der weißen Feministischen Theologie und Christologie übt Jacquelyn Grant, US-amerikanische, schwarze, womanistische Theologin. Diese habe nicht wahrgenommen, daß sie auf die Erfahrungen von weißen Frauen der Mittelschicht beschränkt bleibe und habe ihre kontextuellen Aussagen zu universalen, für alle Frauen gültigen, stilisiert. Für schwarze Frauen seien insbesondere die Diskussion um das Mann-Sein Jesu und Konzepte wie der androgyne Jesus mehr oder weniger irrelevant. Denn die Sklaverei und der Rassismus hätten weiße und schwarze Frauen einander völlig entfremdet. Schwarze Frauen verbinde wenig mit weißen Frauen, die an ihrer Unterdrückung teilhätten und von ihr profitierten. Sowohl die weibliche Identität als auch die männliche Identität schwarzer Menschen sei verzerrt und deformiert worden. Daher sei nicht das Mann-Sein Jesu von Interesse, sondern sein Eintreten für Gerechtigkeit und Erlösung aller. Schwarze Frauen, die rassistischer, ökonomischer und sexistischer Unterdrückung ausgesetzt seien, identifizierten sich selbst und ihr Leiden mit Jesus und seiner Kreuzigung. Christus sei eine schwarze Frau, die in der Gemeinschaft schwarzer Frauen zu suchen sei.

Ein Vergleich zwischen der weißen, westlichen Feministischen Christologie und den christologischen Ansätzen schwarzer Theologinnen und Dritte-Welt-Theologinnen zeigt uns folgendes:

Es springt sofort ins Auge, daß das Mann-Sein Jesu unterschiedlich beurteilt wird. Schwarze und Dritte-Welt-Theologinnen messen dem Mann-Sein Jesu keine Bedeutung zu. Es ist so unwichtig, daß es nicht einmal Gegenstand der Diskussion wird. Eine Position wie die Ruethers ist zwar im Ergebnis ähnlich, doch erst nach einer längeren Auseinandersetzung mit der Frage, ob ein männlicher Erlöser Frauen erlösen könne. Schwarze Frauen und Frauen in der Dritten Welt sehen darin anscheinend nicht nur kein Problem, sondern sie identifizieren sich in ihrem Leiden sogar mit Christus. Bei weißen westlichen Theologinnen findet sich eine solche Identifikation kaum – hier wird die Identifikation nicht mit Christus gesucht, sondern auf der Ebene der Gottesbilder und der Gottesrede.

Auch das Kreuz und die Kreuzestheologie werden unterschiedlich beurteilt. Die Kritik westlicher Feministischer Theologie an der Kreuzestheologie führt zumindest tendenziell zu einer Ablehnung des Kreuzes als des zentralen christlichen Symbols. Dagegen hat in den theologischen Entwürfen feministischer Theologinnen in der Dritten Welt das Kreuz seinen Platz in der Vorstellung vom erlösenden Leiden, mit dem die Menschen konfrontiert werden, wenn sie sich für Gerechtigkeit einsetzen.

An diesem Punkt könnte eine interessante Diskussion zwischen den verschiedenen Theologinnen über den Sinn der theologischen und christologischen Rede über das Leiden einsetzen. Regula Strobel, feministische Theologin aus der Schweiz, kritisiert die Unterscheidung von unterdrükkendem und erlösendem Leiden. Sie hat dabei allerdings Dorothee Sölle im Blick und nicht feministische Theologinnen der Dritten Welt. Sie fragt an, ob nicht ein pessimistisches Menschenbild schuld daran sei, wenn gesagt werde, daß das Engagement für Gerechtigkeit *zwangsläufig* zum Leiden, d.h. zum Kreuz führe. Gerechtes, solidarisches Handeln wäre dann das Nicht-Normale, das Selbstverständliche dagegen Ungerechtigkeit und Unmenschlichkeit. „Normal" wäre es dann auch, in dieser Haltung zu verharren und das gerechte Handeln einigen wenigen „Verrückten" zu überlassen. Wenn das christliche Engagement unweigerlich zu Kreuz und Leid führe, müßten sich umgekehrt auch alle diejenigen, die nicht ans Kreuz kommen, fragen, ob sie wirklich engagiert genug oder nicht viel zu laue Christen seien. Hier könnte sich eine Auseinandersetzung anschließen über die Möglichkeiten, die demokratische Rechte und Strukturen bieten, um mehr Gerechtigkeit zu schaffen. Dies ist jedoch wiederum aus der vielzitierten weißen, westlichen Mittelschichtsperspektive gesagt. Denn diejenigen, die bereits am Kreuz sind, brauchen sich keine Gedanken darüber zu machen, ob sie vielleicht einmal aufgrund ihres Engagements ans Kreuz kommen werden.

Manuela Kalsky, feministische Theologin aus den Niederlanden, die verschiedene Feministische Christologien miteinander vergleicht, fragt, ob das Problem des männlichen Erlösers typisch sei für eine Feministische Theologie weißer Frauen der Mittelschicht, die den Sexismus bekämpften, Rassismus und Neokolonialismus aber übersähen und vor allem nicht wahrnähmen, wie sehr sie selbst darin verstrickt seien. Demgegenüber hätten feministische Theologinnen der Dritten Welt zwar erkannt, daß Rassismus, ökonomische Ausbeutung und Sexismus zusammengehörten, seien aber von antijudaistischen Vorurteilen geprägt. Denn Jesus der Befreier hebe sich auch bei ihnen wieder von einem negativ gezeichneten, d.h. patriarchalen, frauenfeindlichen Judentum ab. Ein Beispiel wäre der „jüdische Amtsträger" Jairus, der für das System steht, das die an Blutungen leidende Frau unterdrückt. Kalsky weist richtig darauf hin, daß es nicht angebracht sei, sich gegenseitig zu zensieren oder die Schuld zuzuschieben. Es komme vielmehr entscheidend darauf an, daß *alle* sich ihrer kontextuellen Begrenztheit bewußt würden und ihre eigenen partikularen Interessen nicht auf Kosten anderer durchsetzten.

In Nordamerika und dem westlichen Europa existiert eine weitere Ausprägung Feministischer Christologie, die immer mehr Beachtung findet
und die wegweisend für die weitere Reflexion und Diskussion in der Ersten Welt sein kann:

Nicht erst feministische Theologinnen haben die Entdeckung gemacht,
daß im Zweiten Testament Jesus mit Hilfe weisheitlicher Traditionen und
eines weisheitlichen Gottesbildes interpretiert wurde, doch ist dies in der
traditionellen exegetischen Forschung bisher kaum rezipiert worden. Feministische Theologinnen, die sich mit dieser weisheitlichen Deutung
Jesu Christi befassen, sind Elizabeth A. Johnson, Elisabeth Schüssler Fiorenza und Silvia Schroer. Ihnen zufolge deuten sehr alte Traditionen der
Jesusbewegung Jesus als den Gesandten oder das Kind der Sophia, der
göttlichen Weisheit. Jesu Botschaft laute, daß Gott-Sophia Gott der Armen sei. In der Mahlgemeinschaft Jesu mit den Ausgestoßenen werde die
Güte von Sophia-Gott erfahrbar. Auch manche Gleichnisse des Matthä-
us- und des Lukasevangeliums lehnten sich an das Motiv der Weisheit,
die in ihr Haus einlade oder die mütterlich-fürsorglich ihre Kinder um
sich sammele, an (z.B. die Gleichnisse vom verlorenen Schaf, von der
verlorenen Münze und dem verlorenen Sohn, das Gleichnis vom Hoch-
zeitsmahl und Jesu Ausspruch, daß er Israel sammeln wolle wie eine
Glucke ihre Küken unter ihren Flügeln).

Auf einer weiteren Traditionsstufe werde der auferstandene Jesus mit der
Weisheit selbst identifiziert. In den Briefen des Paulus sei einiges von dieser vorpaulinischen weisheitlichen Christologie erhalten, z.B. in 1 Kor
1,24, wo Christus als Gottes Macht und Gottes Weisheit bekannt werde.
Auch die Christushymnen, z.B. Phil 2,6–11 und Kol 1,15–20 deuteten
Jesus weisheitlich: sein präexistentes Sein bei Gott, sein Herabsteigen zu
den Menschen, seine Erniedrigung und schließlich seine Erhöhung zum
kosmischen Herrscher entsprächen dem Schicksal der Weisheit in der
Welt.

Im Johannesevangelium werde Jesus an vielen Stellen mit der Weisheit
identifiziert. Er lehre wie die Weisheit, wie sie stehe er in einem besonderen Verhältnis zum Vater. Auch die Metaphern von Licht, Wasser, Leben,
Suchen und Finden entstammten weisheitlichen Motiven und Texten.
Die zentrale Stelle weisheitlicher Christologie ist der Prolog des Johan-
nesevangeliums. Jesus ist der präexistente und Fleisch gewordene Logos.
Leider werde die weisheitliche Herkunft des Textes überlagert von der
männlichen Logos-Metaphorik. Diese Entwicklung soll insbesondere
von Philo von Alexandrien beeinflußt worden sein, der die göttliche

Weisheit nicht weiblich, sondern männlich zu denken versuchte und so dem männlichen Logos-Begriff vor dem weiblichen der Sophia den Vorzug gab.[22]

Die deutsche Neutestamentlerin und feministische Theologin Luise Schottroff folgt dieser aufgezeichneten christologischen Spur nicht. Sie hält vielmehr entgegen, daß das Evangelium der Armen nicht aus der weisheitlichen, sondern aus der prophetischen Tradition stamme. Für diese Position spricht, daß die Sozialkritik ein wichtiges Thema der prophetischen Rede ist, nicht aber der Weisheitsliteratur. Diese ist zu weiten Teilen in Kreisen der Oberschicht entstanden und hat das „vernünftige", gottgemäße Leben im Blick und nicht primär soziale Gerechtigkeit. Für Schottroff ist es daher wichtiger, auf die prophetische Tradition zurückzugreifen und zu zeigen, daß das Armen-Evangelium, die Option für die Armen, ein Frauen-Evangelium sei, weil die Mehrheit der Armen damals wie heute Frauen und die von ihnen abhängigen Kinder seien.

Silvia Schroer nimmt diese Kritik konstruktiv auf und regt an, weiter über die Weisheitsliteratur, ihre Frauen-Orientierung bzw. ihren patriarchalen Charakter und ihre soziale Verankerung zu forschen und zu diskutieren. Vielleicht habe das frühe Christentum, so wendet sie ein, die Weisheitstheologie verändert, so wie sie auch die Messias-Vorstellung umgeformt habe, so daß die Sophia mit der Botschaft für die Armen verbunden wurde. „Wäre es denkbar, daß die jüdische Weisheitstheologie gerade darin ihre tiefgreifendste Veränderung und Variation durch die christlichen Gruppen und Gemeinden erfährt, daß Sophia-Gott mit einem historischen Menschen, dem Juden Jesus von Nazaret, verbunden wird, sich in ihm inkarniert und durch diese Menschwerdung eine politisch-soziale Dimension und eben das Armenevangelium tatsächlich hinzugewinnt?" (Schroer, Jesus Sophia 123) Wenn dies richtig sei, hätten eine Feministische Spiritualität und Christologie hier ihr solides Fundament.

Allerdings muß wiederum angefragt werden, ob die eigene Kontextualität genügend beachtet wurde. Denn vermutlich erweisen sich die weisheitliche Gottesvorstellung und ihre Aufnahme in die Christologie des

---

[22] Philo von Alexandrien lebte von ca. 25 v.Chr. bis 40 n.Chr. in Alexandrien. Er war hellenistischer Jude, von Beruf Jurist und Theologe und hatte eine hervorragende Stellung in der jüdischen Gemeinde inne. Er repräsentierte eine bestimmte Form des hellenistischen Judentums, die neben vielen anderen innerhalb eines jüdischen Pluralismus der damaligen Zeit existierte. Sein Werk, das vermutlich nicht vollständig erhalten ist, hat einen großen Umfang – ein Teil davon ist in deutscher Übersetzung zugänglich.

Zweiten Testaments ja deshalb als so attraktiv für weiße, westliche feministische Theologinnen, *weil* sie aus den Kreisen der damaligen gebildeten Oberschicht stammt und *weil* sie auf einem multikulturellen, pluralistischen Hintergrund, nämlich der hellenistischen Welt, entstanden ist.[23] Doch sind viele der betreffenden feministischen Theologinnen so sehr auf ein befreiungstheologisches Konzept fixiert, daß die Weisheitschristologie offensichtlich feministisch weniger wert wäre, wenn sie *nicht* mit dem Evangelium für die Armen verbunden wäre.

Doch unabhängig von diesem Problem halte ich die weisheitlichen Christologien des Zweiten Testaments und die feministisch-christologischen Reflexionen, die auf ihnen aufbauen, für einen vielversprechenden Weg, und dies aus zwei Gründen. Erstens: Im Kontext der westlichen Welt könnte in einer Weise von Jesus Christus gesprochen werden, die Gott in weiblicher Gestalt zu ihrem Bezugspunkt hat. Zweitens: Es wäre tatsächlich eine *Christo*-Logie und weder eine (letztlich säkulare) Befreiungs-Lehre und -Strategie noch eine allgemeine Vorstellung einer weiblichen oder Feministischen Spiritualität.

Hilfreich für die weitere Diskussion ist es, sich mit den christologischen Auseinandersetzungen in der Alten Kirche zu beschäftigen, insbesondere mit der christologischen Kompromißformel, die das Konzil von Chalcedon (451) gefunden hat. Ein geschichtlicher Abriß darüber, wie die christologischen Dogmen entwickelt wurden, kann hier nicht gegeben werden – dazu sei verwiesen auf die gut verständlichen und informativen Beiträge von Doris Strahm und Hans Kessler (s. Verwendete Literatur).

Chalcedon legt nach einem langen Streit über die Art, wie von Jesus Christus als Gott *und* Mensch gesprochen werden kann, folgendes fest: Jesus Christus ist wahrhaft Gott und wahrhaft Mensch, wesensgleich dem Vater der Gottheit nach und wesensgleich uns der Menschheit nach. Er ist ein und derselbe in zwei Naturen unvermischt/unverändert und ungeteilt/ungetrennt. Was uns das Verständnis der christologischen Dogmen heute so erschwert, ist die Tatsache, daß im damaligen Kontext die Frage, ob Jesus wirklich Mensch war, viel problematischer war als die Frage, ob er Gott war. Demgegenüber erscheint es in unserer Welt und Kultur viel anstößiger, von Jesus als Gott zu sprechen. Daß Jesus als eines Wesens mit Gott gedacht wurde, war die Folge einer christologischen

---

[23] Silvia Schroer sagt auch an anderer Stelle, daß für sie als Wissenschaftlerin, die viel mit Büchern und anderen mit Büchern arbeitenden Menschen zu tun hat, die Weisheit eine ungleich größere Anziehungskraft besitze als eine Erd- und Vegetationsgöttin.

Deutung, die schon im Zweiten Testament begann. Sie besagt, daß Jesus Christus nur dann Erlösung als wirkliche Gemeinschaft mit Gott bringen könne, wenn er selbst dieser „göttlichen Sphäre" entstamme, also vom Wesen her nichts anderes als Gott sei. Ebensosehr müsse er wirklich Mensch sein, weil nur das, was er angenommen habe, womit er sich identifiziert habe, auch erlöst worden sei.

Diese Gedanken stehen hinter den altkirchlichen christologischen Dogmen. Wenn gesagt wird, das göttliche Wesen Jesu dürfe von seinem menschlichen Wesen nicht *getrennt* werden, richtet sich dies gegen eine Abspaltung des präexistenten Christus von dem historischen Jesus aus Nazaret. Die Lehre, daß beide Naturen *unvermischt* nebeneinander bestehen, wendet sich gegen die Auffassung, daß die göttliche Natur die menschliche aufgehoben oder aufgesogen habe. Diese Meinung, der sog. Monophysitismus, hatte innerhalb der Alten Kirche erheblichen Einfluß und führte auch zur Gründung eigener Kirchen.

Ein monophysitisches Denken liegt offensichtlich auch dann vor, wenn feministische Theologinnen behaupten, das Mann-Sein Jesu bringe die Männlichkeit notwendig in die Gottesvorstellung hinein. In Jesus erschiene Gott als sichtbar männlich, und in Jesus Christus als zweiter Person der Trinität gehöre die Männlichkeit quasi ontologisch zu Gott. Doch wäre diese Behauptung nur dann richtig, wenn das göttliche und das menschliche Wesen Jesu Christi miteinander identisch wären, und das wäre Monophysitismus.

Wenn auch das chalcedonensische Dogma begrifflich-abstrakt formuliert ist und der nach Gott-Metaphern dürstenden Phantasie wenig Nahrung gibt, so bietet es Feministischer Theologie doch eine argumentative Hilfe. Denn wenn zwischen menschlichem und göttlichem Wesen Jesu Christi unterschieden wird, dann gehört die männliche Geschlechtszugehörigkeit in den Bereich des menschlichen Wesens und hat keinerlei Bedeutung für die göttliche Natur Jesu und damit für die Vorstellung von Gott. Leider prägt das latent monophysitische Denken nicht nur Theologinnen und Theologen, sondern auch viele Kirchenmitglieder und führt nicht selten zu theologischen Kurzschlüssen über die vermeintliche Männlichkeit Gottes.

Feministische Theologie und Christologie muß also auf der Unterscheidung der beiden Naturen Jesu Christi beharren und monophysitische Tendenzen beim Namen nennen. Sie darf sich also weder auf den Menschen Jesus stürzen, um ihn mit Hilfe ihrer Wunschprojektionen zu rekonstruieren, noch darf sie einen spiritualisierten kosmischen Christus von seinem historischen, das heißt auch jüdischen, Hintergrund ablösen.

Auch hier kann uns die Weisheitschristologie einen Weg aufzeigen. Denn sie löst die Gleichsetzung von Gott und Mann auf und bietet eine Möglichkeit, von der „göttlichen Natur" Jesu nicht rein abstrakt, sondern mit Hilfe einer weiblichen Metapher zu sprechen. Und sie idealisiert weder die menschliche noch die göttliche Natur Jesu Christi auf Kosten der jeweils anderen.

Verwendete Literatur:

AMOAH Elizabeth/ODUYOYE Mercy Amba, Wer ist Christus für afrikanische Frauen?, in: Leidenschaft und Solidarität. Theologinnen der Dritten Welt ergreifen das Wort, Luzern 1992, 69–87

DALY Mary, Jenseits von Gottvater, Sohn & Co. Aufbruch zu einer Philosophie der Frauenbefreiung, 4. erw. Aufl. München 1986, 88–117

FABELLA Virginia, Eine gemeinsame Methodologie verschiedener Christologien?, in: Leidenschaft a.a.O., 171–185

GRANT Jacquelyn, White Women's Christ and Black Women's Jesus. Feminist Christology and Womanist Response, Atlanta 1989

GREY Mary, Jesus – Einsamer Held oder Offenbarung beziehungshafter Macht? Eine Untersuchung feministischer Erlösungsmodelle, in: STRAHM Doris/STROBEL Regula (Hg.), Vom Verlangen nach Heilwerden. Christologie in feministisch-theologischer Sicht, Fribourg–Luzern 1991, 148–171

HAMPSON Daphne, Theology and Feminism, Oxford 1990

HEYWARD Carter (Isabel), Und sie rührte sein Kleid an. Eine Feministische Theologie der Beziehung, Stuttgart 1986

HOPKINS Julie, Christologie oder Christolatrie? Feministische Einwände gegen die traditionellen Modelle von Jesus dem Christus, in: Strahm/Strobel a.a.O., 37–51

HOPKINS Julie, Sind Christologie und Feminismus unvereinbar? Zur Debatte zwischen Daphne Hampson und Rosemary Radford Ruether, in: a.a.O., 194–207

JOHNSON Elizabeth A., Ich bin die ich bin. Wenn Frauen Gott sagen, Düsseldorf 1994

KALSKY Manuela, Vom Verlangen nach Heil. Eine feministische Christologie oder messianische Heilsgeschichten?, in: Strahm/Strobel a.a.O., 208–233

KESSLER Hans, Christologie, in: Handbuch der Dogmatik, hg. v. Theodor Schneider, Bd. 1, Düsseldorf 1992, 241–442

KOHN-LEY Charlotte/KOROTIN Ilse (Hg.), Der feministische „Sündenfall"? Antisemitische Vorurteile in der Frauenbewegung, Wien 1994

KOHN-ROELIN Johanna, Antijudaismus – die Kehrseite jeder Christologie?, in: Strahm/Strobel a.a.O., 65-80

MOLTMANN-WENDEL Elisabeth, Beziehung – die vergessene Dimension der Christologie. Neutestamentliche Ansatzpunkte feministischer Christologie, in: Strahm/Strobel a.a.O., 100–111

MULACK Christa, Jesus – der Gesalbte der Frauen. Weiblichkeit als Grundlage christlicher Ethik, Stuttgart 1987

RUETHER Rosemary Radford, Sexismus und die Rede von Gott. Schritte zu einer anderen Theologie, Gütersloh 1985, 145–170

SCHÜSSLER FIORENZA Elisabeth, Auf den Spuren der Weisheit – Weisheitstheologisches Urgestein, in: WODTKE Verena (Hg.), Auf den Spuren der Weisheit. Sophia – Wegweiserin für ein neues Gottesbild, Freiburg u.a. 1991, 24-40

SCHÜSSLER FIORENZA Elisabeth, Jesus. Miriam's Child, Sophia's Prophet. Critical Issues in Feminist Christology, New York 1994

SCHÜSSLER FIORENZA Elisabeth, Zu ihrem Gedächtnis... Eine feministisch-theologische Rekonstruktion der christlichen Ursprünge, München-Mainz 1988

SCHÜSSLER FIORENZA Elisabeth, Zur Methodenproblematik einer feministischen Christologie des Neuen Testaments, in: Strahm/Strobel a.a.O., 129–147

SCHROER Silvia, Jesus Sophia. Erträge der feministischen Forschung zu einer frühchristlichen Deutung der Praxis und des Schicksals Jesu von Nazaret, in. Strahm/Strobel a.a.O., 112–128

SCHROER Silvia, Der Geist, die Weisheit und die Taube. Feministisch-kritische Exegese eines neutestamentlichen Symbols auf dem Hintergrund seiner altorientalischen und hellenistisch-frühjüdischen Traditionsgeschichte, in: FZPhTh 33 (1986) 197–225

SOUGA Thérèse, Das Christusereignis aus der Sicht afrikanischer Frauen. Eine katholische Perspektive, in: Leidenschaft a.a.O., 51–61

STRAHM Doris, „Für wen haltet ihr mich?". Einige historische und methodische Bemerkungen zu Grundfragen der Christologie, in: Strahm/Strobel a.a.O., 11–36

STRAHM Doris, Kann ein männlicher Erlöser Frauen befreien?, in: Streitfall Feministische Theologie, hg. v. Britta Hübener u. Hartmut Meesmann, Düsseldorf 1993, 48–62

STROBEL Regula, Feministische Kritik an traditionellen Kreuzestheologien, in: Strahm/Strobel a.a.O., 52–64

STROBEL Regula, Das Kreuz im Kontext Feministischer Theologie. Versuch einer Standortbestimmung, in: Strahm/Strobel a.a.O., 182–193

TAPPA Louise, Das Christusereignis aus der Sicht afrikanischer Frauen. Eine protestantische Perspektive, in: Leidenschaft a.a.O., 62–68

Weitere Literatur:

BROCK Rita Nakashima, Journeys by Heart. A Christology of Erotic Power, New York 1988

BROCK Rita Nakashima, And a Little Child Will Lead us. Christology and Child Abuse, in: BROWN Joanne Carlson/BOHN Carole R. (Hg.), Christianity, Patriarchy and Abuse. A Feminist Critique, New York 1989

BROWN Joanne Carlson/PARKER Rebecca,For God so Loved the World?, in: a.a.O., 1–30

CARR Anne E., Frauen verändern die Kirche. Christliche Tradition und feministische Erfahrung, Gütersloh 1990, 199–251

GRANT Jacquelyn, Womanist Theology. Black Women's Experience as a Source for Doing Theology, with Special Reference to Christology, in: WILMORE G.S., (Hg.), African American Religious Studies. An Interdisciplinary Anthology, Durham–London 1989, 208–227

GIBSON Joan, Could Christ Have Been Born a Woman? A Medieval Debate, in: Journal of Feminist Studies in Religion 8 (1992) H.1, 65–82

HENGEL Martin, Jesus als messianischer Lehrer der Weisheit und die Anfänge der Christologie, in: Sagesse et Religion. Colloque de Strasbourg (1976), Paris 1979, 147–188

HEMBROW Snyder M., The Christology of Rosemary Radford Ruether. A Critical Introduction, Connecticut 1988

173

HEYWARD Carter, Speaking of Christ. A Lesbian Feminist Voice, New York 1989
KASSEL Maria, Tod und Auferstehung, in: dies. (Hg.), Feministische Theologie. Perspektiven zur Orientierung, Stuttgart 1988, 191–226
LIPS Hermann von, Weisheitliche Traditionen im Neuen Testament, Neukirchen 1990
RUETHER Rosemary Radford, To Change the World. Christology and Cultural Criticism, New York 1981
SCHÜSSLER FIORENZA Elisabeth, Wisdom Mythology and the Christological Hymns of the New Testament, in: WILKEN R.L. (Hg.), Aspects of Wisdom in Judaism and Early Christianity, Notre Dame/Ind. 1975, 17–41
WÖLLER Hildegunde, Ein Traum von Christus. In der Seele geboren, im Geist erkannt, Stuttgart 1987
WOLFF Hanna, Jesus, der Mann. Die Gestalt Jesu in tiefenpsychologischer Sicht, Stuttgart 1975

Vorschlag für Seminare und Arbeitsgruppen:

- Über ausgewählte Christusdarstellungen Zugang zu den persönlichen christologischen Vorstellungen bekommen
- Gespräch: Wird von den Teilnehmenden die Männlichkeit Jesu als Problem empfunden? Wenn ja, warum, wenn nein, warum nicht?
- Bibelarbeit zur Syrophönizierin – Paßt das Verhalten Jesu und der Syrophönizierin zu meinem Jesus-Bild?

13. Kapitel
Die Weiblichkeit des Heiligen Geistes

Mit der Pneumatologie, der Lehre vom Heiligen Geist, verbindet sich für nicht wenige feministische Theologinnen die Hoffnung, das androzentrische Gottesbild auch sozusagen vom Innern der Theologie her aufbrechen zu können.

Biblische Studien, vor allem zum Ersten Testament, heben hervor, daß die ruach Gottes nicht zufällig oder „nur" grammatisch weiblichen Geschlechts sei. Damit haben sie nicht selten eine gewisse „Ruach-Euphorie" unter christlichen Theologinnen hervorgerufen. Das Wort „ruach", das Wind, Sturm, Atem, Lebenskraft, Kraft Gottes, Geist u.a.m. bedeuten kann, ist an den meisten Stellen, an denen es im Ersten Testament gebraucht wird, grammatisch weiblichen, an einigen wenigen Stellen grammatisch männlichen Geschlechts. Helen Schüngel-Straumann sieht die weibliche ruach in Zusammenhang mit lebenschenkender und lebenermöglichender Kraft. Sie vermutet, daß die Vorstellung und die Rede von der ruach einen spezifisch weiblichen Erfahrungshintergrund hat, nämlich die Geburt. Sie schreibt: „Das hörbare Keuchen bei der Geburt und das erleichternde Luftschöpfen nach gelungener Geburt, die der Frau wieder ‚Raum schafft' im wörtlichen Sinn, sind zugleich schöpferisch, lebenbringend." (Schüngel-Straumann, ruach 10f)

Problematisch ist allerdings eine ruach-Begeisterung, die nicht das ganze Spektrum an Bedeutungen wahrnimmt, die ruach in den verschiedenen Kontexten hat. So wird in den frühesten Zeugnissen vom Wirken der ruach in den charismatischen Führern Israel die ruach mit militärischen Aktionen und kriegerischen Auseinandersetzungen, die allerdings der Verteidigung Israels dienen, in Zusammenhang gebracht. Wie auch immer, es handelt sich dabei nicht um einen primär weiblich geprägten Erfahrungshintergrund. Für die Personen, über die die ruach kommt, geht dies auch nicht immer gut aus – sie sind größter Gefahr ausgesetzt, machen sich häufig in der Öffentlichkeit lächerlich, und manche verlieren sogar ihr Leben. Notwendig wären also sehr genaue und umfangreiche Studien zum ruach-Begriff, um wirklich herauszufinden, welche Bedeutung die ruach für eine feministisch-theologische Gottesrede haben kann.

Systematisch-theologische Reflexionen zu Gottes Geist und zur Pneumatologie sind in der Feministischen Theologie bisher eher selten. Elisabeth Moltmann-Wendel und Catharina J.M. Halkes fordern eine grundlegende pneumatologische Orientierung Feministischer Theologie. Unthematische Bezüge zur Pneumatologie enthalten viele Ansätze Feministischer Theologie, insbesondere dann, wenn die Frage gestellt wird, in welcher Form Selbstverwirklichung und Subjektwerdung von Frauen mit Selbstlosigkeit und Leiden zusammengedacht werden können. Besonderes Aufsehen hat der Beitrag der koreanischen Theologin Chung Hyun Kyung auf der Vollversammlung des Ökumenischen Rates der Kirchen in Canberra 1991 erregt, in dem sie das kulturelle Erbe Koreas produktiv für das Reden vom Heiligen Geist heute einsetzte.

Meine eigenen Arbeiten zum Verständnis von Sünde und Gnade in der Feministischen Theologie haben zu dem Ergebnis geführt, daß Feministische Theologinnen in der Regel Konzepte entwickeln, die die Aktivität und die Mitwirkung der Menschen im Heilsprozeß betonen, Gottes In-der-Welt-Sein und Beziehungsmacht herausstellen oder eine weitgehende Einheit von Gott und Mensch annehmen. Als feministische Theologin, die sowohl die Ergebnisse feministisch-theologischer Reflexion als auch die theologische und kirchliche Tradition ernst zu nehmen gewillt ist, sah ich mich vor eine Fülle von Vermittlungsproblemen gestellt. Wenn Selbstverwirklichung und Selbstlosigkeit miteinander verbunden werden sollen, wenn Gott in der Welt und gleichzeitig der Welt entzogen ist, wenn man menschliche Freiheit und göttliche Souveränität gleichermaßen denken können will, ist es notwendig, sich auf das Wirken von Gottes Geist in der Welt zu besinnen.

Auch außerhalb der Feministischen Theologie wird davon gesprochen, daß die Lehre vom Heiligen Geist so etwas wie eine Gesamtperspektive der Theologie und ein Konvergenz- und Kristallisationspunkt des gesamten theologischen Denkens sei. Neuere Entwürfe zu einer Theologie des Heiligen Geistes sind daher, wie noch zu zeigen sein wird, für die feministisch-theologische Diskussion interessant und wichtig. Im folgenden sollen verschiedene Reflexionen zur Weiblichkeit des Heiligen Geistes vorgestellt werden:

Die Exegetin und feministische Theologin Silvia Schroer setzt bei der Frage nach der Weiblichkeit des Heiligen Geistes bei dem Symbol der Taube an, die bei der Taufe Jesu im Jordan erscheint. Sie zeigt die Verwandtschaft des Symbols mit dem Botenvogel der altorientalischen Liebesgöttinnen auf. Die antike Ikonographie lehre uns, daß die Taube die

Anwesenheit und die Sphäre der Göttin signalisiere. Die Taube sei dort die Überbringerin von guten Nachrichten und von Liebesbotschaften. Die Liebe werde ganzheitlich verstanden, also auch als erotisch-sinnliche Liebe. Die Perikope von der Taufe Jesu im Jordan deutet Schroer nun so, daß in der Taube die Liebe Gottes zu dem Menschen Jesus offenbar wird. Besonders wichtig ist für Schroer das Element der erotischen Liebe im Symbol der Taube. Die Taube komme zwar nicht mehr von einer altorientalischen Göttin geflogen, bewahre aber das erotische Element. Es zeige, daß die Liebe Gottes nicht rein geistig und „platonisch" sei, sondern sinnlich und leidenschaftlich. Schon das Erste und das Zweite Testament hätten Erotik und Sexualität weitgehend aus dem Gottesbild ausgeschlossen und keine erotische Sprache für Gott entwickelt. Und in den christlichen Kirchen heute sei „von der Erotik des Heiligen Geistes gar nichts zu spüren". (Schroer, Geist 206)

Wie konnte nun unter diesen Bedingungen ein Symbol erotischer Liebe wie die Taube überhaupt in der Taufperikope verwendet werden? Die Brücke zwischen dem heidnischen Symbol und dem Text des Zweiten Testaments bilden für Schroer weisheitstheologische Konzepte und gnostische Traditionen. Der Gott, der seine Liebe zu Jesus ausspricht, sei Gott-Sophia, und Jesus werde als Träger oder sogar als Inkarnation der Sophia verstanden – auf ihm ruhe die Weisheit. In dieser Weisheitstheologie habe „die große Chance des Christentums gelegen, weibliche und erotische Elemente in eine monotheistische Religion zu integrieren, in der Gott ein Mann ist" (Schroer, Geist 224).

Die koreanische Theologin Chung Hyun Kyung gibt uns ein Beispiel dafür, wie in das Verständnis vom Heiligen Geist einheimische kulturelle Traditionen und „weibliche" Traditionen eingehen können. Das gesellschaftliche Leben wie auch die Gottesvorstellung müßten angesichts der vielfachen Zerstörung des Lebens in einem Prozeß der Umkehr geändert werden: Anstelle des Anthropozentrismus müsse die Lebensbezogenheit (Life centrism) treten, das Prinzip des Dualismus dem Prinzip der Verknüpfung weichen und die Kultur des Todes sich in eine Kultur des Lebens verwandeln. Chung verknüpft in diesem Sinne das Bild des Heiligen Geistes mit dem Bild der Kwan In, die in der Volksreligiosität Ostasiens als Göttin des Mitleidens und der Weisheit verehrt wird. Diese ist bodhisattva, will aber nicht ins Nirwana eingehen, bis nicht die ganze Schöpfung, bis nicht alle Formen des Lebens auch erleuchtet sein werden.

Der Wunsch, das Weibliche in das Gottesbild zu integrieren, hat nun nicht erst unsere Zeit oder die Feministische Theologie erfaßt, sondern ist in der Geschichte schon häufiger und – ebenso wie heute – aus unterschiedlichen Motiven und Interessen heraus geäußert worden. Um systematisch-theologisch zu beurteilen, ob die Rede von der Weiblichkeit des Heiligen Geistes wirklich der Wahrheit näher kommt, müssen wir noch einige historische Ansätze sowie Beispiele aus der zeitgenössischen Systematischen Theologie kennenlernen:

Nikolaus Ludwig Graf von Zinzendorf (1700–1760), der Begründer der Herrnhuter Brüdergemeine, entwickelte ein Konzept der Gotteslehre, in dem er vom „Mutteramt des Heiligen Geistes" sprach und sich die Trinität im Bild der Familie vorstellte. Die Wurzeln dieser Vorstellung reichen weit zurück. Zinzendorf selbst war direkt beeinflußt durch August Hermann Francke, der in seinen Abhandlungen über Natur und Gnade vom Mutteramt des Heiligen Geistes sprach. Dieser wiederum nahm Bezug auf Elemente der syrischen Theologie, die im Pietismus weit verbreitet waren. Überhaupt ist in syrischen und armenischen Quellen sowie in den apokryphen Evangelien das Bild des Geistes als Mutter theologisch entfaltet, worauf wir hier aber nicht im Detail eingehen können (vgl. Winkler u. Cramer).

Daß der Heilige Geist unsere Mutter sei, begründet Zinzendorf streng christologisch: Von Christus her erfahren wir, wer der Vater und der Heilige Geist sind. Da Christus unser wahrhaftiger Bruder sei, sei sein Vater auch unser Vater und seine Mutter auch unsere Mutter. Die Wirkungen des Heiligen Geistes hätten mütterlichen Charakter, denn der Geist tröste, was in einem Sinne verstanden wird, wie eine Mutter ihrem Kind zuspricht. Weiterhin ermahne die Mutter Geist, d.h. sie leite ihre Kinder darin an, was sie zu suchen und was sie zu meiden hätten, und dies nicht auf eine autoritäre Art, sondern durch eine sanfte Leitung, die aus den Geleiteten selbst herzukommen scheine.

Zinzendorfs Interesse, den Heiligen Geist als Mutter zu verstehen, war zunächst ein missionstheologisches. Er wollte die drei Personen der Trinität anthropologisch konkretisieren, um die christliche Gotteslehre erfahrbar und nachvollziehbar zu machen. Umgekehrt versteht Zinzendorf in der trinitätstheologischen Reflexion die menschliche Familie als Abbild der göttlichen trinitarischen Familie. Die Familie wird nicht isoliert gesehen, sondern in ihrem Eingebundensein in die Gemeinschaft – die Gemeine ist das Abbild der Ur-Gemeine der heiligen Dreifaltigkeit. Auf der sozialen Ebene gab es durchaus eine Entsprechung zwischen dieser Gotteslehre und der Stellung der Frauen in der Gemeine bzw. dem Bestreben nach Gleichstellung und einem geschwisterlichen Zusammenleben.

Die Analogie von Trinität und Familie erscheint ebenfalls bei dem katholischen Theologen Matthias Josef Scheeben (1835–1888). In den frühen Versuchen analogisiert er die zweite Person der Trinität mit der Mutter und die dritte Person als die Frucht der Liebe der beiden ersten, als das Kind. Später in seiner Gotteslehre ändert er dies, so daß nun der Geist der Frau zugeordnet wird. Bild des Geistes sei die Braut, die Gattin und die Mutter, die als vermittelnde Liebe zwischen Vater und Sohn stehe. Eingegangen sind in dieses Konzept die aristotelischen bzw. thomanischen Vorstellungen von Zeugung und Empfängnis, die die Frau als passives Gefäß verstehen, sowie zeitgenössische, d.h. romantische, Idealvorstellungen vom Wesen der Frau als der Hegerin des Lebens und Repräsentantin der Liebe. Wenn der Geist als Band der Liebe zwischen Vater und Sohn verstanden wird, das selbst nichts Eigenes hervorbringt, eignet sich das romantische Bild des Weiblichen tatsächlich sehr gut, um den Heiligen Geist zu versinnbildlichen.

Zur gleichen Zeit allerdings, in der solch weibliche Symbolik wieder zu Ehren kommt, wird die Religion mehr und mehr aus dem öffentlichen Leben in die private Sphäre gedrängt und zu einer Sache der (bürgerlichen) Frauen – ein zeitgeschichtlicher Zusammenhang, der beachtet werden muß.

Auch in neueren systematisch-theologischen Entwürfen zur Pneumatologie spielt die Weiblichkeit und Mütterlichkeit des Heiligen Geistes eine Rolle. Hier sei exemplarisch auf den Tübinger Dogmatiker Bernd Jochen Hilberath verwiesen. Ausgehend davon, daß es sinnvoll sei, den Heiligen Geist als Person der Trinität und personal zu verstehen, entwickelt er eine Vorstellung vom Heiligen Geist als dem Raum, dem Medium oder dem Geschehen, „in welchem Vater und Sohn immer schon bei sich selbst und beim andern sind" (Hilberath 108). Ihre Selbstlosigkeit, ihr Beim-Andern-Sein konstituiere erst ihr Selbst-Sein. Unter der Voraussetzung, daß „Weiblichkeit" und „Männlichkeit" als kulturelle Phänomene verstanden würden, hält er es für sinnvoll, weibliche Bilder für den Heiligen Geist zu verwenden. Diese könnten dann in besonderem Maße zum Ausdruck bringen, daß der Geist „selbstlos in sich dem anderen Raum gibt; als der, der Urvertrauen schafft und die Entwicklung der Personalität fördert" (Hilberath 110).

Dieser Überblick über verschiedene Entwürfe, den Heiligen Geist als weiblich zu verstehen oder zu versinnbildlichen, kann, auch wenn er unvollständig bleiben muß, doch einen Eindruck vermitteln von der Unterschiedlichkeit der Ausgangspunkte und der erreichten Aussagen. Damit verbunden ist eine gewisse Ambivalenz, die die weibliche Rede vom Heiligen Geist kennzeichnet.

Woher rührt diese Ambivalenz?

So unterschiedlich die Konzepte von Silvia Schroer bis Matthias Josef Scheeben auch sind, gemeinsam ist ihnen die Stereotypisierung des Weiblichen. Alle Ansätze zusammen erscheinen wie eine gigantische Anhäufung von Weiblichkeitsklischees – sei es die Liebe, das Hegen und Pflegen, die Selbstlosigkeit, anderen Raum geben, trösten, zureden und anleiten, Urvertrauen vermitteln, Mitleid, Hilfe und Lebenszugewandtheit und nicht zuletzt Erotik, Sinnlichkeit und Sexualität. Alle diese Tätigkeiten, Eigenschaften und Lebensvollzüge sind nicht weiblich, sondern menschlich, und die Feministische Theologie täte gut daran, sich auf eine wichtige Aufgabe des Feminismus zu besinnen, nämlich ideologische Konstruktionen von Weiblichkeit als solche zu entlarven.

Darüber hinaus scheinen für fast alle der herangezogenen Autorinnen und Autoren „Weiblichkeit" bzw. die weiblichen Elemente im Gottesbild eher ein Vehikel zu sein, um die jeweiligen theologischen und religiösen Wünsche oder gar Projektionen zu transportieren. Diese reichen von der romantischen Stereotypisierung der Frau und der kleinbürgerlichen Familie (Scheeben) über ekklesiologische Idealvorstellungen (Zinzendorf) bis zu einem Gottesbild mit sinnlich-erotischen Zügen (Schroer) und der Inkulturation asiatischer Traditionen (Chung). Der einzige, der die kulturelle Bedingtheit von Weiblichkeitsdefinitionen kritisch einbezieht, ist Bernd Jochen Hilberath.

Angesichts dieses Befundes halte ich es für sinnvoller, den Heiligen Geist nicht als eine weibliche Person, sondern in nicht-personalen Bildern und Metaphern darzustellen, die aus unterschiedlichen Lebenszusammenhängen und Traditionen stammen. Damit soll nicht gesagt werden, daß der Heilige Geist keine trinitarische Person sei, sondern es sollen vielmehr Stereotypen und Funktionalisierungen wie die analysierten vermieden werden.

Der evangelische Theologe Michael Welker spricht vom Geist Gottes im Bild eines *Kraftfeldes*, das mit der Ausgießung des Geistes geschaffen werde. Mit der Entstehung dieses Kraftfeldes sei verbunden, daß die an ihm teilhabenden Menschen sich über das Handeln Gottes verständigten und insbesondere den Gekreuzigten und Auferstandenen verkündigten, d.h. Gottes Evangelium von der Rettung der Welt.

Die Charismen oder Gnadengaben seien die Elemente dieses Kraftfeldes, die selbst wieder neue Kraftfelder schüfen, durch die sich das Wirken des Geistes ausbreite. Welker vergleicht diese Kraftfelder im Kraftfeld auch mit der Differenzierung von Systemen in Subsysteme oder mit einem Netzwerk, das aus einer Vielfalt von Netzen besteht. Die Charismen seien die Formen, in denen der Geist öffentlich kenntlich werde; die Kraftfelder, die sie konstituierten, seien öffentlich, nicht privatistisch. Welker bezieht sich hier auf die paulinische Charismenlehre, die eine Fülle unterschiedlicher Gaben für unterschiedliche Menschen kennt. Alle sind in der Verschiedenheit aufeinander angewiesen, auch wenn es eine gewisse Rangfolge der Charismen gibt. Paulus bewertet ja bekanntlich das Charisma der prophetischen Rede höher als andere Gaben.

Die Liebe konkretisiere das Kraftfeld des Heiligen Geistes auf die vollkommenste Weise, wobei Welker Liebe als „Sich selbst Zurücknehmen zugunsten von Mitgeschöpfen" versteht. Diese Liebe sei nicht verengt auf Zweierbeziehungen, sondern richte sich ebenfalls auf die soziale und politische Wirklichkeit. Liebe und Gesetz, Geist und Gesetz seien keine Gegensätze, sondern der Geist dränge vielmehr dazu, die Intentionen des Gesetzes zu verwirklichen, d.h. Recht, Erbarmen und Gotteserkenntnis aufzurichten.

Auf dem Hintergrund der Antijudaismus-Debatte halte ich es, gerade auch aus feministisch-theologischer Perspektive, für wegweisend, daß Welker Geist und Gesetz in dieser Weise miteinander verbindet. Aus diesem Grund ist es schade, daß seine Definition von Liebe gegen seine erklärte Absicht recht viel Ähnlichkeit mit der klischeehaften Vorstellung romantischer Liebe hat. Frauen und Männer, die die feministisch-theologische Diskussion über Sünde als Selbstverneinung kennen, werden sicherlich ebenfalls empfindlich auf eine solche Definition von Liebe reagieren. Wenn der Geist tatsächlich auf die Verwirklichung von Recht, Erbarmen und Gotteserkenntnis zielt, dann kann Liebe nicht nur bedeuten, sich selbst zurückzunehmen, sondern dann muß sie auch Formen annehmen, die vielleicht eher nach Selbstbehauptung aussehen, wie z.B. Rechtsbewußtsein und politische Durchsetzungskraft.

In Röm 8 benutzt Paulus das Bild der *Geburtswehen* für die Schöpfung, die Menschen und den Heiligen Geist. Die Schöpfung seufzt und liegt in Geburtswehen, auch wir seufzen, obwohl wir erlöst sind, und der Geist tritt für uns ein mit unaussprechlichem Seufzen. Das griechische Wort für „seufzen" kann auch mit „Stöhnen in Geburtswehen" übersetzt werden.

Warum benutzt Paulus dieses Bild? Dafür gibt es zwei verschiedene Deutungen, die sich nicht gegenseitig ausschließen:

Die erste sieht darin das Leid und die Vergänglichkeit der ganzen Schöpfung ausgedrückt und die Sehnsucht nach Erlösung. Doch legt das Bild der Geburt, die ja neues Leben ermöglicht, noch eine andere Deutung nahe – nämlich die der angestrengten Arbeit *und* der sicheren Erwartung, daß das Kind bald geboren ist. Das Bild der Geburt steht beiden Deutungen offen, denn sie können den beiden Phasen einer Geburt entsprechen.

Die Zeit der Eröffnungswehen ist eine Zeit der Schmerzen und des Versuchs, die Schmerzen, z.B. durch Atemtechniken, zu begrenzen. Insgesamt handelt es sich eher um eine passive Phase, oft auch eine Geduldsprobe. Die Zeit der Preßwehen dagegen ist harte Arbeit, die aber von der Gewißheit getragen ist, daß es nicht mehr lange dauern kann, daß die Geburt des Kindes unmittelbar bevorsteht.

Das Stöhnen der ganzen Schöpfung in den Geburtswehen verheißt also das nahe Ende allen Leidens und die Befreiung der Schöpfung zur Freiheit und Herrlichkeit der Kinder Gottes. Aber nicht nur wir und die übrige Schöpfung, auch der Geist stöhnt in Geburtswehen, leistet Geburtsarbeit. Wir werden durch den Geist wiedergeboren.

Die Geburtswehen sind ein starkes Bild für das Wirken des Heiligen Geistes. Wie die Geburtswehen eine überwältigende Kraft freisetzen, so ist das Wirken des Geistes „gewaltig und unbändig", wie ein Kirchenlied sagt. Sich den Wehen entgegenzustemmen, bedeutet nur, die Zeit der Schmerzen zu verlängern und die Geburt zu erschweren. In der eigentlichen Geburtsphase muß die Gebärende *mit* den Wehen arbeiten, d.h. deren Energie sinnvoll ausnutzen. Während einer Wehenpause zu pressen, verschwendet nur Kraft und bringt keinen Fortschritt.

Ebenso verhält es sich mit der Geisterfahrung. Verweigern wir uns ihr, bedeutet dies einen Kraft- und Lebensverlust, verausgaben wir uns in blindem Aktivismus ohne die unterstützende Kraft des Geistes, erreichen wir gar nichts. Handeln wir aber in der Kraft des Geistes, wird neues Leben sichtbar.

Zum Schluß soll noch einmal der Zusammenhang von Gottes Geist und Gottes Weisheit zur Sprache kommen:

Gottes Geist und Gottes Weisheit haben, wie Gerlinde Baumann für das Erste Testament herausgearbeitet hat, einiges gemeinsam (vgl. Kap 7). Beide seien als einzige vor der Erschaffung der Welt bereits bei Gott gewesen und verkörperten göttliche Kräfte. Denn die ruach über den Wassern des Ur-Chaos sei Gottes ruach, und die Weisheit sei von Gott selbst hervorgebracht worden. Weiterhin ermöglichten beide denjenigen, die Macht besitzen, diese gerecht und für den Frieden auszuüben. Und beide gälten als Vorbilder, Ratgeberinnen und Erzieherinnen auf dem individuellen Lebensweg.

Es gibt die Vermutung, daß in der Weisheitsliteratur die ruach Gottes in die Vorstellung der personifizierten Weisheit aufgenommen (in Spr 1–9) und schließlich im Buch der Weisheit mit ihr identifiziert wurde. Dadurch konnte die vorher kaum personifizierte Darstellung der ruach auch stärker auf personhafte Vorstellungen bezogen werden.

Wenn Gottes Geist und Gottes Weisheit als eng zusammengehörig oder sogar als eins gedacht werden, ergibt sich daraus ein großer Gewinn für die feministisch-theologische Rede von Gott. Denn es bedeutet nichts weniger – ebenso wie die weisheitliche Christologie –, als daß die Wurzeln der göttlichen Trinität keineswegs „männlich" sind. „Wesentliche, der späteren Trinität zugrundeliegende Figuren wie Weisheit und Ruach sind im Ersten Testament weiblich dargestellt worden … (Dies) ermöglicht eine biblisch begründete andere Rede von Gott innerhalb des christlichen Kontextes: und zwar eine Rede von Gott als Weisheit und Ruach, Schöpfungsfreude und Inspiration, Geberin gerechter Macht, Wegweiserin zu erfülltem Leben." (Baumann 147)

Eine indirekte Verbindung zwischen Gottes Geist und Gottes Weisheit gibt es auch über die traditionelle Rede von den sieben Gaben des Heiligen Geistes. Hergeleitet wurden die sieben Gaben von der Stelle Jes 11,1ff, nach der auf dem Messias der Geist ruhen werde, „der Geist der Weisheit und der Einsicht, der Geist des Rates und der Stärke, der Geist der Erkenntnis und der Gottesfurcht" (Jes 11,2). Die Siebenzahl entstand durch die Doppelung der letztgenannten Gabe in Frömmigkeit und Gottesfurcht. Die sieben Gaben sind folgendermaßen benannt: die Gabe der Weisheit, des Verstandes, der Wissenschaft, des Rates, der Stärke, der Frömmigkeit und der Gottesfurcht. Die meisten dieser in Jes 11,1ff genannten Gaben entsprechen den Attributen, die der Weisheitsgestalt in Spr 8,12.14 gegeben werden.

Die Lehre von den sieben Gaben des Heiligen Geistes spielt heute weder in der Theologie noch in der Frömmigkeit eine besondere Rolle. Dies mag damit zusammenhängen, daß die Herleitung der Gaben von Jes 11, historisch-kritisch betrachtet, natürlich ziemlich fragwürdig ist. Für eine mögliche feministisch-theologische Rede vom Geist Gottes kann sie aber gleichwohl inspirierend wirken.

Nach der Lehre der Kirchenväter ruhen diese Gaben in ihrer Fülle auf Jesus Christus als dem Messias, alle Gläubigen haben aber durch ihn ebenfalls daran teil. Die Siebenzahl symbolisiert Gesamtheit, Fülle und Vollkommenheit – die sieben Gaben repräsentieren also das gesamte Wirken des Heiligen Geistes. Viele Kirchenväter kannten eine Rangfolge der Gaben: die niedrigste und die Voraussetzung für die anderen war die Gottesfurcht, die höchste und das Ziel die Weisheit. Im weiteren entwikkelte sich die Lehre dahin, daß die sieben Gaben zu der Gnadenausstattung des Menschen gehörten. Bei Thomas von Aquin bewirken die Gaben des Geistes jene Leichtigkeit des Herzens, die offen macht für das vielfältige Wirken des Geistes.

Ich halte die Lehre von den sieben Gaben des Heiligen Geistes für eine Tradition, die auch für die Feministische Theologie wertvoll sein kann. Denn die Gaben beinhalten so wichtige Dinge wie die Unterscheidung der Geister (diese ordnet Thomas von Aquin der Wissenschaft zu), die ethische Entscheidung (Rat) und das grundlegende Vertrauen auf Gott und Gottes Reich (Stärke). Darüber hinaus verweisen sie uns auf die Verbindung von Gottes Geist mit der Weisheit als dem weiblichen Antlitz Gottes.

Verwendete Literatur:

Art. Gaben des Hl. Geistes, in: LThK Bd. 4, 2. völlig neu bearb. Aufl. Freiburg 1960, 478–480

BAUMANN Gerlinde, Gottes Geist und Gottes Weisheit. Eine Verknüpfung, in: JAHNOW Hedwig u.a., Feministische Hermeneutik und Erstes Testament, Stuttgart u.a. 1994, 138–148

CHUNG Hyun Kyung, Schamanin im Bauch – Christin im Kopf. Frauen Asiens im Aufbruch, Stuttgart 1992

HÄRING Hermann, Die Mutter als die Schmerzensreiche. Zur Geschichte des Weiblichen in der Trinität, in: WACKER Marie-Theres, Der Gott der Männer und die Frauen, Düsseldorf 1987, 38–69

HILBERATH Bernd Jochen, Zur Personalität des Heiligen Geistes, in: Tübinger Theologische Quartalsschrift 173 (1993) 98–112

HILBERATH Bernd Jochen, Pneumatologie, in: Handbuch der Dogma
tik, hg. v. Theodor Schneider, Bd. 1, Düsseldorf 1992, 445–552, bes. 512–513, 530–539

MEYER Matthias, Das „Mutter-Amt" des Heiligen Geistes in der Theologie Zinzendorfs, in: EvTh 43 (1983) 415–430

MOLTMANN-WENDEL Elisabeth, Art. Geist (Weibliche Spuren in der Theologiegeschichte), in: Wörterbuch der Feministischen Theologie a.a.O., 149–151

MOLTMANN-WENDEL Elisabeth (Hg.), Die Weiblichkeit des Heiligen Geistes. Studien zur Feministischen Theologie, Gütersloh 1995

ROBINSON Gnana, Theologische Traditionen und gesellschaftliche Hintergründe des

Beitrages von Frau Prof. Dr. Chung Hyun Kyung auf der 7. ÖRK-Vollversammlung, in: BThZ 10 (1993) 94–104

SCHAUMBERGER Christine/SCHOTTROFF Luise, Schuld und Macht. Studien zu einer feministischen Befreiungstheologie, München 1988

SCHEEBEN Matthias Josef, Handbuch der katholischen Dogmatik, Bd. 2: Gotteslehre oder die Theologie im engeren Sinne, 3. Aufl. hg. v. Michael Schmaus, Freiburg 1948, 428–435

SCHERZBERG Lucia, Sünde und Gnade in der feministischen Theologie, 2. Aufl. Mainz 1992

SCHROER Silvia, Der Geist, die Weisheit und die Taube. Feministisch-kritische Exegese eines neutestamentlichen Symbols auf dem Hintergrund seiner altorientalischen und hellenistisch-frühjüdischen Traditionsgeschichte, in: Freiburger Zeitschrift für Philosophie und Theologie 22 (1986) 197–225

SCHÜNGEL-STRAUMANN Helen, Ruah bewegt die Welt. Gottes schöpferische Lebenskraft in der Krisenzeit des Exils, Stuttgart 1992

WELKER Michael, Gottes Geist. Theologie des Heiligen Geistes, Neukirchen–Vluyn 1992, 224–241

WINKLER Gabriele, Überlegungen zum Gottesgeist als mütterlichem Prinzip und zur Bedeutung der Androgynie in einigen frühchristlichen Quellen, in: BERGER Teresa/ GERHARDS Albert (Hg.), Liturgie und Frauenfrage. Ein Beitrag zur Frauenforschung aus liturgiewissenschaftlicher Sicht, St. Ottilien 1990, 7–29

Weitere Literatur:

BONS-STORM Riet u.a. (Hg.), Zij Waatt Waarheen Zij Wil. Opstellen over de Geest, für Catharina J.M. Halkes, Baarn 1986

CRAMER Winfried, Der Geist Gottes und des Menschen in frühsyrischer Theologie, Münster 1979

HIRSCH Selma, Die Vorstellung von einem weiblichen Pneuma Hagion, Berlin 1927

LUCCHETTI BINGEMER Maria Clara, A trinidade a partir da perspectiva da mulher, in: Revista Ecclesiastica Brasileira 46 (1986) H. 181, 73–99

MOLTMANN Jürgen, Der Geist des Lebens. Eine ganzheitliche Pneumatologie, München 1991

MÜLLER-FAHRENHOLZ Geiko, Erwecke die Welt. Unser Glaube an Gottes Geist in dieser bedrohten Zeit, Gütersloh 1993

MURARO Luisa, Vilemina und Mayfreda. Geschichte einer feministischen Häresie, Freiburg 1987

WODTKE-WERNER Verena, Der Heilige Geist als weibliche Gestalt im christlichen Altertum und Mittelalter. Eine Untersuchung von Texten und Bildern, Pfaffenweiler 1994

Vorschlag für Seminare und Arbeitsgruppen:

Bildbetrachtung und -interpretation: Das Fresko von Urschalling vgl. auch das Bildmateriel in Wodtke-Werner s.o.

Personenregister

Aaron 89f
Abraham 64
Affeldt, W. 131, 133f
Ahl, R. 19
Albrecht, R. 117, 129, 135f
Amoah, E. 164, 172
Andolsen, B.H. 49
Andronikus 112–114
Angenendt, A. 134
Anna, Prophetin 63, 65
Ansorge, D. 129
Apelles 126
Apollos 114f
Appich, M. 78
Aquila 112, 114f
Arellano, L.B. 158
Aspegren, K. 130

Bachofen, J.J. 98
Bader, D. 112
Bal, M. 90
Balz-Cochois, H. 84f, 96
Barnabas 64
Barth, K. 157
Basilius von Cäsarea 127
Batseba 64, 88f
Bauer, D.R. 66, 136
Baumann, G. 102–105, 182–184
Beauvoir, S. de 27
Becher, U. 36, 133
Bechmann, U. 91
Becker, G. 141
Beer, U. 32, 35
Berger, P.L. 58
Berger, T. 65–69, 72, 77, 129, 134, 185
Bieler, A. 148
Bird, Ph.A. 66

Blandina (in Lyon) 126
Blome, A. 36
Bohn, C.R. 173
Bohner, H. 19
Bons-Storm, R. 185
Børresen, K.E. 85, 130
Borries, B. v. 36, 142
Bovenschen, S. 141
Braukmann, W. 142
Braulik, G. 94–96
Brock, R.N. 173
Brockmann, D. 85
Brooten, B. 113, 116f
Brown, J.C. 173
Brown, L.M. 49
Brown, R.E. 110f
Buchberger, M. 141
Bühler, P. 42
Bührig, M. 123
Bultmann, R. 37
Burrichter, R. 18, 90
Burrus, V. 130
Busch, A. 26
Buse, G. 48
Büttner-Lermen, G. 19
Bynum, C.W. 137

Cady, S. 106
Cady Stanton, E. 122f
Camp, C. 102f, 105
Cannon, K.G. 123
Carr, A.E. 173
Cäsarius von Arles 131
Caterina von Siena 134–137
Cavarero, A. 26f
Christ, C. 83, 85
Chung Hyun Kyung 176f, 180, 184f
Clark, E.A. 130

192

Sachregister

Lucia Scherzberg über Sünde und Gnade in der Feministischen Theologie

Lucia Scherzberg
Sünde und Gnade in der Feministischen Theologie
2. Auflage 1992. 260 Seiten. Kartoniert

Die Autorin legt die erste umfassende und systematische Untersuchung zum Themenkomplex Sünde, Gnade und Rechtfertigung in der Feministischen Theologie vor. Sie arbeitet frappierende Parallelen aus der Theologiegeschichte heraus und zeigt, wie sich, ungeachtet des feministischen Blickwinkels, klassische Denkmodelle wiederholen. Damit trägt die Arbeit wesentlich zu einer Kriteriologie bei, die es erleichtert, die unterschiedlichen Strömungen Feministischer Theologie differenziert zu beurteilen.

Matthias-Grünewald-Verlag · Mainz

„Ethik ist zu wichtig, um sie den Männern zu überlassen"

Ina Praetorius
Skizzen zur Feministischen Ethik
1995. 108 Seiten. Kartoniert

Lange genug haben fast ausschließlich männliche Akademiker, mit ihrem privilegierten Lebensstatus und weit weg vom banalen Alltag, definieren dürfen, was sittlich gut oder schlecht ist. Das, was in unseren Ethik-Handbüchern über Gentechnik, Tierversuche, Ökonomie, Geschlechterverhältnis usw. steht, ist leider oft das Ergebnis dieses verkürzten männlichen Blickwinkels.

In vierzehn „Skizzen" führt Ina Praetorius in verständlicher – und manchmal erfrischend streitlustiger – Form in Fragestellungen der Feministischen Ethik ein.

Matthias-Grünewald-Verlag · Mainz